Transformando
Água em Vinho

Tom Harpur

Transformando Água em Vinho

Uma Visão Profunda e Transformadora Sobre os Evangelhos

Tradução
FLÁVIO QUINTILIANO

Editora
Pensamento
SÃO PAULO

Título original: *Water into Wine*.

Copyright © 2007 Tom Harpur.

Todos os direitos reservados. Nenhuma parte desta obra pode ser reproduzida ou usada de qualquer forma ou por qualquer meio, eletrônico ou mecânico, inclusive fotocópias, gravações ou sistema de armazenamento em banco de dados, sem permissão por escrito, exceto nos casos de trechos curtos citados em resenhas críticas ou artigos de revistas.

A Editora Pensamento-Cultrix Ltda. não se responsabiliza por eventuais mudanças ocorridas nos endereços convencionais ou eletrônicos citados neste livro.

Dados Internacionais de Catalogação na Publicação (CIP)
(Câmara Brasileira do Livro, SP, Brasil)

Harpur, Tom
  Transformando água em vinho: uma visão profunda e transformadora sobre os evangelhos / Tom Harpur ; tradução Flávio Quintiliano. – São Paulo: Pensamento, 2009.

  Título original: Water into wine.
  Bibliografia.
  ISBN 978-85-315-1633-7

  1. Bíblia. N. T. Gospels – Crítica e interpretação 2. Jesus Cristo – Parábolas 3. Jesus Cristo – Milagres I. Título.

09-12255   CDD-226.06

Índices para catálogo sistemático:
1. Bíblia. N. T. Gospels : Crítica e interpretação   226.06

O primeiro número à esquerda indica a edição, ou reedição, desta obra. A primeira dezena à direita indica o ano em que esta edição, ou reedição, foi publicada.

Edição
1-2-3-4-5-6-7-8-9

Ano
10-11-12-13-14-15-16

Direitos de tradução para o Brasil
adquiridos com exclusividade pela
EDITORA PENSAMENTO-CULTRIX LTDA.
Rua Dr. Mário Vicente, 368 — 04270-000 — São Paulo, SP
Fone: 2066-9000 — Fax: 2066-9008
E-mail: pensamento@cultrix.com.br
http://www.pensamento-cultrix.com.br
que se reserva a propriedade literária desta tradução.

*Dedicado a Joan e Bud,
cuja união amorosa me abençoou
com o dom inestimável de Susan.*

*Se vos perguntarem: "De onde vindes?",
respondei: "Viemos da luz, do lugar
onde a luz nasceu de si mesma..."*

– Evangelho de Tomé, Sentença 50

Sumário

Agradecimento 11

1. Nossa jornada começa 15
2. O mito e você 23
3. A imaculada conceição e a infância de Jesus 37
4. Estágios transformadores na história de Jesus 48
5. Milagres da totalidade 81
6. Milagres da natureza 99
7. O Sermão da Montanha 115
8. As parábolas 129
9. Domingo de Ramos 145
10. A Paixão de Cristo 153
11. Conquistando a glória 172
12. Alcançando a transcendência 182

*Apêndice A: Diferenças entre o Evangelho de João
e os Evangelhos sinópticos* 196

*Apêndice B: Paralelos místicos entre os Evangelhos
e as Escrituras védicas* 200

*Apêndice C: As raízes egípcias teológicas
e filosóficas do Cristianismo* 208

Glossário 216

Notas 217

Bibliografia 230

Agradecimento

Tenho uma dívida de gratidão com meu editor e preparador de texto, Patrick Crean. Seu entusiasmo e dedicação constantes à mensagem deste livro e sua percepção sensível do potencial do livro para fazer uma diferença vital foram um grande trunfo. Trabalhar com você, Patrick, foi um prazer verdadeiro do começo ao fim.

Tom Harpur

*Transformando
Água em Vinho*

1

NOSSA JORNADA COMEÇA

O problema e a função da religião
em nossa época são o despertar do coração.
— JOSEPH CAMPBELL: *Thou Art That*

CERTO DOMINGO no começo dos anos 70, apresentei um sermão como pastor convidado por uma congregação anglicana, numa igreja do centro histórico de Toronto. O sermão foi um pouco controverso em matéria de eloquência, e quando estava para descer do púlpito o prior já estava subindo os degraus para me encontrar. Voltando-se para mim, disse: "Você não pode parar por aqui, Tom." Então, ele começou a discordar de todos os pontos principais que eu tentara defender. As pessoas presentes ficaram paralisadas. Naturalmente, respondi com certa satisfação, e começamos um debate improvisado que durou quase uma hora. Ninguém saiu da igreja. Ninguém nem mesmo se mexeu. Em certo momento, convidei a todos a se juntarem a nós na discussão, e vários aceitaram com vigor. Até hoje encontro pessoas que estavam lá e dizem que nunca haviam tomado parte num culto tão emocionante.

De certo modo, essa história se repetiu depois da publicação, em 2004, do meu livro *O Cristo dos Pagãos*.* A reação foi tremenda; muitos leitores exprimiram gratidão, mas quase todos eles disseram de uma forma ou de outra: "Você não pode parar por aqui, Tom." A maioria deles queria continuar a jornada.

Os que leram o livro sabem que ele apresenta provas consideráveis e detalhadas de que toda a história que sustentou o Cristianismo por quase dois milênios se baseia em narrativas muito anteriores, incluindo um dos mitos mais antigos da humanidade, o da Encarnação. Em sua forma mais simples, a doutrina da Encarnação é a noção de que, no centro da existência de cada pessoa, há uma centelha do fogo eterno do Divino. Na minha opinião, essa crença foi o fundamento sobre o qual se construiu mais tarde o Cristianismo. Especificamente, para citar as palavras do grande psicanalista Carl Jung, demonstrei que "a era cristã deve seu nome e sua importância ao mistério antigo do deus-homem, que tem suas raízes no mito arquetípico de Osíris/Hórus do Egito antigo".[1] Já que alguns críticos conservadores tentaram por várias razões negar essa conexão egípcia, incluí um Apêndice no final deste livro com os resultados de outras pesquisas contemporâneas e surpreendentes sobre o assunto.

Depois de mostrar a dependência profunda entre o Cristianismo e a antiga sabedoria egípcia, concluí que não existe uma evidência histórica, confiável e incontestável, da existência concreta de Jesus de Nazaré. Não é uma conclusão fácil de aceitar para uma cultura ocidental profundamente influenciada pela versão literal e historicizada do mito antigo – e para muita gente é um verdadeiro choque. Muitos leitores, por outro lado, me escreveram para dizer que a questão da historicidade ou não historicidade não afeta realmente sua compreensão espiritual mais profunda. Talvez, de certo ponto de vista, essa questão não seja mesmo tão importante. Mas ela importa – profundamente – quando se examina o passado da Igreja e se percebem as consequências terríveis do literalismo e da exclusividade da Encarnação numa única suposta personagem histórica. Milhões de pessoas morreram por causa desse dogma. Ele gerou guerras e tortura. Em função dele, a vida de incontáveis milhões de pessoas foi controlada, do berço ao túmulo, por poderes eclesiásticos. Essencialmente, o que a abordagem histórica fez foi afastar o indivíduo da percepção plena de sua própria divindade interior. Isso é relevante, pois em última análise o que importa é o significado subjetivo ou interior da história de Jesus para cada um de nós e a humanidade em geral.

---

* Publicado pela Editora Pensamento, São Paulo, 2008.

O pressuposto disso tudo é que Jesus é uma figura mítica. A história de Jesus certamente tem antecedentes longos, tempestuosos e incrivelmente complexos. Mas provar que as próprias narrativas têm valor histórico é outra coisa bem diferente. Pesquisas exaustivas mostram que a "evidência" de uma biografia de Jesus oferecida por apologistas e muitos outros simplesmente não resiste ao exame crítico. O "rei" está nu, embora muitos estudiosos que se julgam mais sabidos continuem argumentando que o rei está vestido. O problema é que eles se tornam incrivelmente vagos quando se pede para que apresentem suas provas. O melhor que podem oferecer é material baseado em testemunhos verbais, e mesmo assim do tipo mais frágil e inconsistente.

Sobre a questão da "Terceira Busca pelo Jesus Histórico", como se diz atualmente, Harold Bloom, famoso crítico literário norte-americano e autor de *best-sellers*, observa: "As buscas de um Jesus histórico fracassam invariavelmente, mesmo as conduzidas pelos pesquisadores mais responsáveis. Por mais que sejam cuidadosos, eles acabam encontrando *a si mesmos*, não o Yeshua (nome hebraico ou aramaico de Jesus) esquivo e evasivo, enigma dos enigmas."[2] Na minha opinião, esses pesquisadores procuram um tesouro num poço profundo e só encontram seus próprios reflexos na água.

Em seu livro de 2005, *Jesus and Yahweh – The Names Divine*, Bloom se confessa totalmente desconcertado, enquanto pesquisador, pela "comédia humana" dessa busca interminável. Ele conta que, depois da leitura de obras de especialistas do Novo Testamento tão renomados quanto Raymond Brown e o Pe. J. P. Meier, não conseguia entender "por que eles não admitem que lamentavelmente sabemos muito pouco sobre o Jesus real. O Novo Testamento foi esquadrinhado ao longo de séculos de estudos minuciosos, mas todo esse trabalho não pode nos apresentar um mínimo de informação necessária para esclarecermos qualquer questão paralela". Quanto a Flávio Josefo, em cujos ombros acabou assentando toda a tese polêmica da historicidade de Jesus, Bloom afirma sem rodeios, mas com razão, que era "um escritor maravilhoso e um mentiroso incorrigível".[3]

De maneira um pouco paradoxal, Bloom, sem dar nenhuma razão, está disposto a admitir que Jesus era "uma figura mais ou menos histórica", mas acredita que nada se pode saber com certeza a seu respeito. Ele explica mais exatamente o que quer dizer: "Todas as informações de real importância sobre ele provêm de textos em que não se pode confiar." Parte dos motivos disso é que "não há uma frase em todo o Novo Testamento escrita por alguém que tenha estado pessoalmente com o involuntário Rei dos Judeus".[4] Antes de deixar esse assunto, devo acrescentar que, em todas as críticas recebidas depois de *O Cristo dos Pagãos*, ninguém ainda apresentou o que qualquer pesquisador realmente objetivo chamaria de prova convincente ou verificável de um Jesus de Nazaré em carne e osso.[5]

Portanto, em certos momentos ao longo deste estudo haverá alguns comentários sobre a questão da historicidade, quando forem relevantes para o nosso tema principal. Mas essa certamente não é a nossa preocupação central. O que nos interessa discutir é: depois de todos os ditos e desditos, o que essa história de dois milênios de Jesus, chamado o Cristo, significa para você, para mim e para o mundo em geral? Eis a questão controversa que as infinitas disputas acadêmicas acabam obscurecendo e, na maior parte dos casos, nem conseguem formular adequadamente. Para chegar ao nó da questão, vamos abordar aqui a história de Jesus da maneira que, na minha opinião, deveria ter sido interpretada originalmente – como um mito da mais alta importância. Não um mito qualquer, com efeito, mas a história da evolução de toda alma viva e individual no plano terreno. A tese fundamental deste livro é que a história de Jesus é nossa história, a minha e a sua, contada à luz da eternidade e dos valores eternos.

No seriado de televisão inovador e ainda relevante, exibido pela rede PBS sob o título *The Power of Myth*, no qual, em seis programas fascinantes de uma hora, o famoso mitólogo Joseph Campbell foi entrevistado pelo jornalista Bill Moyers, Campbell falou sobre um de seus temas favoritos – o Herói de Mil Faces.* Explicou que todas as grandes verdades sobre quem somos ou quem deveríamos ser começam com uma história. A história, ou (para usar o termo grego) o *mythos*, é quase sempre, disse Campbell, um relato fictício das aventuras de um herói, alguém que faz coisas ousadas e perigosas por uma causa, alguém que parte em viagem para falar e agir com coragem, voltando depois com sua recompensa, seja ela material ou espiritual. No mito quase universal do deus-homem, o herói encontra a morte ou é engolido por um monstro, mas no final experimenta a ressurreição e o triunfo.

Cada um de nós, argumenta Campbell, pode aprender com a aventura do herói, pois todos nós somos chamados a "partir em viagem" e voltar dessa aventura única que é nossa própria vida, do instante do nascimento até a maturidade e a própria morte. Os mitos inumeráveis da humanidade podem diferir enormemente um do outro, mas alguns temas universais percorrem todos

---

* Título de seu livro. Publicado pela Editora Pensamento, São Paulo, 1989.

eles. Os vários desafios e revelações experimentados pelo herói invariavelmente exigem a renúncia ou "perda" do seu próprio "eu" inferior, ou ego, à medida que a consciência do herói se expande e se transforma. Nas palavras de Campbell, a dimensão importante da história é a "junção entre o que se sabe" e a verdadeira fonte de toda a vida e existência. Os mitos, diz ele, servem para nos elevar, mais cedo ou mais tarde, a um nível de consciência espiritual. Como os sonhos, eles usam a linguagem dos símbolos e outras imagens, pois fluem das profundezas do inconsciente e nos levam em direção a uma luz mais forte. Luz mais forte significa consciência mais plena de quem realmente somos, e com ela uma noção mais profunda da presença da luz divina em outras pessoas ao nosso redor. Tornamo-nos mais sensíveis às suas esperanças e desejos, mais compassivos diante de seus conflitos e sua dor.

Tendo em vista essa teoria, é fácil entender por que Campbell, que morreu em 1987, se considerava um "dissidente" e sentia tanta dificuldade com religiões organizadas. Em princípio, a religião deveria nos elevar àquela luz mais forte; deveria nos unir ainda mais firmemente à fonte do nosso próprio ser e uns com os outros. É isso o que pedem e desejam quase todas as pessoas no mundo atual. Mas a história deixa claro que a religião nem sempre funcionou dessa maneira. Carl Jung disse que, no fundo, a humanidade criou a religião para se defender de um encontro verdadeiro com a Transcendência ou o Divino. Para ser mais específico, o literalismo excessivo e a historicidade daquilo que surgiu sob a forma de metáfora ou mito colocou a religião muitas vezes no papel de grande inibidora do crescimento humano, grande opressora da liberdade humana, uma prisão e não uma fonte de cura. Assim, como disse Campbell num aforismo hoje famoso, a religião pode ser definida como "interpretação errada da mitologia".

O Cristo dos Pagãos ensina que a história cristã se baseia no mito eterno da doação da consciência de Cristo, ou chama divina, para cada um de nós. No entanto, tragicamente, é um mito que mais de um bilhão de pessoas na Terra encaram ainda hoje como a história literal de um indivíduo especial que viveu muito tempo atrás na Palestina, o único que pode ser chamado de "Filho Gerado por Deus" e o único que, com sua morte e Ressurreição, pode nos salvar das punições do pecado e da morte.

Se o mito eterno do Cristo dentro de nós pode unir e congregar toda a humanidade, esta última leitura literal e exclusivista, e a insistência numa história extremamente questionável, continua a dividir e separar os cristãos de outras religiões, das pessoas sem religião e muitas vezes uns dos outros. É um dos motivos pelos quais existem ao menos quatrocentas denominações e seitas cristãs hoje em dia, competindo entre si. O retorno a uma visão mitológica mais profunda e muito mais abrangente é um imperativo para a harmonia e a paz mundial. E acredito firmemente que é também a chave da sobrevivência futura do Cristianismo enquanto fé viável.

Descobri que a abordagem mítica dos Evangelhos, e também da Bíblia como um todo, enriqueceu minha fé e aprofundou-a de maneira que eu dificilmente teria imaginado quando era pastor anglicano ou professor de seminário. A natureza me parece mais cheia de vida – ou sinto mais profundamente que sou parte dela. A oração é muito mais informal, em tom de conversa – ou frequentemente em silêncio absoluto –, mas parece mais coerente, mais real. A fé no mistério que chamamos Deus é mais intensa, mais sincera. A visão mítica é o caminho verdadeiro para a renovação da fé em nosso tempo.

A pergunta que tentaremos responder aqui, portanto, é: que mensagem ou "sensação" transmitem os Evangelhos desse ponto de vista mítico e simbólico? O que acontece quando abandonamos a tese de que Mateus, Marcos, Lucas e João são biografias diferentes e complementares de um único homem chamado Jesus de Nazaré, e passamos a encarar esses textos antigos como alegorias, parábolas, figuras de linguagem e mitos, como se pretendia, na minha opinião, que fossem entendidos desde o início? Se o literalismo puro leva à "fé cega", que tipo de compreensão e consciência pode surgir quando se usa um princípio de interpretação mítico e metafórico? Chegou o momento de testar essa hipótese e ver o que acontece.

Mas, antes de começar, quero dizer uma coisa com absoluta clareza. O objetivo deste livro é ajudar homens e mulheres modernos a entender os Evangelhos sob nova luz. De maneira alguma o livro é um ataque contra as Escrituras ou outras interpretações. No mundo helenístico, os textos sagrados eram geralmente interpretados em função do seu significado alegórico. O sentido literal tinha alguma importância, mas só como "mistério menor", comparado às grandes riquezas mais além. Em outras palavras, os textos sagrados eram lidos tanto em seu significado *exotérico* quanto *esotérico*. O sentido exotérico, ou literal, era para os principiantes, ainda incapazes de entender a mensagem real. O sentido esotérico, ou verdadeiro, estava oculto dentro ou além do próprio texto.

Existem provas abundantes dessa distinção fundamental nas páginas do Novo Testamento, e sobretudo em Marcos, o mais antigo dos quatro Evangelhos. No capítulo 4 de Marcos, depois do texto da primeira de todas as parábolas – a parábola do semeador, presente nos quatro Evangelhos –, Jesus é inquirido sobre o significado das parábolas em geral. O Evangelho diz: "E, quando se achou só, os que estavam junto dele com os doze interrogaram-no acerca da parábola." Jesus responde então: "A vós vos é dado saber os segredos [*mysterion* em grego] do reino de Deus, mas aos que estão de fora todas estas coisas se dizem por parábolas [...]" Caso isso não tenha ficado claro, o autor/editor de Marcos repete a mesma ideia um pouco depois. Os versículos 33 e 34 dizem o seguinte: "E com muitas parábolas semelhantes lhes expunha a palavra, conforme a capacidade dos ouvintes. E sem parábolas não lhes falava; tudo, porém, explicava em particular aos seus próprios discípulos." Mateus usa o mesmo termo que Marcos para "segredos", mas no plural – "*ta mysteria*", os segredos ou mistérios do "reino do céu". Em outras palavras, como todas as "Religiões de Mistério" daquele período, o Cristianismo primitivo se baseava num ensinamento interior ou esotérico que fornecia a chave para todo o resto. As parábolas, portanto, serviam para comunicar esse mistério essencial, ao mesmo tempo em que o protegiam de uma apropriação superficial ou uma profanação por pessoas de má fé.

Quando eu estava crescendo na parte leste de Toronto, frequentei um curso bíblico para crianças de cerca de 10 a 12 anos de idade. Havia um jogo que fazíamos a cada aula e que me ensinou algo útil e benéfico ao longo de toda a minha vida; chamava-se "Treino da Espada". Cada aluno da classe tinha uma "espada", que era na verdade uma Bíblia. Ele a segurava na "bainha" (embaixo do braço) até o professor citar uma referência bíblica. No mesmo instante, havia uma busca furiosa e páginas sendo folheadas até que o primeiro a encontrar a passagem se levantasse e a lesse em voz alta. Havia pontos para o vencedor e a competição era bastante dura. Agora, pode parecer um jogo simples e talvez até ingênuo. Mas ele me ensinou a encontrar meu caminho num livro (na verdade, uma coleção de livros) que pode ser muito difícil. Deu-me um conhecimento sistemático do texto literal que nunca vou esquecer. Mas, embora o texto literal seja um bom lugar para começar, logo as pessoas desejam e procuram algo mais. A visão que exponho neste livro me ajudou, mais do que qualquer outra coisa, a encontrar esse "algo mais".

Eu gostaria de esclarecer um último ponto antes de continuar: quando falo neste livro sobre "matéria" e "espírito", ou sobre o plano "espiritual" em oposição ao "material", não estou exprimindo ou defendendo algum tipo de dualismo radical. O dualismo sustenta que há duas realidades essenciais (ontológicas): o bem e o mal, a escuridão e a luz, os planos físico e espiritual. O

Zoroastrismo, por exemplo, parece ser uma expressão disso. O mesmo vale para o Maniqueísmo. Isso significa que o corpo é mau (e alguns gnósticos chegaram a defender esse ponto de vista, afetando dessa maneira o Cristianismo) e só a alma é boa. Mas, em última análise, só existe uma realidade final que dá origem a tudo o mais. Essa Mônada (outro nome de Deus) permite uma divisão entre dois reinos para que, na tensão dos opostos, a Criação se manifeste em toda a sua glória e diversidade. O espírito e a matéria geram um ao outro, e no final do "éon" ou eternidade tudo será uno mais uma vez. Mas nenhum vale mais do que o outro. É por isso que a matéria é muito importante como veículo do Divino.

2

O MITO E VOCÊ

*Achar o significado mais profundo [dos textos da Bíblia]
é, portanto, o processo pelo qual Deus gradualmente,
por meio de parábolas e metáforas, leva aqueles a quem Ele
se revelaria do mundo sensível para o inteligível.*
— CLEMENTE DE ALEXANDRIA[1]

A origem dos Evangelhos

DESDE A PUBLICAÇÃO de O Cristo dos Pagãos, uma pergunta que intrigou e confundiu muitos leitores é: qual a verdadeira fonte dos Evangelhos e do Jesus dos Evangelhos? Depois de todas as leituras que fiz, percebi que ninguém hoje em dia – acadêmico ou especialista – pode dar uma resposta definitiva a essa pergunta. O fato de sabermos agora que existiram muitos "Cristianismos" ou "movimentos Yeshua" (Jesus) no século I d.C., e em alguns casos até antes disso, contribuiu bastante para aumentar a confusão e a incerteza.[2] Mas uma teoria, discutida atualmente em alguns textos populares, mereceria muito mais atenção por parte dos estudiosos da Bíblia.

Fílon de Alexandria, que viveu entre cerca de 25 a.C. e 50 d.C., foi um judeu brilhante pela origem religiosa e um filósofo grego por formação que viveu em Alexandria, no Egito. Leu de maneira alegórica os livros do Pentateuco (os primeiros cinco livros da Bíblia) e outras escrituras hebraicas, e trabalhou diligentemente para harmonizá-los com a filosofia platônica e aristotélica. (Devo acrescentar que ele e todos os milhares de judeus egípcios de Alexandria liam o "Antigo Testamento" numa tradução grega chamada "Septuaginta", criada cerca de dois séculos antes, em Alexandria.) Muitos acadêmicos acreditam que seus textos sobre o Logos divino, ou Palavra de Deus, e sobre o "filho" de Deus influenciaram grandemente o autor do prólogo do Evangelho de João.

Seja como for, ele escreve sobre um grupo grande de ascetas e devotos judeu-egípcios chamados *Therapeutae*, ou "Curandeiros" (terapeutas), que viveram perto do Lago Mareotis, nas proximidades de Alexandria. Já estavam bem estabelecidos muito antes da época de Fílon e tinham comunidades semelhantes espalhadas em pontos centrais ao longo da bacia do Mediterrâneo. Em seu *De Vita Contemplativa*, Fílon diz que eram intérpretes decididamente alegóricos das escrituras hebraicas e, além disso, tinham criado seus próprios textos arcanos ou esotéricos. Eusébio, bispo de Cesareia no século IV, sabia pouco ou nada sobre suas origens, mas ficou impressionado com as semelhanças entre o estilo de vida deles e o dos monges cristãos.[3] Ele até especula que "os textos dos antigos que fundaram a seita", mencionados por Fílon, "podem muito bem ter sido nossos Evangelhos e Epístolas". Essa é uma possibilidade fascinante. Santo Epifânio (c. 315-403) foi um bispo e historiador eclesiástico que também comparou os *Therapeutae* aos cristãos primitivos. Ele observa que o nome Jesus (Yeshua, ou "Deus salva") é semelhante à palavra grega "*therapeutae*" – "curandeiro" ou "salvador". Godfrey Higgins (1772-1833), em *Anacalypsis*, diz que os *Therapeutae* eram médicos da alma e tinham igrejas, bispos, padres e diáconos praticamente idênticos aos cristãos. Diz também que eles tinham missões ou colônias de sua seita em Roma, Corinto, Éfeso, Filipos, Colossos e Tessalônica, exatamente como as igrejas paulinas.[4]

Em *O Cristo dos Pagãos*, relacionei as semelhanças entre Osíris/Hórus do Egito e Yeshua/Joshua/Jesus do Novo Testamento. É fácil entender como judeus alegorizadores que viviam no Egito puderam fazer essa transição. Talvez os *Therapeutae* tenham sido as comunidades cristãs originais, as primeiras a serem chamadas "cristãs" em Antioquia. O que sabemos com certeza é que, nas comunidades judaicas do século I d.C., havia uma expectativa generalizada de que Joshua ou Yeshua, o Salvador, voltaria de repente para reinar numa Era Messiânica. Yeshua, o Ungido, tornou-se *Iesous Christos*, ou Jesus Cristo em grego. Sua elevação como figura mítica central nos mistérios dos judeus helenizados teria sido uma transição perfeitamente lógica.

Mas é preciso ressaltar de novo que ninguém sabe com certeza como tudo começou.⁵ Como quer que tenha acontecido, é a mesma "velha história", dessa vez numa roupagem judaica. Para aqueles que talvez sintam dificuldade em abandonar a convicção de que toda religião importante precisa obrigatoriamente ter fundamento numa figura histórica, recomendo o capítulo "Can a Vibrant Religion Exist Without an Actual Founder?" do meu livro *Living Waters*.⁶

Antes de continuar, eu gostaria de apresentar aqui uma introdução muito simples aos Evangelhos, pois sei bastante bem que termos e ideias familiares a alguns leitores nem sempre são conhecidos por todos. Se você achar a introdução muito óbvia ou já conhecida, pode virar algumas páginas e começar direto a leitura do livro.

Os Evangelhos sinópticos: Marcos, Mateus e Lucas

Nenhum dos Evangelhos chegou até nós trazendo os nomes de seus "autores" ou editores, e ninguém sabe ao certo quem foram seus "redatores" finais, mas usarei aqui os títulos tradicionais para o bem da simplicidade.

É importante saber que os Evangelhos de Marcos, Mateus, Lucas e João e os documentos restantes do Novo Testamento foram todos escritos em grego helenístico. No antigo mundo mediterrâneo (desde as conquistas de Alexandre, o Grande, que morreu em 323 a.C.), o grego era a *língua franca*, a linguagem universal das classes cultas. Duas coisas ficam claras quando se reconhece esse fato:

1) Os pesquisadores concordam em que a língua em que qualquer Jesus histórico teria pensado, falado e ensinado foi o aramaico. Mas nenhum dos seus ensinamentos chegou até nós em aramaico. Junto com outros, inclusive o crítico norte-americano Harold Bloom, acho estranho o fato de que vários estudiosos do Novo Testamento não fiquem totalmente perplexos diante disso. Nada, com exceção talvez de cinco ou seis palavras, foi preservado no idioma realmente falado por um personagem de importância tão extraordinária na história humana!

2) O Evangelho de Marcos não faz segredo do fato de que os primeiros discípulos eram pescadores iletrados. Às vezes, ele até os apresenta como pessoas meio estúpidas. A ideia de que qualquer um deles tenha ajudado a criar e escrever um novo gênero literário, o Evangelho, não

pode ser verdadeira. Nenhum Evangelho foi escrito por uma testemunha ocular. S. Paulo, o mais antigo escritor do Novo Testamento, nunca se encontrou com o Jesus histórico – só com o Cristo mítico.

Assim, ninguém sabe com certeza quem criou os Evangelhos, e em que data. É preciso lembrar que eles nunca foram "escritos" como se escreve um livro hoje em dia. São obras altamente "editoradas" que parecem ter sido compiladas a partir de coletâneas mais antigas de ensinamentos e, acredito, de mitos antigos e autos religiosos descritos nas "Religiões de Mistério".[7] Os estudiosos são unânimes em afirmar que o Evangelho de Marcos foi o primeiro, escrito provavelmente entre cerca de 70 e 90 d.C.; Mateus foi escrito provavelmente por volta de 90 d.C.. Lucas surgiu logo depois. Já que Mateus e Lucas contêm quase todas as informações de Marcos e os três podem ser estudados juntos, são chamados "Evangelhos sinópticos" (de duas palavras gregas que significam "ver em conjunto").

Desde a descoberta dos Evangelhos gnósticos em Nag Hammadi, no Alto Egito, em 1945, sabe-se que havia ao menos vinte Evangelhos circulando nos primeiros séculos de nossa era. A maioria trazia os nomes de personagens evangélicas importantes, para garantir um senso de autoridade e autenticidade – isto é, garantir que seriam lidos. Entre eles, o Evangelho de Tomé é o mais conhecido.[8] Os quatro Evangelhos canônicos (aprovados oficialmente) receberam esse título da Igreja depois de um longo processo, e então todos os outros foram procurados e destruídos. O motivo provável pelo qual os livros encontrados em Nag Hammadi foram enterrados ali era escapar às tentativas vigorosas depois do Concílio de Niceia, em 325 d.C., de silenciar tudo o que não fosse a versão oficial.

Muito tempo atrás, pesquisadores acadêmicos chegaram à conclusão de que os redatores/editores finais de Mateus e Lucas tinham Marcos diante deles quando escreveram seus Evangelhos, pois ambos reproduzem literalmente grande parte do conteúdo do primeiro. Mas deve-se observar que Mateus e Lucas não encaram Marcos como a "Palavra de Deus" intocável e infalível, pois às vezes fazem correções específicas ou divergem totalmente do seu relato. Marcos não inclui a narrativa do nascimento (o Jesus "dele" é um adulto desde o início), só poucas parábolas e alguns outros ensinamentos específicos. Não existe Sermão da Montanha. (Aliás, em Lucas o Sermão da Montanha torna-se Sermão da Planície.) Além disso, Marcos registra alguns detalhes, talvez embaraçosos – como o grito de desamparo e renúncia de Cristo na Cruz – que Mateus e Lucas "suavizam" ou, como eu disse antes, eliminam completamente. Muitas vezes, Marcos também ressalta a incapacidade quase total dos discípulos de entenderem o que estava acontecendo.

Além de Marcos, Mateus e Lucas parecem ter em comum outra fonte de material que está ausente no primeiro. Aqui, a hipótese tradicional é que essa fonte, chamada "Q" (da palavra alemã *Quelle*, ou "fonte"), era um Evangelho só de "provérbios", sem o relato da crucificação e da ressurreição, mais ou menos como o texto gnóstico de S. Tomé. Ao longo dos anos, essa hipótese (não se descobriu nenhum documento) gerou muitos livros e uma infinidade de teses de doutorado, e os historiadores ainda a consideram válida. Mas um grande desafio a essa teoria foi recentemente lançado pelo estudioso Michael Goulder, de Birmingham, Inglaterra, num artigo publicado por uma prestigiosa revista acadêmica, com o título "Is Q a Juggernaut?" ["'Q' é uma invenção de fanáticos?"]. Nesse artigo, Goulder diz que quase nenhum estudioso da Bíblia, na Oxford atual, apostaria na autenticidade de um documento "Q". Ele acredita que uma explicação mais simples do material ausente em Marcos é que Lucas, ao escrever seu Evangelho, teria se baseado tanto em Mateus quanto em Marcos.[9]

O componente final em Mateus e Lucas é o material peculiar a só um deles. Esse material é geralmente denominado L para Lucas e M para Mateus. Temos de lembrar que os autores dos Evangelhos muitas vezes agem como redatores ou editores, reunindo material de várias fontes, nem todas conhecidas hoje em dia e várias delas muito mais antigas do que os estudiosos tradicionalistas gostariam de admitir. Por exemplo, havia um repertório vasto de "provérbios de sabedoria" que circulava amplamente no antigo Oriente Próximo, especialmente nas "Religiões de Mistério". Estas últimas eram movimentos que só admitiam plenamente aqueles que passavam por certos ritos iniciáticos – os chamados mistérios. Os cultos mais famosos eram os de Demétrio em Elêusis, na Grécia, e os de Dionísio, Mitras, Serápis e Ísis. As "falas" declamadas pelo deus-sol ou personagem central nos vários dramas das Religiões de Mistério formavam uma parte dessa coleção de "ditos", ou Logia.

Por que a Igreja escolheu quatro Evangelhos, e não três ou seis ou oito? Irineu, bispo de Lyon por volta de 190 d.C., disse que os Evangelhos tinham de ser quatro porque há quatro ventos e quatro direções. Geralmente, os estudiosos sorriem com indulgência diante dessa explicação, mas há um motivo sólido, embora esotérico, por trás da escolha. Para os antigos, o número quatro era fundamental em toda a estrutura da vida e do universo. O quadrado, com seus quatro lados, era a base de qualquer outra elaboração em todos os edifícios, inclusive as Pirâmides. Havia quatro estágios principais da evolução: mineral, vegetal, animal e humano. Além disso, havia os quatro elementos básicos: água, terra, ar e fogo. É por esse motivo esotérico que Hórus, o deus-sol do Egito, tinha quatro filhos. Isso também explica o relato de que Jesus teria escolhido quatro pescadores como seus principais discípulos: Pedro, André, Tiago e João. Era perfeitamente natural, e até necessário, que a ordem quádrupla da natureza fosse seguida na estruturação das Escrituras para uma religião nova – o Cristianismo.

O Evangelho de João

O último dos quatro Evangelhos, o de João, foi provavelmente escrito por volta de 95-100 d.C. e forma uma categoria à parte. As grandes diferenças entre o Evangelho segundo S. João e os três primeiros sinópticos têm sido comentadas por estudiosos cristãos desde a segunda metade do século II. João pode ter seguido em parte o esquema de Marcos, sobretudo na narrativa da Paixão, mas seu Evangelho é tão diferente que estamos num mundo quase totalmente distinto. Desde o começo, o Jesus de S. João é o Filho de Deus em toda a sua glória.

As diferenças entre João e os sinópticos simplesmente não podem ser conciliadas, embora vários estudiosos conservadores tenham tentado. Não há parábolas em João. O relato da instituição da Sagrada Comunhão, ou Missa, está ausente, substituído pela cerimônia de lava-pés dos discípulos na Quinta-feira Santa, como foi chamada mais tarde. Como em Marcos, não há história da natividade nem imaculada conceição. Em vez de um relato do nascimento, lemos que Jesus era o Logos divino juntamente com Deus, e parte da essência de Deus desde a eternidade. Em S. João, a expulsão dos vendilhões do templo vem logo no início do ministério de Jesus, e não no final, como nos sinópticos. A história espantosa de Lázaro só existe em João. De modo geral, o Evangelho de João foi chamado de "Evangelho espiritual" por causa dos vários diálogos extensos e notáveis onde se discutem temas profundos do Espírito.

Ao mesmo tempo, o Evangelho de João é sem dúvida o mais citado dos quatro. Contém o texto famoso, João 3:16, que muitas vezes pode ser visto em cartazes nas mãos das pessoas que sempre conseguem uma cadeira bem atrás do apanhador no estádio de beisebol, ou na parte do auditório que as câmeras de tevê focalizam com mais frequência. O mesmo texto é encontrado em cartazes de todos os tamanhos ao longo das estradas e rodovias dos Estados Unidos. Começa com as palavras bem conhecidas: "Porque Deus amou o mundo de tal maneira [...]." É o mesmo capítulo que conta a história tão amada e citada pela ala mais conservadora do Cristianismo contemporâneo, sobre a necessidade de "nascer de novo". A meu ver, eles interpretam a passagem de maneira errada, mas com certeza citam-na bastante.

Discutindo o que significa "nascer de novo" (ou melhor, em tradução literal da língua grega, "nascer do alto"), no capítulo 3 João deixa absolutamente claro que todos os seres humanos precisam ter dois "nascimentos" – o natural, quando o bebê humano "nasce da água", e um segundo nascimento, o espiritual. A experiência de "nascer de novo" consiste em reconhecer nossa natureza verdadeira como uma centelha do Divino – a Luz que dá à luz todas as pessoas que vêm ao mundo. Não tem absolutamente nada a ver com reconhecer nossa condição de pecadores e "aceitar Cristo como o Salvador". Em nenhum lugar dos Evangelhos se menciona essa condição para "tornar-se cristão" tal como é apresentada, por exemplo, pelo famoso pregador evangélico Billy Graham. O conceito tradicional da Igreja de que nós todos, por nossa própria natureza como parte da família humana, fomos contaminados pelo "pecado original", isto é, pelo pecado de Adão, nosso antepassado mítico – S. Paulo diz que "tudo morreu em Adão" (por causa do seu pecado) –, e de que nós agravamos a situação com nossos próprios atos pecaminosos, formou a base do controle eclesiástico ao longo de muitos séculos.

É importante lembrar que a ideia de ter um segundo nascimento de modo algum é uma exclusividade do Novo Testamento. Era bastante difundida em cultos e filosofias que competiam entre si no mundo greco-romano daquela época. Tinha até sua própria denominação, *palingenesia*. Na literatura hermética (o *Corpus Hermeticum*, escrito nos séculos II e III mas baseado em doutrinas egípcias que remontam a muitos séculos antes disso), o capítulo 13 traz o subtítulo "Sobre o renascer" e inclui um "Hino do Renascimento".[10]

Significativamente, o retrato e toda a história de Jesus apresentados por João são tão diferentes dos outros Evangelhos que partes da organização eclesiástica emergente, em Roma e em outras cidades, tentaram tirá-lo do cânone oficial da Escritura sagrada. Uma maneira figurada de descrever essa situação é dizer que o Jesus de João "caminha um metro acima do chão". Em outras palavras, embora esse Jesus nunca afirme categoricamente que é Deus (aliás, essa afirmação não é feita explicitamente em nenhum lugar do Novo Testamento), seu *status*, desde o início, é de grande exaltação pessoal. Não existe aqui um "segredo messiânico", como em Marcos: nenhuma proibição de contar aos outros quem era Jesus. A "cristologia" – tratado sobre a pessoa de Jesus Cristo – é muito mais "elevada" em João do que em Mateus, Lucas e Marcos. O Jesus de João se move e fala com a autoridade total de uma figura central do antigo mito ou auto religioso, sem nenhum esforço para esconder ou disfarçar o caráter plenamente alegórico do drama. (Para mais informações sobre as diferenças entre o Evangelho de João e os sinópticos, veja Apêndice A.)

O que podemos dizer sobre todos os fatos acima? Parece-me que as implicações são bastante claras. Se cada um dos Evangelhos é uma interpretação mítica da história de Jesus, o quarto, a meu ver, é o que vai mais longe nesse sentido. Lido literalmente, é uma obra difícil e quase inacreditável, com algumas exceções brilhantes. Visto plenamente no sentido mais profundo e espiritual do drama da alma no mundo da matéria, é um texto virtuosístico de iluminação e inspiração, cheio de alegria, glória e esperança para todos. Sugiro que, com tudo isso em mente, os leitores procurem uma boa tradução moderna – pessoalmente, prefiro a *New Revised Standard Version* [Versão Oficial Novamente Revista] – e reservem um tempo para ler João com cuidado. Não em fragmentos soltos, como na escola dominical ou na igreja, mas o texto inteiro de uma vez. Leia o Evangelho de João como faria com qualquer outro livro, lembrando que os capítulos e versículos são divisões artificiais introduzidas muitos séculos depois que o livro foi escrito. Leia-o de maneira alegórica, como parábola sobre seu próprio caminho de vida, e sinta o texto pulsar como nunca antes. A mensagem desse livro é que a jornada de Cristo é uma metáfora de nossa própria jornada espiritual ao longo da vida. Lidos como mito e alegoria, os Evangelhos iluminam este tema com clareza.

S. Paulo

Este livro trata do significado mítico dos Evangelhos, mas não devemos esquecer que os primeiros escritos do Novo Testamento são os de S. Paulo, que foi a força maior no estabelecimento do Cristianismo como fé universal. Ele escreveu suas epístolas por volta de 50-65 d.C., cerca de vinte anos antes do Evangelho mais antigo. Só conhecia um Jesus místico, e sua abordagem é totalmente mítica – a do "Cristo interior". O conhecimento que S. Paulo tinha de Jesus vinha de visões e revelações, do Antigo Testamento (S. Paulo o encarava como um conjunto de profecias capaz de elucidar fatos sobre Jesus) e do que se contava sobre "*Christos*" nas comunidades cristãs que já existiam.[11]

O silêncio de Paulo sobre o suposto Jesus histórico é de fato espantoso. Mas, como ele realmente menciona Jesus Cristo cerca de duzentas vezes, a verdadeira dimensão do problema não fica clara para todos os leitores. Ele chama Jesus de Senhor e Filho de Deus, mas esses títulos já existiam tanto no judaísmo quanto nas religiões pagãs vizinhas, e não provam nada em si mesmos. Paulo pressupõe que Jesus existiu como um ser sobrenatural antes que "Deus o mandasse ao mundo para redimi-lo". Essa preexistência do Logos ou de Sofia (a Sabedoria) era parte do pensamento judaico da época. Também era parte do pensamento gnóstico, e existem indícios consideráveis em apoio à tese de que Paulo era gnóstico. De acordo com ele, Jesus encarnou (miticamente) em algum momento depois do reino de Davi, de quem Jesus, enquanto ser humano, supostamente descendia (segundo as profecias do Antigo Testamento).[12] No mito, ele fora "feito da semente de Davi de acordo com a carne". Isso, é claro, fazia parte da visão tradicional do que ou quem o Messias deveria ser. Na Epístola aos Romanos, S. Paulo também o chama de judeu "de acordo com a carne" e, mais tarde, de "rebento de Jessé" que viera para governar os gentios.[13] Mas, como lembra o prof. G. A. Wells em *Did Jesus Exist?*, vários séculos separavam Davi de S. Paulo, e o último não dá nenhuma indicação de quando a vida terrena de Jesus teria supostamente começado. Tudo é extremamente vago e místico. Na religião egípcia, Osíris também teve uma vida terrena, mas sua figura propriamente dita era totalmente mítica. Como observou o acadêmico G. Bornkamm, é supreendente o fato de que S. Paulo nunca menciona um Jesus "de Nazaré", profeta e fazedor de milagres que se sentava à mesma mesa junto com coletores de impostos e pecadores. Não existe uma menção sequer a "Jesus de Nazaré".

Entre outros, S. Paulo omite os seguintes elementos:

- O Sermão da Montanha e todos os outros ensinamentos éticos de Jesus. Paulo discute questões éticas, inclusive doutrinas que conhecemos bem, como "abençoe os que perseguirem você", mas apresenta-as com sua própria autoridade, sem mencionar que Jesus ensinou as mesmas verdades.[14] Em vez disso, Paulo usa passagens do Antigo Testamento para apoiar seus ensinamentos. De acordo com Romanos 1:2, o próprio Evangelho já estava escrito nas páginas do Antigo Testamento. Paulo diz ali que o Evangelho foi "prometido antes pelos seus profetas nas sagradas escrituras".
- A imaculada conceição. Paulo diz simplesmente que Jesus "nasceu de uma mulher", mas o mesmo se dizia das divindades pagãs, por exemplo Hórus e sua mãe Ísis. Paulo nunca menciona a imaculada conceição.

- A Oração ao Senhor. Essa omissão é ainda mais notável porque S. Paulo discute longamente a prece no capítulo 8 da Epístola aos Romanos, dizendo abertamente que os cristãos não sabem exatamente como rezar e dependem da intervenção do Espírito dentro de nós, com seus "gemidos inexprimíveis".[15]
- A expulsão dos vendilhões do templo – citada em todos os quatro Evangelhos.
- Todos os milagres que abundam nos Evangelhos. Na verdade, Paulo parece negar que Jesus fazia milagres, pois critica esse tipo de visão religiosa: "Os judeus pedem sinal [milagres] e os gregos buscam sabedoria, mas nós pregamos a Cristo crucificado [...]."[16]
- Paulo ignora a ordem de Jesus de sair pelo mundo e batizar todas as pessoas, pois diz explicitamente: "Cristo enviou-me, não para batizar, mas para evangelizar."[17]
- Paulo não apoia sua longa defesa do celibato no fato de que Jesus teria louvado aqueles que renunciam ao casamento em nome do reino de Deus.[18]
- Mesmo quando escreve sobre a morte de Jesus, S. Paulo nunca menciona os julgamentos, Pôncio Pilatos, Herodes ou Jerusalém. Na Primeira Epístola aos Coríntios, 2:6-8, ele escreve sobre a crucificação de Jesus pelos "príncipes deste mundo", mas isso não é uma referência aos poderes terrenos. Na verdade, ele se refere à crença judaica, muito difundida naquela época, de que o mundo estava nas garras de anjos maus e outras forças malignas.[19] Kittel, em *Theological Wordbook of the New Testament*, diz que os "príncipes" de Paulo não eram governantes deste mundo, mas seres celestiais ou espirituais.

Historiadores críticos concordam em que Paulo não dá nenhum "contexto histórico" à crucificação de Jesus, de modo que em seus textos nada se sabe sobre os lugares em que Jesus viveu, onde morreu, onde foi enterrado ou a história de sua ressurreição. E. Kasemann, renomado estudioso do Novo Testamento, acredita que "a escassez da tradição cristã em todos os textos de S. Paulo é surpreendente", para dizer o mínimo, mas acrescenta que o silêncio sobre as circunstâncias da crucificação, tão típico de sua teologia, é "positivamente chocante". G. A. Wells, em *Did Jesus Exist?*, observa que o estudioso W. Schmithals afirmou que o silêncio de Paulo sobre todo o conteúdo dos Evangelhos é um "problema que não foi resolvido satisfatoriamente em duzentos anos de pesquisa histórica e crítica, sendo que grandes teólogos às vezes nem sequer tentaram contribuir para sua solução". Eles simplesmente se recusaram a abordar o assunto.

Além do que foi dito acima, os seguintes fatos merecem ser mais amplamente divulgados:

A menção de Paulo a Tiago, irmão do Senhor, não significa necessariamente um irmão consanguíneo de Jesus.[20] Paulo chamou o grupo de seguidores de Jerusalém de "irmandade do Senhor". Ele usa frequentemente o termo "irmão" referindo-se a correligionários. Jesus, em sua história, chama os seguidores próximos de "irmãos", exatamente como fazem algumas comunidades religiosas até hoje, por exemplo as Confrarias. Eu mesmo recebo cartas de pessoas que desconheço totalmente, começando com: "Irmão Tom".

Argumenta-se que a Primeira Epístola aos Tessalonicenses 1:6 diz que os cristãos receberam a Palavra "em muita tribulação" (no sentido de "aflição"), e portanto são imitadores de Cristo. Isso parece implicar que S. Paulo sabia que Cristo tinha sofrido, ao menos na Terra. Mas outros deuses também eram considerados sofredores: Osíris, Orfeu, Adônis, etc.

Paulo diz que os fiéis são os que "receberam Jesus Cristo", no qual residem todos os tesouros da sabedoria e do conhecimento. Wells observa que Paulo mostra aí seu "misticismo mais puro", e que o conhecimento de Cristo vem da comunhão "com poderes ou espíritos ocultos".[21] Na Primeira Epístola aos Coríntios 4:1, S. Paulo chama a si mesmo e a seus companheiros de "despenseiros dos mistérios de Deus", que era exatamente o nome técnico dos intendentes nos templos da popular deusa egípcio-grega Serápis.[22]

Finalmente, Paulo usa e abusa da linguagem do misticismo e das "Religiões de Mistério". Fala em "estar em Cristo", "através de Cristo", "com Cristo", "para Cristo", como sugerindo uma relação indescritível entre ele mesmo (ou o fiel) e Jesus Cristo. Segundo Wells, entre outros, é um relacionamento que o contexto não pode absolutamente explicar. A verdadeira explicação é que Paulo só conhecia o Cristo místico, o "Cristo em vós, a esperança da glória" (Epístola de S. Paulo aos Colossenses 1:27).

Encontrando um sentido pessoal para o mito

Reconhece o que está diante de teus olhos,
e o que se oculta a ti será desvelado.
— EVANGELHO DE TOMÉ, Sentença 5

Na adolescência, liderei um curso de estudos bíblicos para jovens na igreja anglicana de São Pedro, no coração do centro antigo de Toronto. Um dos hinos antigos favoritos que os jovens costumavam pedir começava com as palavras: "Quem está ao lado de Jesus? Quem seguirá por ele?" A resposta ecoava num verso mais adiante: "Estamos ao lado do Senhor; Salvador, somos teus." Era um lindo chamado evangélico para servir a Jesus.

Mais tarde, porém, em meu primeiro ano letivo na Universidade de Toronto, encontrei por acaso o capítulo do livro do Êxodo de onde as palavras-chave do hino foram tiradas. Era o capítulo 32, onde se conta a história mítica de Moisés descendo do monte com as duas tábuas de pedra sobre as quais o "dedo" de Deus escrevera os Dez Mandamentos. Moisés descobre que, durante sua longa ausência no monte, as pessoas tinham se corrompido e construído para si mesmas a imagem de um bezerro de ouro. Moisés fica fora de si, despedaça as duas tábuas no chão, agarra o bezerro e, depois de reduzi-lo a pó numa fogueira, espalha as cinzas em água e obriga os israelitas a bebê-la.

Sem dúvida, o verdadeiro sentido de tudo isso gira em torno da percepção do autor de que a Era zodiacal de Touro chegava ao fim e começava a Era de Áries (Carneiro). (Observe que, no Gênesis, quando Abraão está prestes a matar seu filho Isaque, um anjo lhe sugere sacrificar um carneiro preso pelos chifres num arbusto ali perto.) Mas o que acontece depois da fúria de Abraão chamou mais minha atenção. Aqui vai o próprio texto:

> Vendo Moisés que o povo estava desenfreado, pois Arão o deixara à solta para vergonha no meio dos seus inimigos, pôs-se em pé à entrada do arraial e disse: Quem é do SENHOR, venha até mim. Então, se ajuntaram a ele todos os filhos de Levi, aos quais disse: Assim diz o SENHOR, o Deus de Israel: Cada um cinja a espada sobre o lado, passai e tornai a passar pelo arraial de porta em porta, e mate cada um a seu irmão, cada um, a seu amigo, e cada um, a seu vizinho. E fizeram os filhos de Levi segundo a palavra de Moisés; e caíram do povo, naquele dia, uns três mil homens. Pois Moisés dissera: Consagrai-vos, hoje, ao SENHOR; cada um contra o seu filho e contra o seu irmão, para que ele vos conceda, hoje, bênção. (Êxodo 32:25-29)

Nunca ouvi essa parte da história lida numa igreja. É claro que o hino da minha adolescência, como a Igreja de modo geral, deixa esse horror totalmente de lado – pois é uma antítese absurda do moralismo humanista, sem falar nos ensinamentos inteiramente éticos do Novo Testamento. Observe também um outro fenômeno importante mas geralmente desprezado: o "Senhor" da história é Jeová, que se tornaria mais tarde Deus Pai. Mas o hino, como quase sempre acontece na teologia cristã popular e acrítica, atribui o título "Senhor" ao "Salvador", isto é, Jesus. Em outras palavras, toda a passagem é distorcida para se acomodar à causa do "evangelho".

Qualquer pessoa que tenha lido o resto do Êxodo, e aliás o Antigo Testamento como um todo, sabe perfeitamente que essa passagem sobre o assassinato de filhos, irmãos e vizinhos, com direito à bênção divina, está longe de ser atípica. Há muitas outras cenas de horror e crueldade absurdos – até mesmo genocídio – nos textos "sagrados", além dos versículos citados aqui. Começar a listar as mais odiosas seria como "chover no molhado".

Mas o que importa ressaltar é que nada disso é história real. O registro de acontecimentos verdadeiros não era (e isso nunca pode ser ressaltado o bastante) o objetivo ou intenção dos autores do Antigo Testamento. A arqueologia confirma o que o saber de antigas práticas teológicas e filosóficas tornou absolutamente claro: as várias batalhas e carnificinas descritas na Bíblia, sobretudo na suposta conquista da Terra Prometida – Canaã –, nunca aconteceram de verdade. Todas faziam parte de um arcabouço mítico criado para que os israelitas pudessem glorificar seu passado e ressaltar o caráter ciumento e exclusivista do deus tribal a quem serviam. Se mesmo uma fração das batalhas e morticínios descritos nos primeiros livros da Bíblia tivesse acontecido de fato, a "Terra Santa" estaria hoje atulhada de restos arqueológicos de armas antigas e outros sinais de guerras terríveis. Mas não é o caso. Aliás, muito pelo contrário. A criação de mitos não começou e parou de repente na história de Adão e Eva no Jardim do Éden. Ela continuou ao longo da Bíblia inteira, todos os 66 livros, inclusive todo o Novo Testamento – que contém a história de Jesus.

Mas, pode-se perguntar, o que significam os mitos antigos, mesmo encarados segundo a definição de Joseph Campbell "o que nunca foi, mas sempre é", para todos nós na era tecnológica do século XXI? Nos próximos capítulos, vamos examinar as histórias mais conhecidas de Jesus, contadas no Novo Testamento, tentando entender de onde vieram e o que significam para nossa vida. Assim, poderemos ver todo o potencial de encorajamento espiritual e a base sólida para vencer nosso medo presentes nesses textos.

Esse encorajamento, curiosamente, é mais importante quando diz respeito à própria religião. Qualquer pessoa que tenha pensado a respeito disso sabe que há uma grande dose de medo envolvida em qualquer discussão sobre religião ou espiritualidade. Ao longo dos anos, conheci muitas centenas de pessoas, por meio de cartas ou pelo contato direto, cuja experiência do que às vezes se chama "vida espiritual" de maneira eufemística (pois na verdade não passa de um catálogo de neuroses) era totalmente marcada pelo medo. Medo da condenação de Deus, medo de ofender os pais, parentes, amigos, padres e outras pessoas. Existe também um medo muito arraigado de mudanças de qualquer tipo.

Este último aspecto merece mais atenção do que recebe. Há milhões de pessoas andando por aí hoje em dia cujo crescimento espiritual interior ultrapassou de longe o que sabiam na infância, mas que sentem um terror mortal de que alguém descubra isso. Uma leitora de minha coluna de jornal escreveu para contar que se sente aterrorizada em alguns domingos até o relógio passar das onze horas da manhã. Só então ela relaxa, pois já é tarde demais para ir à igreja local. No entanto, na maioria dos domingos, os temores antigos tomam conta e ela acaba sentada num banco de igreja bem antes da hora do culto. Por causa de sua formação religiosa, o hábito de ir à igreja tem uma carga negativa, e ela se sente quase paralisada pela ideia de ser livre para escolher por conta própria se quer ir ou não. Acrescenta que, para ela, o pastor fala "como se todos nós fôssemos crianças de 5 anos de idade", mas depois mostra sentimentos de culpa sobre suas críticas à Igreja e dentro da igreja.

Não que a recusa em ir à igreja signifique crescimento espiritual; poderia ser o contrário. Todos nós precisamos examinar nossas crenças e práticas religiosas de tempos em tempos, para ver até que ponto são governadas, não pela inteligência e liberdade espiritual, mas por hábitos de infância e tabus aprendidos na adolescência. Mesmo hoje em dia, para muitas pessoas a religião é sinônimo de culpa – toneladas de culpa. Se mais pessoas como minha amiga reunissem coragem para expor seus sentimentos aos padres, talvez a qualidade dos sermões fosse maior. Com certeza, calar-se sobre o assunto ou virar o rosto não contribuem em nada para desafiar a infantilização atual dos leigos.

É uma pena, mas, quando se trata de assuntos religiosos e espirituais, a superstição e o medo da mudança que impregnam a mente do público são profundos. Mas, ao mesmo tempo, existe um enorme fascínio pela espiritualidade. O sucesso estrondoso de *O Código Da Vinci* é um exemplo atual disso. A lição aprendida por Pedro vale para todos nós hoje em dia: "Não tema." Caia fora deste "barco", como no desafio mítico que será discutido adiante, e siga em frente! Minha esperança é que este livro seja um catalisador para uma evolução pessoal nesse sentido.

3

A IMACULADA CONCEIÇÃO E A INFÂNCIA DE JESUS

Bem no centro de tudo o que existe,
resplandece a beleza de uma glória sublime.
— Anônimo

MULHERES VIRGENS não podem dar à luz. Poucas pessoas fora da Igreja precisam ser convencidas disso hoje em dia. Mas, antes que digam que a abordagem mítica defendida neste livro se recusa a admitir que Deus – ou seja, que nome dermos a esse grande mistério – pode fazer qualquer coisa, até mesmo inverter as leis naturais que Ele ou Ela criou no começo, algumas observações preliminares precisam ser feitas.

Sabemos que histórias sobre nascimentos de mãe virgem e/ou outras formas de nascimento sobrenatural, de semideuses e heróis ilustres, eram parte do ambiente cultural do mundo mediterrâneo, nos séculos que precederam e coincidiram com a emergência do movimento cristão. Era uma maneira codificada ou esotérica de assinalar que aquele personagem era muito especial. No antigo mundo greco-romano, era uma metáfora usada para anunciar um ser de divindade e poder extraordinários.

Os primeiros apologistas cristãos, em suas disputas com os críticos pagãos, admitiam francamente que havia outros casos de imaculada conceição.

Hórus, o antigo deus salvador egípcio, foi concebido milagrosamente, e Orígenes, em seu famoso debate com Celso, o filósofo pagão, comenta que, quando Platão nasceu de Perictione (também chamada Potone), seu marido, Aristão, tinha sido proibido de manter relações até o nascimento da criança, que teria sido gerada pelo deus Apolo.[1]

Histórias parecidas circulavam sobre Alexandre, o Grande, Apolônio de Tiana e dúzias de outros. Havia uma lenda antiga nos séculos II e III de que a manjedoura em Belém ficava na verdade numa caverna. A caverna, símbolo de nascimentos sobrenaturais num cenário que lembra o ventre materno (o "ventre da terra"), também está presente em outras culturas antigas. Por exemplo, o semideus grego Adônis, cuja morte e ressurreição depois de três dias também se passaram depois do equinócio da primavera, em 25 de março, nasceu numa caverna. O mesmo vale para Mitras, cujo culto tem paralelos estreitos com o Cristianismo primitivo. Alguns sarcófagos cristãos dos séculos II e III têm entalhes da cena da Natividade com o boi, o asno e os três Reis Magos. O último deles usa o chapéu do deus Mitras. O asno era tradicionalmente associado a Seth, deus da violência, irmão e assassino de Osíris. Também era associado ao planeta Saturno, símbolo de Israel. Durante longos períodos, o boi ou o touro foram símbolos do próprio Osíris.

Uma das evidências mais claras de que a história de Jesus se baseia numa tradição mítica são os dois relatos divergentes da imaculada conceição em Mateus e Lucas. Aliás, existem motivos para a hipótese acadêmica da não historicidade da expressão "nascido da Virgem Maria" no Credo cristão, e só os mais ultraconservadores comentaristas do Novo Testamento se arriscariam a defender hoje em dia uma interpretação ao pé da letra. Acreditem ou não num Jesus de Nazaré histórico, há um consenso geral entre os estudiosos da Bíblia de que os relatos do nascimento são expansões "midráshicas" (do hebraico *midrash*, que quer dizer "interpretação") de temas míticos universais. Apesar disso, apontar os motivos principais desse consenso é importante para nosso estudo.

Em primeiro lugar, os relatos do nascimento em Mateus e Lucas são claramente acréscimos posteriores às lendas originais sobre Jesus. Uma pessoa sem muita instrução que abre o Novo Testamento pode ser facilmente perdoada por achar que Mateus – que conta uma versão do nascimento milagroso – não só foi o primeiro Evangelho a ser escrito, como contém o testemunho mais antigo do livro. A tradição secular de apresentar Mateus como o primeiro dos quatro Evangelhos em toda Bíblia impressa conferiu enorme autoridade a esse ponto de vista. Na verdade, como sabe qualquer pessoa que tenha lido ao menos um pouco sobre as Escrituras cristãs, os Evangelhos formam juntos um estrato posterior no contexto do Novo Testamento. As cartas autênticas de S. Paulo antecederam os Evangelhos em pelo menos vinte a trinta anos. E mais: o primeiro Evangelho foi o de Marcos, escrito em Roma e geralmente datado algum tempo depois de 70 d.C. Pessoalmente, concordo com os estudiosos que defendem uma data posterior, por volta de 90 d.C., mas os conservadores, é claro, tentam recuar para no máximo 70 d.C., data da destruição do Templo pelos romanos sob o governo de Tito.

O mais importante sobre a questão das datas é que nem S. Paulo nem Marcos mencionam uma palavra sequer sobre a imaculada conceição. S. Paulo, de todos o mais próximo das origens supostas, diz a certa altura que Jesus "nasceu de uma mulher", e só. Essa não é uma prova de historicidade. A mesma coisa, é claro, foi dita pelos egípcios em seus mitos rituais sobre o deus Hórus. E o mesmo se disse sobre outras divindades míticas. É significativo o fato de que o Evangelho de Marcos começa abruptamente com um Jesus adulto sendo batizado no rio Jordão por João Batista. Aliás, nenhum dos outros autores de epístolas do Novo Testamento cita um nascimento milagroso.

Talvez o fator mais importante seja o seguinte: o quarto Evangelho, o de João, que mesmo nos primeiros tempos, como vimos, era visto como "espiritual" ou "místico", tampouco se refere à imaculada conceição. Em vez disso, o autor decide situar as origens do Jesus antes do tempo, isto é, no coração da Fonte Cósmica, ou Deus. Daí a famosa passagem que abre o Evangelho – ecoando o primeiro versículo do Gênesis: "No princípio era o Verbo [o Logos], e o Verbo estava com Deus, e o Verbo era Deus." Mais adiante voltaremos a isso.

Genealogias

O fato de que uma tradição fictícia estava sendo criada gradualmente fica evidente nas genealogias atribuídas a Jesus pelas duas fontes que falam em imaculada conceição, ou seja, Mateus e Lucas. Provavelmente porque o Evangelho de Mateus atendia aos interesses de uma comunidade sobretudo judaica, ele lista os antepassados de Jesus a partir do começo, com o patriarca Abraão.[2] Significativamente, são três grupos de catorze antepassados cada um. Os dois números tinham importância tradicional e simbólica. Juntos, simbolizavam perfeição. Lucas inverte a ordem, começando com o próprio Jesus e remontando às origens até Adão, descrito como "filho de Deus".[3] Lucas escrevia para uma comunidade sobretudo pagã (grega), e assim, em vez de enfatizar o judaísmo de Jesus, ressalta sua universalidade. Nessa versão, Jesus vem diretamente do primeiro pai da raça humana. Já que Adão (quase com certeza) e Abraão (com toda a probabilidade) também eram figuras míticas, o que está em jogo parece bastante óbvio.

Mas existem outras duas questões importantes. É absolutamente impossível tornar uma genealogia compatível com a outra, apesar das contorções de alguns autores fundamentalistas. Basta perguntar quem deveria ser o avô de Jesus e consultar os textos. Em segundo lugar, e isso me parece um argumento sem solução lógica aceitável, as duas tentativas longas e engajadas de traçar a origem de Jesus acabam em fracasso. Ambas tentam mostrar que Jesus era da linhagem de Davi, e assim viera para cumprir as profecias messiânicas. As tradições antigas exigem isso. Mas, já que os dois também se preocupam em mostrar que Maria concebeu Jesus sem manter relações com José, toda a estrutura desaba com a tese de que a linhagem davídica veio de José, não de Maria. É por isso que Mateus conclui sua lista de maneira um tanto desajeitada: "E Jacó gerou a José, marido de Maria, da qual nasceu Jesus, que se chama o Cristo." Portanto, as duas genealogias são totalmente irrelevantes enquanto história. Há um bom motivo para o autor desconhecido da Primeira Epístola a Timóteo, no capítulo 1, versículo 4, aconselhar o jovem pregador a evitar as "fábulas e genealogias sem fim".

Filho de um carpinteiro?

Falando em José, o "pai" de Jesus, é muito revelador o fato de que ele foi descrito ao longo dos séculos como um carpinteiro – o que faz de Jesus, pelo menos em teoria, "o filho do carpinteiro".[4] Marcos, no entanto, chega a afirmar que o próprio Jesus era carpinteiro ou pedreiro: "Não é este o carpinteiro, filho de Maria?."[5] É o que está escrito na maioria dos primeiros manuscritos gregos. Mas alguns manuscritos dizem *o filho de um carpinteiro*. Era o texto preferido por Orígenes, no século II, usado em seu famoso diálogo com Celso, o filósofo pagão. O relato de Mateus segue literalmente a primeira tradição textual – ele diz "o filho do carpinteiro". Mas o mais interessante, para os que encaram tudo isso como um mito eterno, é um fato apontado por Carl Jung em seu livro *Symbols of Transformation*. Jung observa que não só José, mas muitos ou talvez todos os pais de antigos heróis e/ou semideuses, eram artesãos, carpinteiros ou construtores/criadores de algum tipo.[6]

Segundo uma lenda árabe, Terá, pai de Abraão, era um mestre artesão que trabalhava com madeira. Tyashtri, pai do deus védico Agni, era arquiteto cósmico, ferreiro e carpinteiro. Ciniras, pai de Adônis, também era carpinteiro. Hefaísto, pai do Hermes de várias faces, era o deus grego do Fogo que fabricou, entre outras coisas, o escudo de Aquiles. Odisseu ou Ulisses, o herói de Homero, era um artífice hábil que planejou e contruiu o famoso Cavalo de Troia. Esse tema mítico, lembra Jung, também surge em contos folclóricos do mundo inteiro, com o mais modesto lenhador no papel de herói ou pai do herói. Em outras palavras, toda a tradição de Jesus como carpinteiro, ou filho de carpinteiro, é um indício claro, não de detalhe histórico, mas de intensificação mítica disfarçada em fato concreto.

Paralelos com o paganismo

O terceiro argumento convincente contra toda possibilidade de que a imaculada conceição tenha base histórica é o fato óbvio de que, como já dissemos, nascimentos de mãe virgem eram um traço comum em divindades mitológicas solares ou outras e em semideuses do mundo antigo. Os leitores podem consultar *O Cristo dos Pagãos* e os vários outros livros citados aqui para mais provas de que os primeiros Pais da Igreja se sentiam realmente embaraçados diante do assunto. Os profundamente interessados no processo pelo qual personagens míticos vão sendo "enfeitados" ao longo dos anos com detalhes aparentemente autênticos e uma historicidade suposta que não tem fundamento em fatos concretos de espécie alguma devem ler o ensaio clássico de Lorde Raglan, de 1956: *The Hero: A Study in Tradition, Myth and Drama*.

A imaculada conceição como parte da história de Jesus não convence enquanto fato histórico inclusive porque é parte de um conjunto de fórmulas nas lendas de vários heróis da Antiguidade. (O mesmo vale para o tema da ameaça à vida do recém-nascido. O massacre dos inocentes de Herodes – do qual não existe o menor indício de verdade histórica – tem muitos paralelos. Por exemplo, quando nasce o Lorde Krishna hindu, o Rei Kansa, um tirano brutal, ordena a morte de todos os bebês meninos com menos de 2 anos de idade.) Mas, no caso de Jesus, há uma mensagem esotérica notável e até central, obscurecida durante muito tempo pela polêmica furiosa da imaculada conceição como parte ou não da fé cristã autêntica. Precisamos ir muito além desse debate teológico e analisar o que o significado interior do mito nos diz sobre quem e o que somos.

O significado

Declarando abertamente que José não era o verdadeiro genitor de Jesus, os evangelistas querem dizer que o aspecto natural da humanidade de Jesus importava menos do que o aspecto divino ou centelha do Divino dentro dele. Porém, se formos mais fundo e encararmos essa noção como parte do mito da identidade humana, ou de todo homem e mulher nascido neste mundo, o que se deduz no plano mais profundo é que o nascimento de todo ser humano é um acontecimento milagroso. Recebemos uma natureza física e psíquica do ventre de nossa mãe, mas também somos gerados por Deus. É por isso que João, em seu capítulo inicial, ressalta que aqueles que recebem a consciência do princípio ou luz de Cristo "não nasceram do sangue, nem da vontade da carne, nem da vontade do homem, mas de Deus". Temos uma origem divina ou divindade latente dentro de nós que resulta da descendência divina direta. Como se diz nos Atos dos Apóstolos: "somos também sua geração [do Senhor]". Esse sentido superior ou mais espiritual é expresso diretamente no prólogo do Evangelho de João, onde ele diz: "Ali estava a verdadeira luz, que, vinda ao mundo, ilumina a todo homem."

Assim, por exemplo, Joseph Campbell acha que o sentido mítico da imaculada conceição é a percepção plena de cada indivíduo de que ele ou ela é mais do que um "animal humano" voltado só para a reprodução e as coisas materiais. É "o nascimento do espírito em oposição à vida meramente natural", diz ele; o reconhecimento de que há objetivos e valores mais elevados na vida do que a autopreservação, a reprodução, o prazer, a aquisição de dinheiro e bens materiais e a luta pelo poder ou *status*.[7] É um "nascimento no coração" ou a ideia de "nascer de novo" no sentido espiritual, mencionada por Jesus e tão mal-interpretada pelos fundamentalistas atuais.

Portanto, a pergunta que a imaculada conceição nos apresenta não é: "Você acredita nisso literalmente?", e sim: "Você experimentou realmente sua própria divindade interior? Está consciente de sua herança como algo mais do que um 'animal humano' – como um ser humano em sua plenitude?" Ou, em outras palavras: "O princípio de Cristo nasceu na manjedoura de sua consciência?" Você não precisa ser cristão ou membro de uma Igreja para que isso aconteça. Mestre Eckhardt, o místico medieval, disse certa vez num sermão: "Para Deus, vale mais nascer de modo espectral [espiritual] na virgem individual ou boa alma do que ter nascido fisicamente de Maria."[8] Como assinala

Campbell, esse tipo de imaculada conceição é bem expresso na afirmação de S. Paulo em sua Epístola aos Gálatas: "Já estou crucificado com Cristo; e vivo, não mais eu, mas Cristo vive em mim."[9]

Toda a alegoria do nascimento humilde mas glorioso numa caverna ou estábulo se baseia na ideia arquetípica do coroamento soberano do nosso desenvolvimento evolutivo pelo "nascimento" da consciência autorreflexiva. O conceito da "vinda" de um Messias ou um Cristo resulta, portanto, da reflexão de sábios antigos sobre esse grau novo e superior de inteligência e consciência de si mesmo. O modo de vida anterior, meramente animalístico, deu lugar ao potencial inerente numa semente da mente divina implantada na ordem natural a partir de "cima", isto é, por meio da onipresença misteriosa que chamamos Deus. Na verdade, portanto, o próprio Natal, como diz o cântico em tom triunfante, é "o aniversário de um rei". Mas esse "rei" não é um indivíduo que se acredita ter vivido na Palestina há cerca de dois milênios, e sim o nascimento glorioso da encarnação divina dentro de cada um de nós. Como diz S. Paulo: "Cristo em vós, esperança da glória."

Assim, todos os ritos e práticas das igrejas na época do Natal só são realmente eficazes e significativos se o nascimento de "Jesus, o Salvador" for entendido como um símbolo do glorioso nascimento "imaculado" dentro de nós. A boa notícia é que a Transcendência se manifestou na história humana e tornou-se parte de cada um de nós. Só precisamos ter olhos para ver essa glória em nosso interior e em todo lugar. Como diz Hermes Trismegisto ("três vezes grande") a seu filho Tat no trecho do *Corpus Hermeticum* já mencionado acima: "Não sou mais o homem que era. Nasci de novo no espírito."

Aos 12 anos de idade

Uma das pistas mais óbvias de que as narrativas do Evangelho não se parecem nem um pouco com a biografia de um personagem histórico chamado Jesus ou Yeshua de Nazaré é o fato de que, em todos os Evangelhos com exceção de Lucas, há um silêncio total sobre o período que vai da infância de Jesus até o começo do seu ministério público, aos cerca de 30 anos de idade. Em qualquer outra biografia jamais escrita, isso é totalmente atípico. É um fato fundamental que os historiadores e outros comentaristas de qualquer escola têm de explicar de uma maneira ou de outra. Eles nos pedem para acreditar que os autores e editores do Evangelho conheciam em detalhes o que Jesus supostamente disse e fez num período de um a cerca de três anos, mas que ao mesmo tempo não conseguiram se lembrar de um único incidente, acontecimento ou frase de Jesus em todos os anos anteriores! É algo que desafia a razão.

Em sua obra de dois volumes *Ancient Egypt, The Light of the World* o estudioso Gerald Massey observa com perspicácia que o mesmo vácuo ocorre em vários relatos sobre muitos outros Messias míticos. Por exemplo, não há registro ou documento histórico sobre o "Cristo" egípcio, Hórus, entre 12 e 30 anos de idade. A exceção de Lucas, isto é, a história de Jesus sendo levado ao templo de Jerusalém aos 12 anos, idade aproximada da condição adulta incipiente e da responsabilidade pessoal segundo a Torá (lei de Moisés), merece leitura mais atenta. É um estágio altamente instrutivo no desenrolar do drama:

> Ora, anualmente iam seus pais a Jerusalém, para a festa da Páscoa. Quando ele atingiu os doze anos, subiram a Jerusalém, segundo o costume da festa. Terminados os dias da festa, ao regressarem, permaneceu o menino Jesus em Jerusalém, sem que seus pais o soubessem. Pensando, porém, estar ele entre os companheiros de viagem, foram caminho de um dia e, então, passaram a procurá-lo entre os parentes e conhecidos; e, não o tendo encontrado, voltaram a Jerusalém à sua procura. Três dias depois, o acharam no templo, assentado no meio dos doutores, ouvindo-os, e interrogando-os. E todos os que o ouviam muito se admiravam da sua inteligência e das suas respostas. Logo que seus pais o viram, ficaram maravilhados; e sua mãe lhe disse: Filho, por que fizeste assim conosco? Teu pai e eu, aflitos, estamos à tua procura. Ele lhes respondeu: Por que me procuráveis? Não sabíeis que me cumpria estar na casa de meu Pai? / Não compreenderam, porém, as palavras que lhes dissera. E desceu com eles para Nazaré; e era-lhes submisso. Sua mãe, porém, guardava todas essas coisas no coração. E crescia Jesus em sabedoria, estatura e graça, diante de Deus e dos homens. (Lucas 2:41-52)

Essa passagem parece bastante clara superficialmente, mas poucas histórias no drama como um todo são tão mal-interpretadas e tão distorcidas ao serem citadas em sermões, escritos populares ou estudos bíblicos. Seria impossível contar o número de vezes que a ouvi de pastores e outras pessoas de maneira distorcida. Com um zelo equivocado, eles mencionam o trecho como prova da suposta filiação especial e onisciência de Jesus. Dizem que Jesus foi encontrado no Templo *instruindo* os professores e autoridades presentes. Mas isso não é verdade. Lucas diz simplesmente que ele ouvia os eruditos e os "interrogava". É verdade que os sábios ficam muito surpresos com a inteligência e as respostas do menino às perguntas durante a discussão.[10] Mas ele não estava *ensinando* aos doutores, como se supõe tantas vezes.

O próprio Lucas dá a seus leitores uma pista de que a história é simbólico-alegórica usando o número três, presente em tantas fórmulas tradicionais. Os pais de Jesus só notam sua ausência e o descobrem no templo *depois de três dias*. No ritual egípcio, Ísis, a mãe do deus-sol Hórus, procura três dias para encontrar seu filho. Como observei em meu livro anterior, o número três ganhou dimensão esotérica e simbólica pelo fato conhecido de que, por três dias e duas noites a cada mês, a Lua deixa de ser visível da Terra. Simbolicamente, acreditava-se que a Lua mantinha relações com o Sol nesse período para conceber a Lua nova. Portanto, três tornou-se um símbolo de qualquer período importante de mudança ou renovação. Isso também explica os três dias de Cristo no túmulo antes da ressurreição.

Mas outros aspectos merecem comentário. Que tipo de pais, pode-se perguntar, deixariam um filho de 12 anos de idade, no que era aparentemente sua primeira visita como adulto a uma cidade e um território desconhecidos, andar aonde quisesse sem supervisão, a ponto de nem notarem sua ausência durante um dia inteiro? A situação é ainda mais estranha porque a passagem diz que os pais já estavam a caminho, voltando pela região perigosa ao redor de Jerusalém (quase totalmente desértica), muito antes de começarem a procurar seriamente pelo filho.

E há também a questão mais vasta da credibilidade histórica, pois Lucas nos diz que Maria refletiu sobre o comportamento do seu filho e "guardava todas estas coisas no coração", mas a continuação da narrativa mostra que ela e sua família em geral não tinham ideia de quem Jesus realmente era. Pode-se imaginar que, depois de sua própria imaculada conceição, depois de observar a conduta do seu filho e ouvir comentários sobre suas respostas no Templo, Maria ao menos saberia que Jesus não era uma pessoa comum. Mas – sobretudo em Marcos, que a certa altura conta que a família de Jesus foi buscá-lo e levá-lo para casa, "pois, disseram eles, ele está fora de si" (não passa bem e pode se machucar) –, nos Evangelhos a família imediata de Jesus só dá mostras de acreditar nele depois da ressurreição. Isso, é claro, condiz perfeitamente com a intenção geral de Marcos de mostrar que algumas profecias estavam sendo cumpridas. Tinha sido predito que o Messias seria rejeitado até por seus amigos e parentes mais próximos. Alguns conservadores gostam de argumentar que, se esse relato não fosse realmente histórico, o autor teria deixado os detalhes negativos de lado para evitar constrangimento. Por que alguém que inventasse uma história citaria detalhes tão embaraçosos? Mas eles não vão ao fundo da questão. Como já observei, as objeções aparentemente ignorantes da família na verdade reforçam o ponto de vista de Marcos. Só o verdadeiro Messias seria tratado assim.

Mas, basicamente, a história se refere a uma verdade mais profunda. Ela mostra que, quando se chega à idade responsável, o compromisso mais profundo com a voz e os desígnios de Deus, tanto dentro como fora, chega ao primeiro plano da consciência. Aqui, a alma individual começa radicalmente sua verdadeira "missão" – a de tentar entender e cumprir a vontade do "Pai". "E Jesus disse a José e Maria: "Por que me procuráveis? Não sabíeis que me cumpria estar na casa de meu Pai?" Na sabedoria antiga, o "pai" era muitas vezes símbolo do espírito e da mente, enquanto a "mãe" simbolizava o ventre de onde nasce o espírito. Mas isso não implica uma ascendência do homem sobre a mulher. Pelo contrário. A sabedoria, personificada – ou "hipostasiada", para usar o termo técnico – como Sofia, era sempre feminina. Sofia, ou "sabedoria" em grego, é um nome feminino. A "mãe", do latim *mater*, é a portadora do espírito. Essa história, portanto, trata do primeiro passo importante numa jornada de todos nós que, depois de muita alegria e luta, nos leva de volta ao "lar". Há um momento em que a pessoa, seja como for que se explique, decide cumprir a vontade do "Pai". O ego tem de começar a ser controlado para servir a um objetivo mais elevado do que a autopreservação. Começa o caminho da maturidade espiritual.

Antes que alguém pense que esse caminho é fácil ou tranquilo, devo avisar que ele exige muita coragem e aquilo que o Novo Testamento chama de *hypomone* – persistência. A versão inglesa clássica da Bíblia (Versão do Rei Tiago) geralmente traduz o termo grego como "paciência", mas isso só é correto no sentido muito antigo da palavra. O que ela realmente significa é a capacidade de suportar uma tarefa difícil ou situação estressante. A vida, como diz Scott Peck logo nas primeiras linhas do seu gigantesco *best-seller The Road Less Traveled*, "é difícil". Buda disse isso e os Evangelhos também. Como afirmei em *Living Waters*, a evolução da alma é muito mais estimulada pelos problemas, dúvidas e ansiedades – todos os tipos de resistência ao Espírito dentro de nós – dos que pelos momentos de tranquilidade.[11]

É por uma boa razão que pessoas espiritualmente motivadas experimentam com frequência "a noite escura da alma". Com certeza também conheci essas fases de "sufoco" em minha própria vida, e posso dizer sem hesitar que, em retrospecto, foram momentos de avanço verdadeiro em matéria de autoconhecimento e vitória final sobre alguma ambição equivocada, orgulho ou fraqueza. Olhando para trás, vejo que os terrenos mais ásperos que encontrei também foram os mais férteis. Os alquimistas medievais tentaram descobrir maneiras de transformar chumbo em ouro. Do ponto de vista esotérico, era uma metáfora do trabalho espiritual que cabe a cada um de nós, ao lutarmos pela graça do Deus interior para transformar o entulho de nossas fraquezas, neuroses e todas as nossas vaidades vazias no ouro puro da piedade cristã. S. Paulo descreve assim esse processo: "E todos nós, [...] contemplando, como por espelho, a glória do Senhor, somos transformados, de glória em glória, na sua própria imagem [a do Cristo interior], como pelo Senhor, o Espírito."[12] Para mim, é esse o conceito da evolução espiritual.

Edwin Hatch formula isso muito bem em seu hino popular:

Sopra em mim, hálito de Deus,
Até eu ser totalmente Seu,
Até essa minha parte terrena
Arder em Sua chama divina.

4

ESTÁGIOS TRANSFORMADORES NA HISTÓRIA DE JESUS

A letra mata, mas o Espírito vivifica.
— S. Paulo, Segunda Epístola aos Coríntios 3:6

VAMOS COMEÇAR AQUI pela máxima profunda de verdade espiritual formulada certa vez por Valentim (também chamado Valentino), autor do *Evangelho da Verdade*, um dos vários escritos gnósticos encontrados em Nag Hammadi em 1945. Valentim foi um cristão gnóstico, mais tarde considerado herético, nascido no Egito. Viveu em Roma aproximadamente de 135 a 165 d.C. (fundou ali uma escola por volta de 140 d.C.) e teve muitos seguidores. Escreveu uma fórmula poderosa e capaz de mudar nossa vida: "O que nos liberta é o conhecimento de quem fomos, quem nos tornamos; onde estávamos, aonde fomos jogados; para onde corremos, o que nos redime; o que é o nascer e o renascer."[1] Por mais longe desse tema central que a discussão nos leve às vezes, a fórmula de Valentim está por trás de toda a nossa investigação do começo ao fim.

Primeiro, portanto, existe uma questão óbvia: se aceitarmos a interpretação literal/histórica, quanto tempo durou o ministério de Jesus? Na cronologia adotada por Marcos, seguida por Mateus e Lucas, o ministério durou aproximadamente um ano. Isso porque o mito antigo do deus solar, em sua volta anual, está implícito bem no fundo de toda a mensagem dos sinópticos. Mas o Evangelho de João, que, como vimos, é muito diferente dos outros três em vários sentidos, parece adotar um ciclo de três anos. Os estudiosos lembram que, nele, há pelo menos três diferentes viagens a Jerusalém para a festa da Páscoa. Já que o Evangelho de João é o mais "espiritual" e o menos preocupado em criar até mesmo uma aparência de reportagem literal da vida de um ser humano (apesar do capítulo final, que é obviamente um apêndice escrito depois), esse Evangelho pode optar pelo poderoso número 3 e ao mesmo tempo concentrar quase toda a história na própria Jerusalém. Seja como for, o ministério durou no máximo três breves anos.

Como afirmou certa vez Rudolph Butmann, grande especialista do Novo Testamento, o Evangelho de João é "teologia pura apresentada na linguagem do mito". Marcos, o Evangelho mais antigo, foi descrito como uma coleção relatos frouxamente interligados, que deveriam servir não como história, mas para fins de edificação e evangelização. Seu mistério ou "segredo" revelado numa leitura superficial e literal é que Jesus é o Messias longamente esperado, e o Reino de Deus logo será uma realidade aqui e agora. Num nível mais profundo e esotérico, sua mensagem, como dissemos anteriormente, é uma alegoria da evolução da alma na matéria, a alma de cada um de nós. O Evangelho começa com o batismo de Jesus, símbolo da encarnação no ambiente líquido do corpo humano, isto é, a imersão total no reino material. Assim como Jesus entra nas águas do rio Jordão, a alma de cada um de nós "desce" para viver no ventre materno. Dois terços do corpo humano, como sabemos, são feitos de água.

O Batismo

Na religião cristã, poucas coisas foram mais distorcidas ou mal-entendidas, por causa de uma interpretação literal da Bíblia, do que o ritual conhecido como Sacramento do Santo Batismo. No passado, com efeito, muitos morreram em função de disputas amargas sobre como, quando, com que frequência, para quem e por quem o batismo deve ser administrado. Hoje, mesmo as multidões cada vez maiores de pessoas sem religião – que o bispo episcopal aposentado de Newark, John Spong, chama de "ex-alunos da Igreja" – ainda querem que seus bebês sejam batizados. Tradicionalmente, é a principal marca doutrinária de adesão plena à Igreja; mas, no nível popular, para um número crescente de pessoas, em geral não vai além de um rito social de passagem e uma boa ocasião para uma festa.

Há muito tempo, quando eu mesmo era pastor anglicano no final dos anos 50 e começo dos 60, batizei centenas de bebês e crianças mais velhas em minha paróquia suburbana que crescia depressa. Agora, com toda a probabilidade a maioria delas pertence à faixa crescente da população que responde "nenhuma" quando o funcionário do censo pergunta: "Qual é sua religião?". Ainda me lembro nitidamente de que, na época, eu me sentia muito estranho ao olhar para o rosto inocente dos pequenos batizandos enquanto lia no livro de orações do culto sobre sua condição de pecadores e sua necessidade de regeneração total. Parecia uma maneira antipática de dar as boas-vindas àquelas jovens "almas" na Santa Madre Igreja, ou mesmo no mundo em geral.

Isso me lembra o relato de caso de Joseph Campbell no segundo programa de *The Power of Myth*. Ali, em seu comentário sobre a circunstância de que, no mito do Éden do Gênesis, a natureza surge como inimiga e Deus é alguém que se opõe à natureza, enquanto o homem é um pecador desobediente expulso do Paraíso, Campbell contou a história do monge zen-budista que ele conheceu certa vez no Japão. Depois de refletir sobre a história do Gênesis, o monge disse: "Deus contra o homem – o homem contra Deus; Deus contra a natureza – a natureza contra Deus. Religião estranha!" Campbell observou que, na concepção religiosa do Japão, não havia referência a depravação, perda da inocência ou pecado original. Eles tinham uma "mitologia que abrange a vida como um todo". Para Campbell, era uma concepção estranhamente libertadora para se refletir sobre a religião e seu impacto em nosso dia a dia.

Nos Evangelhos, a primeira menção ao batismo surge no começo do relato de Marcos. Sem qualquer das preliminares dos outros Evangelhos, o drama começa com uma citação da versão Septuaginta (tradução grega) do Antigo Testamento: "Eis que eu envio o meu anjo ante a tua face [...] 'Preparai o caminho do Senhor, endireitai as suas veredas.'" Então, João Batista surge no deserto "pregando o batismo de arrependimento, para remissão dos pecados". É evidente que Marcos escolhe deliberadamente a versão grega da citação, que é de Isaías, capítulo 40, em vez de citar o verdadeiro texto hebraico, pois a primeira serve muito melhor a seu propósito. Na verdade, ele distorce o original – que trata dos filhos de Israel voltando do exílio – e o transforma em algo que ele não é: uma profecia messiânica.

Mas, quando se continua lendo, logo fica claro que o personagem Jesus presente no rio Jordão não afirma ser o Messias ou Filho de Deus; em vez disso, ele anuncia a proximidade do Reino de Deus como sendo uma "boa notícia" ("evangelho", ou *Euangelion* em grego, significa "boas-novas"): "Foi Jesus para a Galileia, pregando o evangelho de Deus, dizendo: O tempo está cumprido, e o reino de Deus está próximo; Arrependei-vos e crede no evangelho."[2] Cabe observar que o "evangelho" sobre o qual se ouve tanto em círculos evangélicos e outros nada tem a ver neste momento com o tipo de mensagem que os religiosos conservadores vivem repetindo. Não se trata do "sangue de Jesus", da cruz ou mesmo do "renascimento". O texto de S. Marcos diz explicitamente que as boas-novas são a realidade do Reino, a realidade da presença poderosa de Deus no mundo e na intimidade da vida de cada um.

Antes de continuar, devemos observar que Lucas, em seu Evangelho, conta a história mítica de Maria que, sabendo-se grávida, vai visitar sua prima Isabel. Apesar da idade avançada, na qual não se costuma ter filhos, Isabel também concebeu uma criança e já está no sexto mês de gravidez.[3] Assim, ficamos sabendo que João Batista e Jesus têm uma diferença de idade de seis meses. Do ponto de vista da alegoria astrológica, isso é de importância crucial:

1) Isabel é mais um exemplo das muitas mulheres ao longo de toda a Bíblia que concebem de maneira milagrosa na velhice. Sara, esposa de Abraão, mãe de Ismael e Isaque, é um exemplo. Talvez você se lembre de que ela ri da mensagem do anjo: "Riu-se, pois, Sara no seu íntimo, dizendo consigo mesma: Depois de velha, e velho também o meu senhor, terei ainda prazer?". Em hebraico, o nome Isaque significa "ele ri".[4] A mãe de Sansão é outro exemplo, assim como Ana, mãe de Samuel. O sentido é claro para os que entendem sua dimensão esotérica. Precisamos retomar aqui a crença dos antigos, em vários relatos, de que houve três estágios evolutivos antes da emergência da alma humana animal e finalmente da alma humana espiritual ou cristã. Primeiro veio o reino animal, depois o vegetal, depois o animal e, depois de "eras incontáveis", o alvorecer da consciência autorreflexiva e a centelha do fogo divino interior. A mulher idosa reflete ou encarna esse quarto estágio, o tema do "eis que o Cristo vem tarde no tempo" do conhecido cântico de Natal. Veremos mais adiante que a história de Jesus atravessando as águas na "quarta" vigília da noite tem a mesma explicação.

2) A diferença de seis meses de idade é significativa pois, na antiga alegoria astronômica, o homem natural, que se ergue sob o signo de

Virgem no horizonte a leste, transforma-se seis meses mais tarde no homem espiritual ou Cristo, que nasce no mesmo horizonte sob o signo de Peixes. Com o tempo, à medida que progride a evolução da nossa alma, o homem natural é superado pelo espiritual. Esse é o sentido por trás das palavras de João Batista no Evangelho de João: "Convém que ele cresça e que eu diminua."[5]

*O batismo significa reivindicar nossa divindade,
não lavar nossos pecados*

Lemos no Evangelho de Marcos:

Naqueles dias, veio Jesus de Nazaré da Galileia e por João foi batizado no rio Jordão. Logo ao sair da água, viu os céus rasgarem-se e o Espírito descendo como pomba sobre ele. Então, foi ouvida uma voz dos céus; Tu és o meu Filho amado, em ti me comprazo. E logo o Espírito o impeliu para o deserto, onde permaneceu quarenta dias, sendo tentado por Satanás; estava com as feras, mas os anjos o serviam. (Marcos 1:9-13)

O fato de que esse batismo não tem absolutamente nada a ver com o pecado fica claro no próprio texto e na pureza, isto é, a ausência de pecado, defendida vigorosamente em todo o Novo Testamento, que caracteriza a figura de Jesus no drama.[6] No Evangelho de João, o evangelista na verdade se sente obviamente embaraçado diante do batismo desse ponto de vista, e tenta atenuá-lo por meio de explicações ou pelo menos diminuir sua importância. A água, como vimos, pode simbolizar várias coisas, mas é sobretudo símbolo da matéria. Já que nosso corpo é feito em grande parte de água, acreditava-se que a alma vivia numa espécie de "prisão líquida". Era um tipo de morte. Quando Jesus entra na água, representando a divindade em cada um de nós, sua imersão simboliza o fato essencial da encarnação. A alma aceita o peso e os conflitos da condição humana – uma mistura de espírito e matéria – para se expandir por meio da experiência neste plano. Os que acreditam em reencarnação sustentam que reunir a experiência necessária para chegar à plena maturidade espiritual pode levar várias ou mesmo muitas vidas. Pessoalmente, inclino-me a pensar que continuamos evoluindo e crescendo em planos espirituais depois da morte. A verdade é que ninguém pode dizer com certeza como será nosso desenvolvimento futuro.

Mas enquanto João, como homem natural, batiza – "enterra" ou encobre simbolicamente a alma, ou centelha divina, no "túmulo" da matéria –, a figura de Cristo é definida como o elemento ou agente pelo qual o homem natural será agora batizado ou presenteado com o divino Espírito Santo. É por isso que João Batista declara: "Eu, em verdade, tenho-vos batizado com água; ele, porém, vos batizará com o Espírito Santo." De maneira significativa, Lucas diz aqui: "Ele vos batizará com o Espírito Santo e o fogo." O fogo simboliza a chama divina da inteligência e da piedade cristã em potencial. É por isso, aliás, que o batismo em água é acompanhado pela unção com óleo em algumas ramificações importantes da religião cristã, por exemplo a Igreja Ortodoxa. O óleo ("vós ungis minha cabeça com óleo", diz o salmista) simboliza essa mesma realidade. É altamente inflamável e rebrilha mesmo quando não está queimando. Flutua na água, isto é, emerge até o topo ou cabeça, onde se acreditava originalmente que residiam a razão e a consciência autorreflexiva – e o óleo queima até misturado à água. No "túmulo de água" de nosso corpo material, o "fogo" continua ardendo e nada pode apagá-lo. Pode ser esse o sentido das falas de Jesus (Yeshua) no Evangelho de Tomé: "Eu lancei fogo sobre o mundo, e eis que estou cuidando dele até que queime."[7] Ou ainda: "Jesus diz: Aquele que se achega a mim aproxima-se do fogo [...]."[8]

Seja como for, S. Paulo, cujos pensamentos e argumentos podem ser muito complexos e às vezes praticamente incompreensíveis para o leitor mediano, percorre uma distância considerável na Epístola aos Romanos usando imagens de morte, sepultamento e ressurreição para falar da nossa união com o Cristo místico. Por exemplo, no capítulo 6 da Epístola aos Romanos, S. Paulo diz: "Ignorais que todos nós que fomos batizados em Cristo Jesus fomos batizados na sua morte? Fomos, pois, sepultados com ele na morte pelo batismo; para que, como Cristo foi ressuscitado dentre os mortos pela glória do Pai, assim também andemos nós em novidade de vida." Nada disso, aliás, implica que Paulo encarasse o que está dizendo no sentido literal. Seu Jesus Cristo é essencialmente um raio espiritual do Pai, como foi Hórus antes dele. Toda a ação que Paulo descreve se passa mais no plano espiritual do que no terreno.

No batismo adulto, no qual há uma submersão total da pessoa nas águas, esse simbolismo do sepultamento e da ressurreição, é claro, é representado com mais vigor do que na aspersão de crianças, embora o simbolismo continue igual. Há muito tempo, quando minha família passava por uma daquelas fases de frequentar cultos num salão evangélico (onde se dizia que as pessoas pregavam e acreditavam na "Bíblia Consagrada"), tomei meu lugar, aos 12 ou

13 anos de idade, na fila de batismo num tanque bem na frente da igreja, numa manhã de domingo. Ali, tive de aguentar o constrangimento de ser quase sufocado diante de alguns amigos abelhudos que tinham se reunido para ver como era o batismo. O pastor, zeloso demais, se entusiasmou e me manteve embaixo d'água por mais tempo do que o necessário, enquanto pregava para a congregação. Saí dali respingando água e quase afogado. Mas, como os defensores do batismo infantil sempre disseram corajosamente, o que importa realmente não é a quantidade de água. Isso é verdade, mas só se entendermos o que o simbolismo essencial representa de fato.

Para falar da maneira mais simples possível, o rito cristão do batismo não tem relação com o perdão do pecado, original ou não; nem, obviamente, significa a admissão numa espécie de "clube" eclesiástico exclusivo. É ao mesmo tempo muito mais universal, mais grandioso e ao mesmo tempo mais simples do que isso. O sacramento consiste em celebrar e expressar ritualmente o elemento básico de toda religião – a encarnação do espírito na carne. Como exclama S. Paulo em tom de triunfo: nosso corpo é o templo do Espírito Santo. Quando um bebê, por exemplo, é batizado na presença de toda a congregação, o que realmente acontece é que uma alma recém-encarnada é acolhida simbolicamente em toda a família humana. É uma ocasião para que todos os presentes se alegrem com nossa herança divina em comum.

Esse é o verdadeiro tema do relato do batismo de Jesus nos Evangelhos. Quando ele sai da água no drama, experimenta uma visão. Os céus "se abrem" e o Espírito, em forma de pomba, desce sobre ele. Então, ouve-se uma "voz dos céus" que diz: "Meu Filho amado." Em vez da negatividade inerente à menção do pecado, a voz diz: "em ti me comprazo." O sentido alegórico é claríssimo. Todo o acontecimento proclama nossa descendência divina. Cada um de nós é declarado filho de Deus, amado pelo próprio fundamento e fonte de toda a vida. Em vez dos juízos pejorativos e deprimentes que a Igreja inventou e atribuiu a todos os seus seguidores nos séculos seguintes – nossa "depravação total", a ideia de que não somos dignos nem de "catar as migalhas" sob a mesa de Deus, há uma declaração em alto e bom som de que Deus se compraz infinitamente em nós.

Isso contrasta radicalmente com a interpretação de nossa humanidade exposta certa vez pelo Reverendo John Wesley, grande reformador metodista. No Sermão 45 da edição de 1872 de *The Sermons of John Wesley*, ele brada: "Este portanto é o motivo do renascimento – toda a corrupção de nossa natureza [...] qualquer pessoa nascida neste mundo ostenta a imagem do diabo em forma de orgulho e teimosia." Uma definição realmente clássica do dogma do pecado original – a noção de que, por causa da suposta "queda" de Adão, a humanidade ficou manchada para sempre por esse ato de desobediência. A humanidade, segundo Santo Agostinho, é uma *massa damnata*, e só a morte do Filho de Deus imaculado pode compensar isso. Uma teologia que deu à Igreja enorme poder e controle sobre a vida das pessoas, e ainda está presente em muitos sermões cristãos hoje em dia.

Como era de se prever, cerca de dois milênios de controle das pessoas, repisando constantemente sua indignidade e seu pecado, deram poucos resultados. Só se pode especular que diferença haveria no sentimento e no comportamento de milhões e milhões, ao longo de gerações incontáveis, se eles ouvissem desde o começo: "Tu és meu descendente bem-amado, e em ti me comprazo." Para criar pessoas amorosas, temos de explicar a nossos filhos sobre sua verdadeira natureza e potencial – e então amá-los de fato. Para as religiões, as implicações desse conceito mais espiritual do batismo são potencialmente transformadoras em grande escala. Temos realmente "boas-novas" para anunciar! Mas novas liturgias ou rituais de batismo têm de ser criados para substituir as fórmulas negativas do passado.

Nazaré

Quando Marcos diz que Jesus veio de Nazaré da Galileia e foi batizado por João, é a única referência explícita que faz sobre o local que acabou sendo universalmente encarado como cidade natal de Jesus. Alguns versículos mais tarde, Marcos diz que um "homem com um espírito imundo" se dirige ao Mestre como "Jesus, o Nazareno" (e Jesus é chamado "nazareno" outras três vezes nesse Evangelho), mas aqui o sentido da palavra é bem diferente. Como afirma o prof. G. A. Wells numa discussão longa e detalhada, o termo "nazareno" é usado em alguns documentos da época como "título de uma seita". Portanto, é o mesmo que dizer "George, o metodista" ou "Tom, o anglicano".[9] Observe que Marcos não nos diz que Jesus nasceu ou cresceu de fato em Nazaré. Segundo Lucas, Maria e José viviam ali – foram a Belém para ter o bebê –, mas a narrativa do nascimento em Mateus diverge grandemente nesse ponto. Na versão de Mateus, a "casa" deles ficava em Belém. Para manter a ligação com Nazaré, porém, Mateus faz com que toda a família vá para lá depois da altamente simbólica volta do Egito, em seguida à morte de Herodes. Em sua fórmula costumeira, Mateus diz que isso era para cumprir uma profecia do Antigo Testamento segundo a qual "Ele será chamado um nazoreano" (essa grafia grega refere-se a uma seita; as Bíblias em português geralmente só usam a grafia padrão "nazareno"). Mas não existe essa profecia em todo o Antigo Testamento!

Não vou cansar o leitor com a discussão incrivelmente detalhada e complexa sobre o significado possível do fato de que Marcos e Lucas chamam Jesus de "nazareno", enquanto Mateus, João e os Atos dos Apóstolos sempre preferem a grafia "nazoreano".[10] Seja como for, os primeiros seguidores judeus da seita cristã eram chamados de ambas as maneiras. Mas em nenhum dos Evangelhos Jesus usa um dos termos referindo-se a si mesmo. Na verdade, ele é descrito como um profeta itinerante que não vive numa cidade ou aldeia fixa. É o Homem do Povo.

Hoje em dia, na moderna Nazaré, os católicos romanos, com sua enorme Basílica da Anunciação, supostamente construída no local da gruta que era a casa de Maria, continuam travando uma disputa antiga com a Igreja Ortodoxa grega. A última argumenta que tem sua Igreja da Fonte de Maria no verdadeiro local da Anunciação, a cerca de meio quilômetro de distância. Mas é claro que, em assuntos míticos como esse, não se pode ter certeza. Existem localizações rivais para a maioria dos lugares "sagrados" em Israel, apregoados como autênticos, onde teriam ocorrido os "acontecimentos" da vida de Jesus. A luta entre grupos religiosos pelo controle de "lugares sagrados" é um escândalo que ainda não terminou.

Há uma boa razão para discutir a ligação suposta com Nazaré, mas, como as pesquisas vão deixando claro, as consequências são muito mais complexas do que sugere um exame superficial. O estudo de registros históricos mostra ser até bem possível que não houvesse vila ou povoado num lugar chamado Nazaré no século I d.C. Por exemplo, não há referência a uma vila ou cidade chamada Nazaré na Bíblia hebraica, nem nas obras de Flávio Josefo (que escreveu no século I d.C.), nem no Talmude. Mas as duas últimas fontes trazem longas listas de povoados da Galileia. Josefo viveu algum tempo nessa região. Segundo a *Encyclopedia of the Dead Sea Scrolls*, Nazaré "não é mencionada nas escrituras hebraicas (nem em nenhuma literatura hebraica antes dos séculos VII ou VIII d.C.)".[11] Entre os livros recentes que levantam dúvidas sobre o assunto está *The Fabrication of the Christ Myth* pelo autor judeu Harold Leidner.[12]

Meu próprio exame e síntese da volumosa discussão acadêmica sobre se havia uma aldeia chamada Nazaré na época da suposta infância de Jesus sugere que as informações arqueológicas parecem indicar a existência de uma aldeia minúscula totalmente dedicada à agricultura, surgida originalmente no século III a.C.[13] Portanto, acredito que provavelmente havia uma vila chamada Nazaré no século I d.C. Mas sua relação com um Jesus histórico é obscura na melhor das hipóteses.

Se S. Paulo, que menciona o termo "Jesus Cristo" cerca de duzentas vezes, nem uma vez sequer o chama "Jesus de Nazaré", é seguramente porque ele mesmo nunca ouvira falar desse lugar. Seu uso em Marcos e nos outros evangelistas, em última análise, parece ter raízes na teologia, não na geografia ou na história.

A tentação – Provações no deserto

O Evangelho de Marcos

Marcos, como vimos, não segue uma cronologia. Sua obra não é uma "biografia" de um personagem histórico. Consequentemente, ele compensa isso regularmente fazendo uma ligação entre cenas não relacionadas entre si em suas fontes (ou sua imaginação criativa) com a palavra grega *euthus*" que significa simplesmente "logo" ou "a seguir". É o que acontece depois da descrição da experiência atribuída a Jesus no rio Jordão, na presença de João Batista. Jesus se conscientiza de sua natureza verdadeira e essencial como Filho de Deus – o "bem-amado" no qual Deus se compraz –, e em seguida o texto diz: "E *logo* o Espírito o impeliu para o deserto." Marcos, então, continua: "Onde permaneceu quarenta dias, sendo tentado por Satanás. Estava com as feras, mas os anjos o serviam."

Se olharmos por um momento para as descrições paralelas do episódio em Mateus e Lucas, veremos que essa perícope (termo técnico ou acadêmico para dizer "trecho") é muito mais abreviada ou condensada em Marcos. Mas, por enquanto, sugiro que você tente pôr de lado todos os conceitos e preconceitos anteriores de qualquer fonte – escola dominical na infância, sermões antigos ou mesmo leituras recentes do texto – e veja a narrativa com novos olhos, se puder.

Considere, em primeiro lugar, que não há testemunhas desse "acontecimento". Você logo percebe que está na presença de um mito, pois não há informação precisa de tempo ou lugar e nenhuma possibilidade de testemunhas oculares. O evangelista está simplesmente relatando ou criando a história ou mitos. O "deserto", aqui, como acontece tantas vezes nas Escrituras, também é simplesmente uma referência alegórica. É uma metáfora da vida da alma no corpo, neste plano da existência. Somos seres espirituais no "deserto" da existência física. Aliás, o Antigo Testamento usa a mesma metáfora quando se trata das peregrinações dos israelitas pelo deserto. A menção de Jesus vivendo "entre as feras" é uma característica única em Marcos, e de novo é um lembrete oportuno de que temos uma natureza animal que não pode ser disfarçada ou ignorada, embora – observe com cuidado – o texto enfatize claramente nossa natureza espiritual, dizendo que não foi o acaso, mas o Espírito que "impeliu" Jesus para o teste no deserto. Esse confronto entre o Espírito e nossa natureza animal não é só inevitável; é absolutamente essencial para haver qualquer oportunidade de crescermos e evoluirmos até nos tornarmos plenamente os seres luminosos que estamos destinados a ser algum dia. Pode ser um processo demorado e doloroso. Mas, deve-se acrescentar, de alguma maneira, não estamos sozinhos; o modelo ideal da figura de Cristo nos Evangelhos está aí para nos inspirar em nossa jornada.

Todo mundo já ouviu a passagem que é provavelmente a mais conhecida de toda a Bíblia. Ela é lida em voz alta em quase todo casamento hoje em dia. É o famoso "Hino ao Amor" de S. Paulo, na Primeira Epístola aos Coríntios:

> Ainda que eu fale as línguas dos homens e dos anjos, se não tiver amor, serei como o bronze que soa ou como o sino que retine. Ainda que tenha o dom de profetizar e conheça todos os mistérios e toda a ciência; ainda que eu tenha tamanha fé, a ponto de transportar montes, se não tiver amor, nada serei. E ainda que distribua todos os meus bens entre os pobres e ainda que entregue o meu corpo para ser queimado, se não tiver amor, nada disso me aproveitará.
>
> O amor é paciente, é benigno; o amor não arde em ciúmes, não se ufana, não se ensoberbece, não se conduz inconvenientemente, não procura os seus interesses, não se exaspera, não se ressente do mal; não se alegra com a injustiça, mas regozija-se com a verdade; tudo sofre, tudo crê, tudo espera, tudo suporta.
>
> O amor jamais acaba; mas, havendo profecias, desaparece; havendo línguas, cessarão; havendo ciência, passará; porque, em parte, conhecemos e, em parte, profetizamos. Quando, porém, vier o que é perfeito, então o que

é em parte será aniquilado. Quando eu era menino, falava como menino, sentia como menino, pensava como menino; quando cheguei a ser homem, desisti das coisas próprias de menino. Porque, agora, vemos como em espelho, obscuramente; então, veremos face a face. Agora, conheço em parte; então, conhecerei como também sou conhecido. Agora, pois, permanecem a fé, a esperança e o amor, estes três; porém o maior destes é o amor. (Primeira Epístola de S. Paulo aos Coríntios, capítulo 13)

O que temos de entender é que, se Paulo nunca se encontrou com o Jesus histórico, ele tinha em seu coração e seus ensinamentos um retrato nítido do Cristo interior – objetivo de todo anseio humano. Em outras palavras, isso não é só um hino ao amor, é uma descrição explícita e detalhada do que Deus nos destinou a ser. Qualquer um pode falar sobre "seres de luz", mas essa passagem mostra claramente os passos que temos de dar para chegar lá.

Quanto tempo dura o teste no "deserto"? Bem, o texto de Marcos diz que Jesus esteve ali quarenta dias. Mas, como expliquei em detalhes em *O Cristo dos Pagãos*, na Bíblia esse número é totalmente simbólico. Aqui, ele se refere à totalidade da vida. Nossa vida inteira é um "teste no deserto". "Quarenta" sempre exprime ou representa um período de incubação – como o das sementes antes de brotarem ou um processo de gestação de algum tipo. Um feto humano leva quarenta semanas a partir da concepção para se desenvolver plenamente. "Quarentena" é o isolamento imposto a supostos portadores de doenças contagiosas. Jesus, encenando aqui o drama da alma de cada um de nós, é posto à prova por Satanás. Deve-se entender que a figura de Satanás também é simbólica. Ele representa a força oposta necessária no *yin* e *yang* da vida. Sem a tensão dos opostos – Satanás de um lado ("anjo decaído da luz" ou Lúcifer) e o Espírito juntamente com os "bons anjos" do outro –, a alma não encontraria resistência, não teria motivo para evoluir espiritualmente.

Vale a pena lembrar que boa parte do que consideramos "mau" ou "negativo" em nossa vida frequentemente tem de ser encarado e entendido num contexto muito mais profundo e abrangente. Sem isso, sem a luta contra a dor e o sofrimento, seríamos mais fracos e limitados.[14] Por isso S. Paulo conta que, quando se sentia "fraco", descobriu que podia se fortalecer pela aceitação ou "graça" de Deus.

Podemos ver esse princípio fundamental em ação ao longo de todo o espectro das formas de vida que evoluíram em nosso planeta. Todo avanço e acréscimo se devem à "dor" da colisão dos opostos. Sem ela, tudo seria sempre o mesmo, no sentido literal e figurado. Carl Jung disse sobre a inevitabilidade básica da vida humana: "A triste verdade é que a existência humana consiste num complexo de oposições inexoráveis – dia e noite, nascimento e morte, felicidade e tormento, bem e mal [...] A vida é um campo de batalha. Sempre foi e sempre será; caso contrário, a existência chegaria ao fim."[15] É por isso que não só Jesus, como Zoroastro, Hórus, Hércules, Buda e qualquer herói conhecido tiveram de passar por uma série de testes ou desafios, desde matar dragões até derrotar gigantes. O mesmo processo pode ser encontrado na saga das provações de Frodo, na trilogia de Tolkien *O Senhor dos Anéis*, ou na história das aventuras de Luke Skywalker, nos filmes bem-conhecidos da série *Guerra nas Estrelas*. As aventuras de Harry Potter reelaboram o mesmo tema. Vale notar que Hórus teve três "lutas" com seu tio e inimigo Seth, assim como há três tentações de Satanás na história de Jesus. Buda também teve de enfrentar e superar três tentações. Sua tentadora, nessa tradição religiosa, foi *Kama-Mara*, duas palavras do sânscrito que significam "desejo" e "morte".

Duas observações são importantes antes de passarmos para os relatos mais detalhados e posteriores nos outros dois Evangelhos sinópticos. Primeiro, há um eco de uma narrativa bem conhecida do Antigo Testamento na menção de Marcos de que os anjos "serviram" ou "assistiram" Jesus. No capítulo 19 do Primeiro Livro de Reis, conta-se que o profeta Elias vai para o deserto e, mergulhando em profunda depressão na qual chega a pedir para morrer, é socorrido por um anjo. Marcos pode ter achado que os leitores familiarizados com a versão Septuaginta (grega) da história notariam a semelhança.

Em segundo lugar, com relação a Satanás ou ao Demônio, Lorde Raglan, em *The Hero*, argumenta que o público em geral quase nunca tem noção da frequência com que personagens notáveis do passado, quase universalmente encarados como "reais" ou históricos, surgiram na verdade a partir de um mito ou drama antigo. Ele escreve: "A história do Diabo é um exemplo desse processo [no qual uma personagem dramática de um ritual de algum tipo é historicizada]. Na origem, parece que se tratava de um personagem ritual que usava chifres de touro ou de bode [...] e, assim, o Homem Cornudo virou antagonista do Herói. Mais tarde, passou do mito para a vida real e tornou-se o que ainda é para milhões de pessoas: uma figura muito mais real do que qualquer personagem histórico que tenha existido."[16] Os que tendem para o literalismo extremo fariam bem em ler o livro de Raglan. Por exemplo, referindo-se às tradições judaicas incorporadas no Antigo Testamento, ele escreve: "Uma parte necessária da tese que defendo neste livro é a seguinte: quem encara o Antigo

Testamento como obra histórica, no sentido pelo qual entendemos história, engana-se inteiramente sobre a natureza dessa obra."[17] As mesmas palavras descrevem a situação refletida também no Novo Testamento.

Os relatos de Mateus e Lucas

Mateus, como Lucas, expande a versão tão breve, com só dois versículos, da tentação em Marcos, descrevendo as etapas do "teste no deserto" num drama altamente estilizado de três atos. De novo, não há sinal de um tempo ou lugar específicos, exceto a ligação imediata com o batismo de Jesus por João e sua nova consciência de ter uma relação adulta, enquanto filho "amado", com o fundamento último da vida chamado Deus.

Os dois autores contam que Jesus foi levado ao deserto *pelo Espírito* e que o verdadeiro teste começou depois de quarenta dias de jejum. Ambos tentam acrescentar um pouco de realidade – ou talvez um toque de humor – dizendo que, depois de um tempo tão longo, "ele estava faminto". Ambos concordam em que a primeira "tentação" é a de transformar pedras em pães, mas invertem as outras duas. Mateus põe em segundo lugar a tentação do "pináculo do templo", seguida pela oferta de "todos os reinos do mundo", enquanto Lucas faz o contrário. Afora isso e o fato de que Lucas (cuja teologia enfatiza mais do que as outras a atuação do Espírito Santo) diz que Jesus voltou do rio Jordão "cheio do Espírito Santo", os dois relatos são praticamente idênticos.

Certamente, qualquer pessoa que tenha noção dos mitos percebe instantaneamente que é isso o que encontramos nessas histórias tão conhecidas. De novo, não há sinal de testemunhas, nem de "ele nos contou" ou "mais tarde soubemos". Além disso, as próprias vinhetas parecem coisa do outro mundo – são sobrenaturais e visionárias em sua aparência e textura. Não há sugestão concreta de que estamos lidando com detalhes biográficos ou fatos históricos. Mas a formulação mítica das tentações, como é apresentada nesses dois Evangelhos, parece à primeira vista tão óbvia, pode-se dizer até "exagerada", que o significado interior acabou se perdendo para milhões de literalistas ao longo dos séculos. Qual a importância das tentações, pode-se perguntar, para a evolução de nossa própria alma no mundo de hoje?

Antes de responder a essa pergunta, eu gostaria de fazer um comentário baseado em minha vida e na observação da vida dos outros. É quase sempre logo depois de meus momentos mais exaltados de vivência ou percepção espiritual que podem ocorrer tendências ou tentações súbitas de alimentar dúvidas, medos e pensamentos negativos. O mesmo pode acontecer depois de um momento de grande realização. Parece que a vida tenta nos "derrubar" ou deter de alguma maneira. Temos de ficar atentos e lembrar ocasiões anteriores em que os sentimentos negativos foram superados. Jesus está sendo testado justamente porque acabou de ter uma "experiência de pico" da realidade última em seu batismo no rio Jordão. Você também vai encontrar esse fenômeno em sua jornada espiritual.

Tentação n° 1:
Abuso do poder espiritual para fins egoístas

A seguir, foi Jesus levado pelo Espírito ao deserto, para ser tentado pelo diabo. E, depois de jejuar quarenta dias e quarenta noites, teve fome. Então, o tentador, aproximando-se disse: Se és Filho de Deus, manda que estas pedras se transformem em pães. Jesus, porém, respondeu: Está escrito: Não só de pão viverá o homem, mas de toda palavra que procede da boca de Deus. (Mateus 4:1-4)

Nem preciso dizer que nenhum de nós vai se defrontar alguma vez com o dilema literal de transformar pedras em pães. O sentido interior obviamente não pode ser decifrado pela interpretação profana ou fácil. Mas a chave é revelada pelo tipo de reação ao enigma. A alegoria cria um motivo para citar a Escritura: "Não só de pão viverá o homem, mas de toda palavra que procede da boca de Deus."[18] Aqui, numa inversão total das épocas em que o símbolo do pão tinha dimensão espiritual, ele indica tudo o que pode ser definido como "materialismo", no sentido lato do termo.

De repente, portanto, a passagem parece atual, moderna, de importância extrema até para o leitor menos tradicionalista. O que se descreve é sempre a maior das tentações do ser humano, criatura de espírito e matéria destinada a se unificar para sempre. Somos constantemente tentados a usar nosso dom de *Christos* para fins egoístas ou grosseiros. Isso vale sobretudo para os que têm o privilégio de viver nas chamadas regiões "desenvolvidas" do mundo. A tentação é difusa, às vezes excessivamente ostensiva, às vezes enganosamente sutil, mas está sempre ali, dia e noite. A vida no plano físico, de uma entidade espiritual no mundo material – com todas as suas glórias e vergonhas –, significa o bombardeio incessante da tentação do dinheiro, da fama, dos símbolos de sucesso, e o consumismo estéril, mas sempre crescente, que afoga a voz quase inaudível fluindo da "boca de Deus" – uma voz capaz de gerar um mundo criativo, desafiador, e a essência que inspira e sustenta a vida.

Só você e eu podemos colocar esse desafio nos termos pessoais específicos que cada situação de vida exige. Os que tentam viver "exclusivamente de pão" estão destinados a finalmente tropeçar e cair no caminho. Qualquer pessoa, cultura ou império que tente desafiar por muito tempo essa lei espiritual acaba implodindo e desaparecendo.

Tentação nº 2:
Pondo Deus à prova

Então, o diabo o levou à Cidade Santa, colocou-o sobre o pináculo do templo e lhe disse: Se és Filho de Deus, atira-te abaixo, porque está escrito: Aos seus anjos ordenará a teu respeito que te guardem e: Eles te sustentarão nas suas mãos, para não tropeçares em alguma pedra. Respondeu-lhe Jesus: Também está escrito: Não tentarás o Senhor, teu Deus.

Dessa vez, descobrimos que o Diabo (o termo grego é *diabolus*, "impostor") também cita a Escritura e é refutado com outra citação. Esta última, como na primeira resposta de Jesus, é do Deuteronômio.[20]

De novo, as imagens dramáticas do editor/autor são totalmente figurativas e hipotéticas. Como na primeira tentação, a pessoa de *Christos* se defronta com uma prova, dessa vez ainda maior do que o uso espetacular dos poderes espirituais. Observe que o tentador começa cada um de seus convites com a palavra "se", breve mas poderosa. Ele diz: "Se és o Filho de Deus [...]." A questão fundamental é realmente questionar a verdade da vivência sólida do Cristo interior em cada um de nós. É uma tentação que nos confronta muitas vezes ao longo da vida. Ela surge de várias maneiras – às vezes diretamente como tentação de "se exibir" espiritualmente, ostentar uma visão de mundo supostamente profunda para agradar determinado público, só para perceber que caímos numa armadilha; mas com mais frequência ela vem em forma de dúvidas insidiosas, escuras, autodestrutivas, sobre a realidade do Divino dentro de nós. Num plano da consciência, você sabe que é o "filho amado" de Deus, mas em outro, às vezes até ao mesmo tempo, há uma tentação forte e súbita de questionar isso.

Todos nós já experimentamos essa tentação em algum momento. Somos assaltados por sentimentos inferiores ou outras distrações e esquecemos nossa verdadeira herança. É por isso que uma parte essencial de toda religião verdadeira – uma parte muitas vezes ignorada hoje em dia – é lembrar quem realmente somos: peregrinos que vieram da Luz e estão voltando para ela, por mais hesitante que seja essa volta.

Hoje, infelizmente, há milhões de pessoas cuja compreensão de Deus continua no mesmo nível da escola dominical ou das aulas de crisma, na infância e no começo da adolescência. Elas encaram o mistério divino, se é que pensam nele de vez em quando, como uma espécie de complemento sobrenatural de suas vidas atulhadas de tecnologia, e constantemente tentam "pôr Deus à prova" em processos de barganha que chamam de oração. "Se me ajudar a passar nesse exame, farei isto ou aquilo ou deixarei de fazer ou dizer o seguinte [...]". Ou: "Se me curar / curar meu filho / meu parceiro" – e aqui o único limite é a imaginação de cada um – "prometo fazer / dar/ perdoar / cuidar do seguinte [...]." Nós ignoramos Deus quase o tempo todo, mas, quando surge uma crise, tentamos rapidamente "pô-lo à prova". Isso pode parecer totalmente natural. Mas, refletindo melhor, percebemos que se baseia numa teologia infantil que faz de Deus algo inferior. É uma tentativa de transformar o Divino num mero instrumento de nossos desejos, fantasias e caprichos. É uma distorção da confiança básica de que somos amados além de tudo o que as palavras podem exprimir, e tudo o que temos ou somos ou esperamos ser algum dia está em Suas mãos.

Tentação nº 3:
O desejo de poder

> Levou-o ainda o diabo a um monte muito alto, mostrou-lhe todos os reinos do mundo e a glória deles. E disse-lhe: Tudo isto te darei se, prostrado, me adorares. Então, Jesus lhe ordenou: Retira-te, Satanás, porque está escrito: Ao Senhor, teu Deus, adorarás, e só a ele darás culto.

Mateus apresenta essa tentação em terceiro lugar, enquanto em Lucas é a segunda. Acredito que o instinto de Mateus estava certo. Para a alma presa ao mundo material, essa é a tentação suprema – como se vê no testemunho eloquente de toda a história de nossa espécie. Assim, é um clímax apropriado da alegoria que está sendo contada. O desejo de poder, como argumentou o psiquiatra vienense Alfred Adler (1870-1937) e como sustentaram filosofias muito diferentes ao longo dos séculos, é o aspecto sombrio do *Homo sapiens* que causou mais estrago e devastação.

Suas garras dominam a vida e os atos não só das elites ricas e dominantes; elas afetam até certo ponto a personalidade de todos nós de maneira insidiosa e traiçoeira. Todos nós temos um desejo secreto de poder de um tipo ou de outro. Alguns de nós conseguem escondê-lo ou mesmo dominá-lo mais do que os outros. Para os que chegam aos altos cargos políticos, seus tentáculos são ainda mais fortes. Basta consultar uma lista dos atores principais no cenário político global dos últimos trinta anos para ver as consequências terríveis – e para ver que regimes aparentemente religiosos podem sucumbir tão depressa quanto os outros, quando a tentação de um poder maior acena para eles. Existem, por exemplo, conotações sinistras na busca atual de uma "nova ordem mundial" por alguns especuladores norte-americanos financiados pela religião. Mas a luta pelo poder sobre os outros pode ser encontrada em muitos casamentos e famílias; pode ser encontrada no trabalho; está à espreita sempre que as pessoas se relacionam umas com as outras. Pode ser vista com frequência nas congregações religiosas. Testemunhei isso bem de perto quando era pastor de paróquia. O microcosmo desses pequenos conflitos se reflete de maneira alarmante no macrocosmo de toda a história da nossa humanidade.

Porque a Igreja leu e pregou durante séculos sobre essa tentação – e as outras duas – como se fossem um acontecimento literal na vida de um Salvador divino e milagreiro, único e amado Filho de Deus, a triste verdade é que poucas pessoas, e menos ainda os líderes políticos, entenderam ou sentiram de fato o impacto da tentação do poder na própria vida. Os próprios líderes religiosos caíram muitas vezes na armadilha.

Ao longo de uma vida inteira de participação na Igreja Anglicana, primeiro como leigo, depois como pastor e professor num seminário importante, nunca ouvi um sermão ou exposição sobre o que chamamos geralmente de "Tentações de Cristo" que realmente tivesse sentido ou utilidade concreta para minha própria vida. A história sempre me pareceu alheia ou afastada de minhas próprias preocupações e perguntas. Mas, durante anos, sempre que as passagens correspondentes num dos Evangelhos eram lidas pelo pastor em ofício e ele terminava dizendo: "A palavra do Senhor", eu respondia tão depressa quanto os outros presentes: "Deus seja louvado". Refletindo sobre isso, todo o processo parece agora uma piada. Porém, quando as escamas caíram de meus olhos e vi pela primeira vez que minha alma e a alma do meu vizinho estavam sendo questionadas e desafiadas pelas tentações de Jesus, senti que uma dimensão inteiramente nova, sobre a qual eu nunca sonhara, se revelava para meu ser mais íntimo. Aquilo se tornou de fato uma Palavra capaz de transformar a vida, em vez de letras mortas e apagadas numa página da Bíblia, sobre um modelo distante e inatingível de muito tempo atrás.

Depois de comentar Mateus, vamos concluir com Lucas. Ele termina seu relato da tentação da seguinte maneira: "E, acabando o diabo toda a tentação, ausentou-se dele *por algum tempo*." Pus as últimas três palavras em itálico porque transmitem a verdade importante de que o "teste" de nossa dimensão espiritual nunca termina neste plano da existência. Como no caso de Seth e Hórus da mitologia egípcia, a luta entre Cristo e Satanás, encarada alegoricamente, nunca acaba enquanto estivermos no corpo físico; é uma parte essencial do aprendizado ou "maturação" de nossa alma. Marcos diz que o Espírito "impeliu" Jesus para o deserto para enfrentar as tentações. É parte de um plano divino. Podemos notar também que Lucas continua sua narrativa da seguinte maneira: "Então, pela virtude do Espírito, voltou Jesus para a Galileia [...]." Cada vitória nesse conflito interminável traz uma bênção a mais e ajuda no crescimento do Cristo interior.

Escolhendo os doze discípulos

Os quatro pescadores

Caminhando junto do mar da Galileia, viu os irmãos Simão e André, que lançavam a rede ao mar, porque eram pescadores. Disse-lhes Jesus: Vinde após mim, e eu vos farei pescadores de homens. Então, eles deixaram imediatamente as redes e o seguiram. Pouco mais adiante, viu Tiago, filho de Zebedeu, e João, seu irmão, que estavam no barco consertando as redes. E logo os chamou. Deixando eles no barco a seu pai Zebedeu com os empregados, seguiram após Jesus. (Marcos 1:16-20)[21]

Transcrevi essa passagem por inteiro (a versão mais antiga da escolha dos quatro pescadores como discípulos) para que o leitor veja que o relato, se for encarado como história, é muito improvável. Aqui, pode-se ver que Marcos não dominava bem o idioma grego, como mostra a expressão "caminhando junto do mar da Galileia". Ele quer dar a seus leitores a impressão de que conhecia detalhes locais, mas seu esforço é desajeitado e pouco convincente. O mar da Galileia é bastante grande e uma pessoa não caminha "junto dele", como sabe qualquer pessoa que esteve lá pessoalmente. Além disso, mesmo sem informações adicionais, a ideia de que quatro homens que Jesus nunca vira deixariam de repente o trabalho de suas vidas para "seguir" um estranho não tem muito sentido. Isso me intrigou quando li a passagem pela primeira vez na adolescência, e superficialmente ainda me intriga hoje em dia.

O mesmo relato improvável é repetido quase literalmente por Mateus. Lucas, provavelmente escrevendo numa data posterior, está consciente do problema e tenta tornar o mito um pouco mais lógico, fazendo com que Jesus providencie uma "pescaria milagrosa". Ele descreve a cena dizendo que certa vez, quando Jesus estava "junto ao lago de Genesaré", a multidão tentava se aproximar dele. Então, observando dois barcos na praia, entrou num deles, que pertencia a Simão, e lhe pediu que se afastasse um pouco da terra. Então, falou à multidão de dentro do barco. Quando terminou, disse a Simão Pedro: "Faze-te ao mar alto, e lançai as vossas redes para pescar."

Ficamos sabendo que Tiago e João eram parceiros de Pedro e André, e que os quatro ficaram "espantados" com a pescaria tão abundante depois de uma noite sem pescar nada. De acordo com Lucas, Pedro ficou tão abismado com o acontecimento aparentemente sobrenatural que se ajoelhou diante de Jesus e disse: "Senhor, ausenta-te de mim, que sou um homem pecador." Jesus ignora a referência ao pecado e lhe diz (provavelmente também aos outros três) que ele não deveria temer: "Não temas; de agora em diante serás pescador de homens." Então, eles levam os barcos para terra e "deixaram tudo, e o seguiram".

Mesmo com esses acréscimos, a história não é muito plausível. Deve-se lembrar aqui que Hórus, o Salvador egípcio, também tinha quatro filhos que eram descritos como pescadores nesse mito. Aliás, a história da vida de Buda no Cânone Páli, cerca de 80 a.C. (escrito no Ceilão cinco séculos depois dos acontecimentos descritos e, de acordo com Joseph Campbell, a 800 quilômetros de distância da localização original), Buda também escolhe seus discípulos logo depois de suas três tentações.

Os doze estágios do crescimento

Em *O Cristo dos Pagãos*, o caráter inteiramente mítico dos doze discípulos foi discutido até certo ponto. Meu ponto de vista é que eles não foram seres humanos históricos, como seu líder tampouco o foi. O mais notável é que, embora existam quatro passagens dos Evangelhos com a lista de seus nomes, um exame mais atento revela que nenhuma das listas é idêntica à outra. E mais: a maioria das pessoas citadas não é mencionada mais tarde. Só alguns discípulos aparecem mais de uma vez na narrativa.

Pedro é o discípulo cuja *persona* ou papel no drama dá a sensação de que a história trata de seres humanos em carne e osso. Em certo sentido, ele representa a maioria de nós. Podemos nos identificar com sua projeção da fraqueza humana, por exemplo sua impetuosidade – a tentativa de caminhar sobre a água e o afundamento por medo; seu desejo de evitar que Jesus entrasse em apuros pedindo-lhe que não fosse a Jerusalém para a Páscoa; sua resposta apressada "Tu és o Messias" quando Jesus pergunta: "Quem disseste que sou?". Mas em Pedro também existe o polo oposto: a vergonha de ter renegado Jesus três vezes durante a Paixão, de acordo com S. Mateus, ou mesmo de afirmar que nunca estivera com Jesus. Sentimos sua dor quando ele "chora amargamente" porque o galo cantou e ele percebe que a predição de Jesus a seu respeito estava certa. Mais tarde, quando foram escritos os Atos dos Apóstolos, já no século II d.C., Pedro de fato se torna na história a "pedra" que seu nome significa literalmente, pregando sem medo a nova fé. As primeiras igrejas, dizem os Atos, foram fundadas sobre uma fé como a dele.[22]

Com exceção de Pedro, as personalidades dos demais discípulos são descritas vagamente, e a maioria deles não é mencionada de novo. A verdade é que doze é um número esotérico especial, tanto na Bíblia quanto em outros livros antigos: os doze filhos de Jacó, as doze pedras que Josué recebeu ordens de colocar no leito seco do rio Jordão, os doze pedaços em que o corpo da concubina foi cortado na história do Antigo Testamento, os doze "Urim e Thummim" (fórmula mágica dos antigos judeus) no peitoral do sumo sacerdote, os doze cestos com restos de comida depois que os cinco mil fiéis se alimentaram, os doze meses do ano solar e muitos outros exemplos.[23] No Reino da Luz, de acordo com a teologia maniqueia posterior, o Pai da Grandeza está rodeado por doze éons (energia eterna emanada de um ser supremo) e 144 éons de éons.[24]

No drama central e antigo, meio divino e meio humano, os doze aspectos ou poderes da divindade solar são encarnados por doze personagens. No mito cristão, trata-se de pescadores porque, na teologia antiga, o Avatar ou Redentor astronômico que viria por volta de 250 a.C. deveria surgir numa precessão dos equinócios sob o signo de Peixes. Por isso, ele foi chamado *Ichthys*, que em grego quer dizer "o Peixe". Jesus veio ao mundo como Yeshua ou Joshua, que significa "Deus salva". Mas o antigo Josué foi descrito no livro da Bíblia que tem esse nome como "filho de Nun", e Nun é "peixe" em hebraico.

O mais importante em qualquer leitura mítica dos Evangelhos é que os doze discípulos de Jesus esotericamente "exprimem" ou simbolizam os doze poderes de luz, energia e intelecto espiritual que devem se manifestar, em nossa própria evolução humana, em doze estágios ou níveis de crescimento – representados ou espelhados pelos doze signos do Zodíaco. Nenhuma religião antiga pode ser entendida sem uma referência ao papel do Zodíaco na evolução do universo e do ser humano.

Num ritual do Egito antigo, a alma tinha que atravessar doze calabouços, cada um guardado por um deus, ficando prisioneira ali até que o deus abrisse o portão. Mas ele só fazia isso quando a alma era capaz de dizer seu nome. As celas escuras de uma prisão são alegorias do estado da alma encarnada na matéria. A mensagem é que continuamos prisioneiros de um poder ou capacidade específicos até o conhecermos a fundo e sermos capazes de usá-lo por inteiro. O carcereiro é a ignorância, e o conhecimento (*gnose*) é a única chave para a libertação.

Os sábios antigos acreditavam que, assim como o Sol tem de atravessar os doze signos do Zodíaco na grande precessão dos equinócios, cada alma humana tem de avançar pelos doze estágios do ser e da consciência espiritual avançada, um por vez, para evoluir até a plenitude planejada pela Mente Divina. Em alguns relatos, isso se dá ao longo de várias encarnações, num ciclo de renascimentos; em outros, é neste mundo e no próximo. Cada nível permite uma experiência específica – um novo estágio da percepção espiritual – que se soma à unidade completa dos doze estágios. Alguns adeptos chamam isso de "aquisição das doze inteligências". Cada ser humano, portanto, está destinado a se tornar um "Cristo" que protege, instrui e treina seus próprios "doze discípulos" dentro dos parâmetros de sua personalidade individual.

Em meu livro anterior, discuti em detalhes algumas semelhanças óbvias entre os seguidores da divindade solar Hórus e os discípulos de Jesus. Aqui basta lembrar, por exemplo, que assim como Jesus pretensamente deu a seus discípulos a autoridade e o poder de ressuscitar os mortos, podemos ler nos textos das pirâmides: "Hórus deu a seus filhos o poder de levantar os mortos [do ataúde onde jazem]." Os doze poderes astronômicos a serviço de Hórus são chamados de "salvadores dos tesouros da luz". Segundo os textos, eles acompanham Hórus à Terra espalhando sementes e mais tarde fazendo a colheita divina de almas que vão para o céu.

Nos quatro Evangelhos, de modo bem parecido aos ajudantes de Ulisses na *Odisseia* de Homero, os discípulos são mostrados como homens hesitantes e um pouco lerdos de raciocínio para entender as lições do mestre. Jesus os critica muitas vezes por sua falta de inteligência e percepção. É um reflexo alegórico de nossa própria teimosia e estupidez, quando se trata de dominar aos poucos os impulsos animais que nos mantêm na indolência e na mediocridade em matéria de evolução espiritual. Nós também temos de ser lembrados constantemente de que o Espírito pode ter vontade própria, mas a "carne" – por causa de sua imersão na matéria – é fraca.

A expulsão dos vendilhões do templo

> E foram para Jerusalém. Entrando ele no templo, passou a expulsar os que ali vendiam e compravam; derrubou as mesas dos cambistas e as cadeiras dos que vendiam pombas. Não permitia que alguém conduzisse qualquer utensílio pelo templo; também os ensinava e dizia: Não está escrito: A minha casa será chamada casa de oração por todas as nações? Vós, porém, a tendes transformado em covil de salteadores. (Marcos 11:15-17)

Aqui, Mateus e Lucas seguem o texto de Marcos bem de perto.[25] Mas o Evangelho de João acrescenta um detalhe significativo que não é encontrado nas outras versões da história. Antes de examinar esse detalhe, deve-se dizer que nada ilustra melhor os perigos e erros teológicos de uma abordagem histórica e literal das passagens do Evangelho do que essa cena da narrativa. Qualquer pessoa que se dê ao trabalho de consultar o Google, por exemplo, digitando as palavras "expulsão", "templo" e "Jesus", vai encontrar centenas de milhares de páginas – tudo, desde comentários sérios até sermões piedosos ou arengas racistas e anarquistas. O fato de que Jesus supostamente expulsou os vendilhões é encarado por alguns como justificativa para a violência em nome de Cristo.

Por exemplo, uma página listada no Google, chamada "Jesus na Academia de Ginástica", tenta defender um tipo de Cristianismo físico ou muscular em frases insossas como "Jesus não era um frouxo". Um *site* tenta apresentar Jesus como anarquista ou "ativista libertário". Outro *site*, sob o título "Nações Arianas", usa a história como justificativa para opiniões radicalmente racistas em frases como "o povo da Judeia era uma horda racial inferior e insana de linhagem poluída". Chama os cristãos que tentam ser pacíficos de "retardados pacifistas fracos e inúteis". Há de tudo, desde os que se consideram "ativistas da ecojustiça" até defensores dos direitos dos animais, enfatizando o fato de que (em sua opinião) Jesus libertou os animais quando expulsou as ovelhas e vacas do recinto do Templo.

O incidente da expulsão dos vendilhões do templo sempre foi objeto de controvérsia e debate entre liberais e conservadores. O motivo disso é que, enquanto os sinópticos – Marcos, Mateus e Lucas – situam a história bem no fim do ministério de Jesus, onde se diz que foi a causa final da conspiração contra sua vida, o Evangelho de João a apresenta com destaque bem no começo. Os liberais argumentam que não se pode acreditar na cronologia do Evangelho por causa dessa discrepância, enquanto os conservadores insistem firmemente em sua tese de que não há problema nenhum. Na opinião deles, a solução é simples: houve duas expulsões, uma no começo do ministério de Jesus e outra no final. Aparentemente, eles não têm ideia de como esse tipo de raciocínio, essa "busca da harmonia a qualquer preço", parece artificial.[26] A cronologia em e por si mesma definitivamente não é a principal preocupação dos evangelistas nesse ou em qualquer outro detalhe da história.

Como dissemos antes, João acrescenta outro aspecto importante na controvérsia sobre essa passagem, incluindo o detalhe pitoresco mas, para muitos, altamente problemático de que Jesus teria feito "um azorrague [açoite] de cordéis" para expulsar "todos fora do templo, também os bois e ovelhas". Em outras palavras, ele fez e usou com gosto um tipo de arma. Isso explica os *websites* dos que tentam justificar um tipo mais violento de fé. A situação como um todo fica ainda mais complicada – para os literalistas – porque o câmbio do odiado dinheiro romano (com a efígie do imperador gravada nele) por moedas do Templo era na verdade uma exigência expressa da lei judaica. O Talmude afirma claramente que, a partir do primeiro dia de Adar (o mês depois da Páscoa), fazia-se uma proclamação para as pessoas prepararem o Shekalim. "No décimo quinto dia de Adar, cambistas eram enviados para coletar o Meio-Shekel [de prata] que seria doado [...] No vigésimo quinto dia de Adar, cambistas eram instalados no próprio templo para ajudar na coleta da doação do Meio-Shekel."[27]

Instruções detalhadas sobre os animais e pombos (para os pobres) a serem sacrificados no templo para satisfazer as várias exigências rituais seguidas por todos os judeus devotos – holocausto, expiação dos pecados, sacrifícios no nascimento de bebês e muito mais – eram parte da Torá (lei de Moisés), como diz explicitamente o Livro de Levítico. Por exemplo, Levítico 5:7, referindo-se a um sacrifício para expiar "pecados" específicos, diz: "Se as suas posses não lhe permitirem trazer uma cordeira, trará ao Senhor, como oferta pela culpa, pelo pecado que cometeu, duas rolas ou dois pombinhos; um como oferta pelo pecado, e o outro como holocausto." Em outras palavras, a própria lei judaica exigia a presença tanto dos cambistas quanto dos vários mercadores que vendiam gado, ovelhas e pombos para o sacrifício. Era uma atividade inteiramente legítima. Mas é verdade que as próprias pessoas comentavam de vez em quando que havia trapaças e extorsão no preço dos animais. Existem provas disso tanto em Flávio Josefo quanto no Talmude. Portanto, a acusação de que a casa de Deus se tornara um "covil de ladrões" tinha algum fundamento.

O significado para nós

Deve-se observar que os autores dos sinópticos usam esse suposto acontecimento para citar uma frase do Antigo Testamento: "Minha casa deverá ser chamada casa de oração", enquanto João lhe dá uma nuança profética citando outra frase: "O zelo da tua casa [a casa de Deus] me devorará." Mas, deixando de lado por um momento toda a discussão acima, vamos abordar diretamente o que me parece ser a intenção alegórica por trás desse ato do drama espiritual.

S. Paulo, escrevendo muito antes de qualquer dos evangelistas, fala aberta e claramente sobre o verdadeiro templo de Deus, isto é, o coração e a mente, a intimidade ou alma de qualquer um que tenha entendido o verdadeiro teor das boas-novas, o "mistério" do "Cristo em vós, esperança de glória". Ao contrário dos evangelistas, sejam eles quem forem,[28] S. Paulo viveu numa época em que o segundo Templo ainda se erguia em Jerusalém, e sacrifícios rituais continuavam sendo praticados ali.[29] Mas, na Primeira Epístola aos Coríntios 3:16, ele literalmente proclama aos jovens fiéis que vivem ali: "Não sabeis que sois santuário de Deus e que o Espírito de Deus habita em vós?" E, antes que alguém pense que essa é uma referência isolada, em 6:19 da mesma Epístola ele diz de novo: "Acaso não sabeis que o vosso corpo é santuário do Espírito Santo, que está em vós, o qual tendes da parte de Deus, e que não sois de vós mesmos?" O verdadeiro templo de Deus, portanto, que tem de ser purificado e mantido como "casa de oração", não é nada mais, nada menos do que nossa essência mais íntima. Cada um de nós é mais verdadeiramente um "templo" de Deus do que a catedral ou mesquita mais linda.

O lado mais excitante dessa conclusão é que ela também retoma a sabedoria sólida de outras correntes espiritualistas antigas. Você não pode ler os Upanishads, por exemplo, sem perceber que as escrituras védicas ou hindus ensinam acima de tudo que o santuário mais importante, o maior templo, o lugar mais sagrado da Terra é o ser mais íntimo de cada um de nós. É um lugar que temos de manter puro e livre de tudo o que possa nos destruir, ou nos enredar, ou roubar nossa verdadeira divindade. Veja o Upanishad Nashiketa: "Menor do que o menor, maior do que o maior, este Eu [a presença divina interior] habita para sempre nos corações de todos." E de novo: "Tanto o eu individual quanto o Eu Universal entraram na caverna do coração, a residência do Supremo [...]." E finalmente: "Este Brâmane, este Eu, profundamente oculto em todos os seres, só se revela a alguns; aos videntes, de coração puro e mente concentrada – a estes Ele é revelado."

A mesma verdade poderia ser ilustrada citando sábios místicos de todas as religiões. Essa é a verdadeira mensagem interior da expulsão dos vendilhões do Templo. Mas os acadêmicos, párocos e apologistas amadores – todos ansiosos para continuar a discussão e justificar suas próprias leituras literalistas do texto – não veem a mensagem verdadeiramente universal que ela tenta transmitir. Joseph Campbell tentou muitas vezes convencer seus leitores e ouvintes de que histórias e símbolos religiosos são constantemente lidos de maneira "cronicamente errada", e o resultado são divisões e esterilidade espiritual. Ele demonstrou que um dos maiores problemas com o Cristianismo hoje é que ele ainda não ensina as pessoas a criar uma relação e um vínculo com a "divindade dentro de nós", dentro do templo de nosso próprio Eu.[31] A leitura errônea que a Igreja fez da expulsão dos vendilhões do Templo ao longo dos séculos é um exemplo clássico desse problema.

Pregando o tema do Juízo Final

Quando Charles Darwin escreveu em seu diário que abandonou sua fé no Cristianismo ortodoxo porque chegou à conclusão de que os ensinamentos sobre o inferno e o castigo eterno das almas danadas eram uma doutrina "condenável", estava reagindo, a meu ver, como qualquer pessoa sensata e racional faria hoje. Ninguém que realmente acredite num Deus amoroso pode aceitar com tranquilidade um Deus que preparou um lugar de tormento para seus filhos. O que devemos fazer, então, com as várias passagens dos Evangelhos e do resto do Novo Testamento que descrevem graficamente cenas de juízo final e horror onde, segundo se diz, vai haver choro, lamento e ranger de dentes nas chamas do fogo eterno? Aqui, talvez mais do que nunca em nossa tentativa de captar o sentido interior dos textos sagrados para nossa vida, temos de nos apegar à premissa básica de que metáfora e alegoria são as chaves principais para entender a Bíblia.

Nenhuma das passagens, inclusive as mais explicitamente sinistras, que descrevem o juízo de Deus dos pecados humanos ou o fim deste ciclo (erradamente traduzido como "fim do mundo"), deve ser tomada literalmente. O grande Albert Schweitzer cometeu um erro nesse ponto em seu livro pioneiro de 1910, *The Quest for the historical Jesus*. Schweitzer disse com razão que o Jesus do Cristianismo ortodoxo era uma quimera criada por uma combinação de racionalismo e liberalismo. Em vez disso, ele apresentou um tipo selvagem de pregador apocalíptico e escatológico (relativo ao fim dos tempos) que acreditava no fim iminente da história humana. Seu Jesus, portanto, só pregava uma "ética provisória" – o que permitiu a Schweitzer evitar as contradições e/ou impossibilidades aparentes de vários aspectos dos ensinamentos como o Sermão da Montanha. De acordo com sua teoria, Jesus estava errado e morreu em vão. (Aliás, muito mais tarde em sua vida, Schweitzer mudou essa visão radical e passou a levar os ensinamentos éticos do Sermão muito mais a sério, vendo ali princípios permanentes.)

Sei muito bem que é difícil interpretar várias das passagens sobre o Juízo e o fim dos tempos, e alguns pregadores modernos se contorceram quase alegremente, fazendo todo tipo de malabarismos para transformar essas passagens em esquemas de um Armagedom (batalha final de Deus contra os homens iníquos) de um tipo ou de outro. Usando e abusando da política do medo, eles atraíram um grande público. Mas, quando adotamos a abordagem alegórica junto com uma avaliação mais honesta do texto completo, chegamos a uma compreensão bem diferente e, a meu ver, muito mais espiritual e compassiva.

O fim é agora

Os literalistas nunca admitiram abertamente o fato inegável de que, seja qual for o conteúdo das referências apocalípticas nos Evangelhos, sempre existe a objeção (para eles) de que o orador, Jesus, insiste em que tudo isso vai acontecer não num futuro distante, mas agora, isto é, na época do pronunciamento.

Por exemplo, o capítulo 13 de Marcos, chamado "O sermão profético", fala na destruição do Templo (os estudiosos concordam em que o texto foi obviamente escrito depois da destruição real pelos romanos em 70 d.C.) e pergunta como vai acontecer o "fim dos tempos". A descrição que se segue é provavelmente um estereótipo da literatura apocalíptica "livre", gênero popular naquela época. Absolutamente crucial é o versículo 30, no qual de repente Jesus diz uma coisa que contextualiza tudo aquilo: "Em verdade vos digo que não passará esta geração sem que tudo isto aconteça." Para ressaltar a seriedade dessa cláusula altamente significativa de tudo o que foi dito antes, ele acrescenta: "Passará o céu e a terra, porém as minhas palavras não passarão." Obviamente, o(s) autor(es) tinham certeza absoluta do que estavam dizendo. O fim dos tempos não era um acontecimento distante (por exemplo, dois mil anos depois), mas algo imediato.

Posso apresentar vários outros pronunciamentos semelhantes em contextos semelhantes, mas não precisamos nos estender sobre isso. A expressão verbal em todas as passagens referentes à Geena, ao Hades, aos lagos de fogo e tudo o mais é claramente pictorial e alegórica, e a indicação de tempo é sempre imediata ou muito próxima. Minha própria interpretação de tudo isso é que o Juízo, a consequência de todas as nossas palavras e atos, sempre ocorre no tempo de Deus, que é o eterno agora. Nada contribuiu mais para enfraquecer nossa fibra moral e retardar a luta humana pelo controle da parte animal de nossa natureza e pela evolução de nossa alma do que (1) a crença de que há um tipo de expiação indireta sempre disponível para o perdão de qualquer pecado; e (2) a ideia de que qualquer consequência da atual corrupção moral só vai chegar num futuro muito distante.

A meu ver, a mensagem dos Evangelhos – por meio de metáfora, alegoria e mito – é que nossa luta diária contra o egoísmo, a ganância, o desejo, a inveja e todos os outros "pecados que nos seduzem tão facilmente" é a verdadeira Batalha de Armagedom que temos de enfrentar. Já que "cada pessoa colhe o que semeia", a lei kármica de ação e efeito significa que sentimos e registramos as consequências de qualquer ação errada em nós mesmos, aqui e agora.[30]

Também me parece muito significativo o fato de que em João, o último, mais mítico e mais sofisticado dos quatro Evangelhos, não há nenhuma menção a um "inferno" em chamas. O Evangelho de Mateus é de fato obcecado com os temas do Juízo e das "fornalhas de fogo", mas ele tinha suas próprias razões existenciais para carregar nas imagens terríveis de um castigo próximo. Segundo pesquisas recentes sobre o Novo Testamento, a situação de vida específica da Igreja primitiva que inspirou a redação desse Evangelho tornava inevitável uma polêmica acirrada contra os fariseus e as sinagogas. Os autores e editores, diante de grandes rivalidades, se sentiram obrigados a exagerar certos detalhes nos materiais com que estavam trabalhando. Em seu comentário sobre Mateus, o prof. F. W. Beare põe em dúvida se alguma imagem sobre um inferno em chamas foi realmente usada por um suposto Jesus histórico. S. Paulo, por exemplo, nunca menciona o inferno. E Orígenes, o grande estudioso da Bíblia e teólogo de Alexandria, no Egito, critica redondamente a tolice do que leem de maneira estritamente literal as passagens das Escrituras sobre o fim dos tempos ou o Juízo Final. Ele era, como eu, um universalista e acreditava que Deus, em sua bondade, um dia iria reconciliar, restaurar e reunir toda a sua Criação em si mesmo.

Entendida corretamente, isto é, não como descrição de um fato literal mas como metáfora, a linguagem sobre o fim do mundo propõe uma nova maneira de experimentar a dinâmica de estarmos vivos e conscientes aqui e agora. O teólogo dr. Eugene Kennedy escreveu: "O fim do mundo acontece todo dia para as pessoas cuja dimensão espiritual lhes permite ver o mundo tal como é, transparente à transcendência, o sacramento de um mistério ou, como escreveu o poeta Blake, 'infinito'. O fim do mundo, portanto, é uma metáfora de nosso começo espiritual, não a descrição de um fim terrível em meio às chamas."[31] Quando você capta a visão de que o Divino está encarnado em você e em toda a Criação ao seu redor, o mundo como era antes deixa de existir. Você "nasce de novo" ou, para citar S. Paulo, você se torna "uma nova criação". Vê tudo com novos olhos. O Evangelho de Tomé exprime isso da melhor maneira quando Jesus diz: "O Reino não vem pois não é esperado. O Reino do Pai espalha-se sobre a terra, mas o homem fica sem ver" (Sentença 113). Em outras palavras, o "fim" é agora.

A Transfiguração

Um homem é um deus em ruínas.
— RALPH WALDO EMERSON, *Nature* (1836)

Tenho de confessar uma coisa. A Festa da Transfiguração do Senhor, que ocorre no calendário do ano religioso em 6 de agosto, nunca me interessou muito. Isso provavelmente tem a ver com minha participação involuntária num curso de estudos bíblicos para adolescentes. Eu não sabia o sentido da palavra "transfiguração", e acho que isso ajudou a criar uma reação negativa da qual não pude me livrar mais tarde, quando já entendia bem o termo. O *Dicionário Oxford do Canadá* o define assim: "1 – mudança de forma ou aparência. 2 a – aparecimento de Cristo em glória radiante para três de seus discípulos [...] b –

a festa da Transfiguração de Cristo." Nem sempre foi celebrado como um dia especial. Segundo o *Dicionário Oxford da Igreja Cristã*, a Festa da Transfiguração do Senhor começou em 1457, quando o papa Calisto III ordenou sua celebração universal para comemorar a vitória sobre os turcos em Belgrado, em 6 de agosto de 1456. No Novo Testamento, a versão mais antiga do acontecimento está no capítulo 9 de Marcos.

Quando Marcos começa seu relato da Transfiguração, de novo somos alertados imediatamente para a não historicidade do texto. Por exemplo, no texto Jesus mais uma vez faz uma previsão do futuro que obviamente não se realiza. Eles – os discípulos – não vivem de fato para "verem chegado o Reino de Deus com poder". Nas últimas palavras autênticas desse Evangelho, no capítulo 16, versículo 8 (o resto é uma tentativa muito posterior de forjar um final), a história descreve os discípulos "possuídos de temor e assombro" quando o túmulo foi achado vazio. Em 2005, Bart Ehrman, em seu *Misquoting Jesus*, mostra provas para a crença que o chamado "fim prolongado" de Marcos, com seus aparecimentos e a história da Ascensão, nunca fez parte do Evangelho original. Mas, seja como for, aqui vai o relato da Transfiguração em Marcos:

> Dizia-lhes ainda: Em verdade vos afirmo que, dos que aqui se encontram, alguns há que, de maneira nenhuma, passarão pela morte até que vejam ter chegado com o poder o reino de Deus. Seis dias depois, tomou Jesus consigo a Pedro, a Tiago e João e levou-os sós, à parte, a um alto monte. Foi transfigurado diante deles; as suas vestes tornaram-se resplandecentes e sobremodo brancas, como nenhum lavadeiro na terra as poderia alvejar. Apareceu-lhes Elias com Moisés, e estavam falando com Jesus. Então, Pedro, tomando a palavra, disse: Mestre, bom é estarmos aqui e que façamos três tendas: uma será tua, outra, para Moisés, e outra, para Elias. Pois não sabia o que dizer, por estarem eles aterrados. A seguir, veio uma nuvem que os envolveu; e dela uma voz dizia: Este é o meu Filho amado; a ele ouvi. E, de relance, olhando ao redor, a ninguém mais viram com eles, senão Jesus. (Marcos 9:1-8)

Do ponto de vista acadêmico, Marcos é o iniciador ou criador dessa história notável da Transfiguração, a Mateus e Lucas só repetem sua versão com pequenos acréscimos ou mudanças. O relato de Lucas, por exemplo, ecoando a experiência de Moisés no monte Sinai, no Êxodo, diz que "a aparência do seu rosto mudou", assim como suas roupas. O mais importante é que Moisés e

Elias – representando a Lei e os Profetas – aparecem na visão falando com Jesus. É uma espécie de confirmação mítica de que as revelações antiga e nova são na verdade uma só revelação.

Mas foi um fato histórico?

Tradicionalmente, é claro, a Transfiguração é tida como um acontecimento histórico, e as pessoas que visitam Israel hoje em dia são levadas a visitar ou ver o monte Tabor, uma colina que, embora com altura de só 700 metros, é bem visível de qualquer ponto da planície de Esdraelon, na Baixa Galileia. (Foi fácil localizá-la no horizonte a leste, no primeiro dia da minha excursão em 1976 para o jornal *Toronto Star*, quando viajei de Nazaré, no norte, descendo o vale do Jordão até Jericó, e mais tarde Belém.) Algumas autoridades, porém, preferem o monte Hermon, uma montanha muito mais alta no Líbano, ao norte, enquanto outras dizem que foi no monte das Oliveiras, a leste da cidade antiga de Jerusalém. Na visão do autor original desse episódio, a última hipótese me parece a mais provável, pois essa parte do Evangelho tem todo o "clima" de uma ressurreição no contexto do drama fictício. Na mitologia antiga, o "leste" ou "monte a leste" sempre era um ponto de partida no plano terreno para a glorificação da alma. Mas o começo da história de Marcos mostra claramente que estamos sendo preparados para um tratamento alegórico do drama. Seu uso da expressão "seis dias depois" e sua subida a um "alto monte" sem nome, numa região totalmente não especificada, são símbolos tradicionais na teologia antiga, como já vimos.

Mais indícios do tratamento alegórico estão no fato de que, nas tradições sagradas, outras figuras de avatares ou salvadores também supostamente se transfiguraram ou ficaram "fulgurantes como o Sol". Buda teve sua transfiguração depois de subir a uma montanha no Ceilão, onde se diz que os céus se abriram, inundando tudo ao redor dele com uma grande luz. A glória de sua pessoa brilhou com "poderes duplos" (ou seja, ele brilhou com a claridade do Sol e da Lua juntos). No antigo ritual egípcio, Hórus, a divindade solar cuja vida antecipou tão bem toda a história do evangelho, é descrito em termos parecidos. Por exemplo: "Hórus vos dá os deuses; ele faz com que os deuses venham até vós; eles iluminam vossa face", diz o ritual. Mateus conta que o rosto de Jesus "refulgiu como o sol", em outras palavras como o de um deus-sol, e Lucas sugere a mesma coisa quando diz: "o aspecto do seu rosto se alterou, suas vestes tornaram-se de fulgurante brancura".

Em seu comentário sobre a visão que Moisés teve de Deus no monte Horebe, Filo, filósofo e sábio judeu do século I d.C. que interpretou alegoricamente o Pentateuco (primeiros cinco livros do Antigo Testamento), diz que a alma e o corpo dele se fundiram numa nova substância especial, uma essência imortal que tinha a aparência do Sol. No relato de Moisés recebendo os Dez Mandamentos no Êxodo, lemos que a "pele do seu rosto brilhou" – a tal ponto que, descendo da montanha depois de quarenta dias e quarenta noites (de novo o número 40), Moisés teve de usar um véu sobre o rosto para que o brilho não ofuscasse as pessoas com quem falava. O tema de personagens divinos ou semidivinos sendo revelados de repente em glória deslumbrante como a do Sol, repito, é comum em várias mitologias e religiões antigas. Em sua peça bem conhecida *As Bacantes*, Eurípides descreve o deus Dionísio surgindo em Tebas, sua velha cidade natal, a princípio como um estranho disfarçado. Mais tarde, ele revela sua verdadeira identidade e seu povo exclama: "Mas vejam! Quem é este? É Dionísio como ele mesmo, não mais disfarçado de mortal, mas na glória de sua divindade."[32]

Entendendo a Transfiguração

Antes, no capítulo 13 do Evangelho de Marcos, lemos que "Então [no fim do mundo] os justos resplandecerão como o sol, no reino de seu Pai". Em outras palavras, na deificação final da alma – a alma de cada um de nós –, haverá o que só pode ser descrito como uma transfiguração gloriosa. Isso me leva diretamente ao significado de todo esse "ato" no drama divino da evolução da alma. Mas primeiro cabe lembrar que, já no século III d.C., no Cristianismo gnóstico egípcio, surgiu um documento chamado *Pistis Sophia* ("Sabedoria da Fé") que supostamente continha instruções de Jesus a seus discípulos, no final de uma estadia de doze anos na Terra após a ressurreição. Pessoalmente, concordo com os estudiosos que argumentam que a história da Transfiguração está totalmente fora de lugar onde Marcos a pôs, seguido de perto pelos outros dois sinópticos (o Evangelho de João a omite completamente). Na verdade, ela marca o estágio final da evolução da alma, o clímax na transição do mortal para o divino. Por isso, estou convencido de que é ou era uma história da ressurreição colocada no lugar errado.

De maneira alguma minha opinião é idiossincrática. No passado, essa sugestão foi defendida por alguns dos estudiosos do Novo Testamento mais aclamados em todo o mundo; por exemplo, por Heinrich Meyer (1800-1873),

Julius Wellhausen (1844-1918), Adolf Harnack (1851-1930), Alfred Loisy (1857-1940), Maurice Goguel (1880-1955) e, o mais famoso de todos, Rudolph Bultmann (1844-1976). Um dos vários estudiosos contemporâneos que defendem que a história da Transfiguração em Marcos pode estar fora de lugar, e na verdade "refere-se à visão primitiva" que deu origem ao ritual da Páscoa, é Lloyd Geering, professor emérito na Universidade de Vitória em Wellington, Nova Zelândia.[33]

A Transfiguração de Jesus ou mudança gloriosa de aparência, portanto, é um símbolo profundo da nossa própria metamorfose futura em seres de luz. Como diz S. Paulo, ela vai acontecer de repente, "num piscar de olhos", e "todos nós mudaremos". Feitas as contas, essa história é um glifo ou metáfora de nosso glorioso destino final como filhos e filhas perfeitos de Deus.

5

MILAGRES DA TOTALIDADE

O Senhor eleva a alma e ilumina os olhos;
dá saúde, vida e bênção.
— Eclesiástico 34:20

NÃO SEI DESCREVER o grande alívio intelectual e emocional que senti pela primeira vez quando entendi finalmente que todas as curas atribuídas a Jesus nos quatro Evangelhos são, na verdade, parábolas encenadas ou dramas alegóricos. Ainda me lembro da sensação de liberdade quando li pela primeira vez a afirmação de Orígenes: "O valor principal de um milagre não é o fato de ter acontecido, mas a verdade nele simbolizada alegoricamente."[1] Desde a expulsão de "espíritos imundos" até a ressurreição dos mortos, os milagres do Evangelho são referências poderosas não a um mago ou milagreiro sobre-humano, ou Deus disfarçado de camponês da Galileia, mas à eficácia dos poderes espirituais latentes em cada um de nós. Nos meus dias de estudante, há muito tempo, houve fases em que encarei os milagres literalmente, sem perceber seu sentido subjetivo para minha própria vida, e ao mesmo tempo criei enormes problemas intelectuais para minha fé.

Quando eu era pastor de paróquia, descobri que não estava sozinho nessas preocupações – longe disso. Quando os milagres são encarados literalmente, temos de perguntar: estamos lendo sobre que tipo de suposto ser humano? Ressuscitar os mortos, caminhar sobre as águas, transformar a água em vinho, multiplicar pães e peixes, abrir os olhos dos cegos de nascença, acalmar tempestades e todos os outros milagres não podem ser atos de uma pessoa humana em carne e osso. Tudo isso está longe da mais remota possibilidade de ter ocorrido realmente. Mas, lido literalmente, o Novo Testamento parece tratar os milagres como fatos.

Mesmo suspendendo por um momento qualquer pensamento racional sobre esse aspecto da questão, como se pode justificar a limitação dos benefícios associados ao poder divino de eliminar o sofrimento e a miséria humana e ao controle sobre as forças da natureza? Por que um número comparativamente pequeno de pessoas teria recebido esse benefício num breve período de tempo nos Evangelhos? Por que não curar todos os leprosos, todos os aleijados? Por que não alimentar todos os pobres e famintos, e assim por diante? Por que esperar tanto tempo para fazer um breve aparecimento na Terra? Não tem o menor sentido. Mas, quando o literalismo elementar é posto de lado e percebemos que toda a história de Jesus é um drama místico com uma grande variedade de símbolos destinados a nos pôr em contato com nosso ser mais íntimo, esses milagres podem vir à tona com um novo poder, nitidez e significado. Em vez de um ser desumano, um Deus disfarçado, vemos em Jesus um retrato ou modelo de nosso próprio princípio do Cristo interior ou nossa consciência de Cristo. Se usarmos o sentido alegórico ou simbólico de cada milagre em nossa própria vida, eles passam a ilustrar com perfeição os vários passos para a realização plena de nossa divindade inata. Temos um "curandeiro divino" dentro de nós, o "Espírito do amor, do poder e da mente sã", para citar S. Paulo.

Curando os leprosos

Quando a Bíblia fala em lepra e leprosos, a palavra usada – *sara 'at* em hebraico – é imprecisa, pois designa várias doenças da pele. Segundo *Religions of the Ancient World*, a "lepra" citada na Escritura "provavelmente abrange uma grande variedade de doenças que provocam descoloração da pele".[2] Qualquer pessoa que se dê ao trabalho de consultar a longa discussão sobre a doença transmitida em detalhes nos capítulos 13 e 14 do Livro do Levítico logo percebe a imprecisão, e na verdade a forte superstição, acerca do assunto. Por exemplo, o capítulo 14 diz expressamente que uma casa pode ter lepra e que a doença pode contaminar até as paredes e o reboco, os quais têm de ser raspados antes que a casa seja pronunciada "sadia" de novo. Mas a medicina moderna define a verdadeira lepra (hanseníase) como doença causada pelo organismo *Mycobacterium leprae* e caracterizada "por manchas na pele, dano periférico aos nervos e debilitação progressiva. A desfiguração e a perda de dedos ou artelhos são causadas pela falta de sensibilidade nas áreas afetadas com dano (geralmente inadvertido) por ferimentos acidentais ou outros traumas". Hoje em dia, a lepra continua sendo um problema sério em todo o mundo, mas "não é muito contagiosa", ao contrário do preconceito por trás das atitudes com relação aos leprosos na Bíblia, e reage depressa a medicações específicas e baratas.[3] Hoje, a doença poderia e deveria estar completamente erradicada.

Sejam quais forem os conhecimentos da medicina moderna sobre a bacteriose específica chamada "lepra", o fato é que, no texto bíblico, ela é o símbolo definitivo de impureza ritual e social, tornando a pessoa afetada totalmente incapaz de satisfazer as exigências da vida normal. O leproso era excluído, evitado e condenado ao *status* de um pária. O Livro de Números, capítulo 5, versículos 1-2, ilustra o assunto ao dizer: "Disse o Senhor a Moisés: Ordena aos filhos de Israel que lancem fora do arraial todo leproso [...]." Portanto, a lepra se torna alegoricamente um símbolo da necessidade humana do toque curativo e purificador do Divino. Representa tudo o que possa bloquear nossa união tanto com as outras pessoas quanto com o deus interior. É por isso que uma das histórias de cura mais comoventes em toda a Bíblia hebraica conta que um grande capitão não israelita do exército, chamado Naamã, "era leproso" e mais tarde foi levado à cura total pela intervenção do famoso profeta Eliseu, sucessor de Elias.

Toda a história da menina judia que era prisioneira e se tornou personagem principal da narrativa – foi ela que contou à sua senhora, mulher de Naamã, sobre os dons curativos notáveis de Eliseu – é uma de minhas preferidas do Antigo Testamento. Pode ser encontrada no capítulo 5 do Segundo Livro de Reis. Mas seu sentido aqui tem relação com o fato de criar um precedente e "dar o tom" para a cura de leprosos nos Evangelhos. Como já vimos, a maioria dos milagres praticados por Jesus já tinha sido antecipada por personagens do Antigo Testamento semelhantes ao Deus-Sol – e antes disso por outros "modelos" ideais do deus interior, como Hórus no Egito. Se os profetas curavam leprosos, Jesus tinha de ser mostrado como alguém capaz de curá-los também.

Tudo isso nos leva ao Evangelho de Lucas, no qual dez leprosos são "purificados":

De caminho para Jerusalém, passava Jesus pelo meio de Samaria e da Galileia. Ao entrar numa aldeia, saíram-lhe ao encontro dez leprosos, que ficaram de longe e lhe gritaram, dizendo: Jesus, Mestre, compadece-te de nós! Ao vê-los, disse-lhes Jesus: Ide, e mostrai-vos aos sacerdotes. Aconteceu que, indo eles, foram purificados. Um dos dez, vendo que fora curado, voltou dando glória a Deus em alta voz; e prostrou-se com o rosto em terra aos pés de Jesus, agradecendo-lhe; e este era samaritano. Então, Jesus lhe perguntou: Não eram dez os que foram curados? Onde estão os nove? Não houve, porventura, quem voltasse para dar glória a Deus senão este estrangeiro? E disse-lhe: Levanta-te e vai; a tua fé te salvou. (Lucas 17:11-19)

Há vários detalhes importantes nessa história ou episódio de uma cura notável. Em primeiro lugar, os dez homens estão bem conscientes de sua doença. Ela tem um nome, e eles sabem qual é. Não disfarçam sua condição – ao contrário da situação em que resvalamos com tanta frequência, onde fazemos de tudo para não ter de enfrentar ou nomear nossa necessidade de mudança e renovação. Como se sabe, nomear ou admitir o vício é o primeiro passo para a recuperação de alcoólicos. Os leprosos verbalizam ou simplesmente mostram seu desejo de cura. O resultado é que são imediatamente instruídos a dar um passo arriscado. Leprosos que afirmavam ser puros, sadios e capazes de reabsorção na vida da comunidade e da nação tinham de passar pelo exame rigoroso dos sacerdotes. Mesmo ainda sofrendo da doença, os dez são instruídos a agir como se não a tivessem – como se já estivessem curados.

Aqui se dá a guinada central na alegoria. Lemos: "Aconteceu que, indo eles, foram purificados." O mesmo vale para cada um de nós em nossa jornada espiritual. Não adianta ficar sentado esperando que nossas preces sejam atendidas, ou cruzar os braços enquanto aguardamos um sinal especial ou "epifania" que nos inspire. É uma questão de obediência imediata ao comando do Espírito interior. Como escritor, por exemplo, conheço bem a tentação de adiar a pesquisa, isto é, sentar-me de fato sozinho numa sala e começar o trabalho. Sempre há um monte de desculpas: não estou concentrado o bastante, o tópico está mal definido, não sei por onde começar. Conheci certa vez um repórter cujo *slogan* era: "Vou pesquisar isso." Na verdade, ele costumava dizer: "Adoro pesquisas. Uma pesquisa puxa a outra. O que me incomoda é escrever!" Você pode encontrar situações parecidas em sua própria vida. Com base em minha experiência, descobri que quando começo o trabalho – quando, como os leprosos em nossa história, parto do princípio de que o Espírito estará lá me guiando e me abençoando –, algo importante é acionado quase ao mesmo tempo. Como já disseram vários gurus de autoajuda contemporâneos, quando você se envolve num projeto e começa o trabalho, o universo "entra em sintonia" e trabalha junto com você. Os leprosos ficaram limpos "seguindo em frente".

Finalmente, a narrativa termina de maneira surpreendente quando, de todos os dez doentes curados, só um – o menos provável entre eles porque é um "duplo leproso", um desprezado samaritano – volta para agradecer. Mas Jesus o manda levantar-se: "Vai; a tua fé te salvou." Isso não significa que só aquele doente tivesse se curado. Todos os dez leprosos foram beneficiários da graça e bondade divinas, assim como cada um de nós – quer sejamos gratos ou não. Todos nós fomos abençoados com o dom interior da "luz que ilumina qualquer pessoa que vem ao mundo"; cada um de nós tem a presença de Cristo ou Eu Superior ou "imagem de Deus" no âmago de seu ser. Mas, quando não há reconhecimento autêntico dessa pérola de grande preço, essa pitada de fermento que faz crescer todo o pão, esse grão de mostarda que se transforma numa grande árvore, então deixamos de conhecer plenamente "a alegria do Senhor". Afastamo-nos da bênção de nos tornarmos "mestres de muitas coisas", por não acreditarmos que algo estava faltando.

O sentido alegórico dessa história dos leprosos ecoa em muitos níveis. Um dos mais importantes é a bênção que vem com o reconhecimento a cada dia, e até a cada hora, de todas as coisas que merecem nossa gratidão. Fiquei impressionado alguns anos atrás, num grande almoço organizado num dos principais hotéis de Toronto, ao ouvir o testemunho tranquilo de Sir John Templeton, um dos homens de negócios mais bem-sucedidos de nossa época. Ele contou ao público que, havia vários anos – tinha um pouco mais de 80 naquela época –, cultivava o hábito de começar todo dia, até antes de sair da cama, pensando em cinco coisas pelas quais ele realmente agradecia a Deus. Isso não é uma garantia de sucesso em investimentos, mas com certeza traz recompensas espirituais de grande valor.

A cura de um paralítico

Vamos abordar agora a história contada nos três Evangelhos sinópticos sobre um homem paralítico levado até Jesus para que este o curasse. Marcos foi o primeiro a contá-la, no capítulo 2. Curiosamente, o versículo 1 diz que Jesus "estava em casa", mas a cena não se passa em Nazaré, e sim em outra cidade a alguma distância no mar da Galileia, chamada Cafarnaum. Enquanto Jesus falava, havia, segundo Marcos, uma multidão tão grande em toda a casa que a entrada ficara entupida de gente. Ninguém podia entrar nem sair. Então, chegaram outras pessoas, quatro delas carregando um paralítico numa esteira. Frustadas pelo ajuntamento, elas levantaram o homem até o telhado, afastaram algumas telhas e "baixaram o leito em que jazia o paralítico". Jesus, vendo a fé que eles demonstravam disse ao homem que seus pecados estavam perdoados e acrescentou: "Levanta-te, toma o teu leito, e vai para tua casa." O homem se levantou e, apanhando o leito, "saiu em presença de todos".

Alguns escribas que estavam ali tentaram começar uma discussão sobre a suposta "blasfêmia" de Jesus ao dizer ao doente que seus pecados estavam perdoados, mas a verdadeira lição que podemos tirar daí é que a paralisia do homem simboliza nossos próprios medos e bloqueios interiores. Quantas vezes na vida descobrimos que estamos presos dentro de nós, incapazes de seguir em frente, incapazes de dar um passo ou tomar uma decisão importante, paralisados de alguma maneira. O que a passagem diz é que, se invocarmos o Cristo interior, ele pode desatar as correntes que impedem nosso progresso. Os "pecados" ou erros que causaram nossa paralisia temporária podem ser perdoados – sem a intervenção de um padre ou de outras pessoas – e nós podemos nos fortalecer para apanhar a cama ou o leito e seguir em frente. Não precisamos olhar para cima ou em volta de nós à procura de uma divindade afastada ou distante. O Cristo interior, como diz S. Paulo, nos dá força e autonomia para fazer tudo o que quisermos.

Lembro-me bem de um período da minha vida em que me senti paralisado pelo medo, pela solidão e por um desespero crescente. Foi durante o segundo ano dos meus quatro anos de estudos de graduação e pós-graduação, muito tempo atrás. Por várias razões, em parte a saudade de casa cada vez maior, em parte a exaustão causada pelos estudos, eu estava deprimido. Senti vontade de jogar tudo para o alto e abandonar o curso. (Eu estava na Europa, em Oxford, e naquela época as viagens para casa e até os telefonemas estavam fora de cogitação por causa do preço.) Certa vez, tarde da noite, eu voltava para meu quarto atravessando um pátio escuro, com um mau pressentimento de que logo faria as malas e iria embora. Todas as minhas orações pareciam em vão – eu me sentia espiritualmente paralisado. Então, alguém começou a tocar o órgão de uma capela normalmente vazia num canto afastado do pátio. Prestei atenção, e lágrimas vieram aos meus olhos quando reconheci um hino antigo que era um dos preferidos de meu pai. De alguma maneira, mesmo sem conseguir lembrar depois de tantos anos que hino era aquele, Deus falou comigo por meio dele. Em minha mente e meu coração, brilhou a ideia de que meu pai se orgulhava de ter um filho estudando em Oxford, e que eu iria desapontá-lo se fraquejasse e largasse tudo de repente. De alguma maneira, o Espírito afastou o bloqueio em meu coração, e senti uma grande onda de coragem e determinação para continuar o curso. Naquela noite, dormi bem pela primeira vez em muito tempo – e nunca mais desanimei. Estava curado da paralisia interior.

Espíritos imundos

Qualquer pessoa que leia o Evangelho de Marcos e o encare como história literal, além de enfrentar as dificuldades intelectuais a que já me referi no começo deste capítulo, chegará à conclusão de que Jesus fez pouca coisa além de andar por aí praticando exorcismos. O primeiro milagre de cura, no capítulo 1 de Marcos, já dá essa impressão:

> Não tardou que aparecesse na sinagoga um homem possesso de espírito imundo, o qual bradou: Que temos nós contigo, Jesus Nazareno? Vieste para perder-nos? Bem sei quem és: o Santo de Deus! Mas Jesus o repreendeu, dizendo: Cala-te e sai desse homem. Então, o espírito imundo, agitando-o violentamente e bradando em voz alta, saiu dele. Todos se admiraram [...] (Marcos 1:23-27)

A leitura dessas passagens, e na verdade de todo o conjunto de descrições de milagres de cura nos Evangelhos – desde as várias curas de lepra até a ressurreição dos mortos –, enfocando só a superfície ou valor aparente como descrições objetivas de acontecimentos fatuais, infelizmente causou ao longo dos séculos todo tipo de credulidade, superstições e excessos cruéis, mais do que qualquer outra influência. (Um exemplo foi o assassinato de milhares de "bruxas" pela Igreja europeia nos séculos XVI e XVII, ou o enforcamento escandaloso de um grupo de homens e mulheres inocentes na "caça às bruxas" de Salem, Massachusetts, promovida por puritanos fanáticos no final do século XVI.)

Com efeito, a eterna busca por um "milagre" nas curas físicas e psicológico-emocionais ou em outros assuntos tende a glorificar a fé cega e a ignorância à custa do uso inteligente do verdadeiro milagre da lei natural. Quando se encoraja uma procura constante do "sobrenatural" na vida, em vez do estudo e uso da sabedoria incorporada nas leis e obras do mundo natural, a verdadeira majestade e divindade de toda a ordem fixa ao nosso redor costuma ser menosprezada ou ignorada. Assim, a religião se opôs muitas vezes, de maneira tola, ao dom da inteligência e à ciência real, quando na verdade é ali que podemos encontrar os verdadeiros milagres da cura.

A verdade é que qualquer ensinamento ou crença que prejudique ou diminua a fé da humanidade no caráter absolutamente confiável e imutável das leis da natureza, discernidas pela razão, acaba impedindo nossa evolução como espécie. Isso corrói nosso senso de estabilidade e constância no universo. Deixando que uma façanha arbitrária ou a intervenção de uma divindade externa reivindique essas mesmas leis de vida e de ação, passamos na verdade a lidar com o caos. A religião como um todo cai em descrédito quando o pensamento mágico substitui nossa razão divina e inata e nosso respeito pela verdade imutável. Mas há muita mentalidade mágica nos círculos religiosos atuais.

Durante minha carreira, primeiro como pastor de paróquia num subúrbio de Toronto, depois como professor de um seminário e finalmente como jornalista escrevendo sobre todo tipo de questões religiosas, testemunhei pessoalmente, muitas vezes, o dano causado pela insensatez de um sobrenaturalismo extravagante nas fileiras dos que acreditam cegamente em pretensos "milagreiros". O que isso significa para o leitor deste livro é que devemos encarar os milagres do Evangelho pelo que são – dramatizações simbólicas de mitos espirituais – para evitar que destruam os fundamentos de uma compreensão racional da própria vida. Encarados como história, acabam valendo como meros disparates constrangedores. Para citar Alvin Boyd Kuhn, cujas teorias discuti em *O Cristo dos Pagãos*, boa parte do pensamento religioso se baseia infelizmente "num desprezo pela lei natural".

Kuhn continua seu raciocínio fazendo uma observação que já tinha me ocorrido há muito tempo, de que devemos "partir do seguinte princípio básico: se a lei espiritual de alguma maneira transcende a lei natural, é porque a primeira preenche e completa a segunda, mas sem negá-la". De fato, a lei espiritual pode moldar forças naturais para seus objetivos e fins – assim como usamos uma máquina ou, por exemplo, nosso próprio corpo. Mas ela nunca ignora ou contraria as leis da máquina ou do corpo. Além disso, no âmbito da medicina ou em qualquer outro, quando parece que as leis naturais foram postas de lado ou transcendidas de algum modo, a explicação mais racional é que existem leis naturais profundas agindo no ou por meio do fenômeno que por enquanto ainda está além da nossa compreensão. Um milagre como a cura espontânea de uma "doença terminal", por exemplo, a meu ver simplesmente sugere uma lei desconhecida ou oculta que a ciência ainda precisa descobrir.

O que os milagres da Bíblia realmente pretendem ilustrar, portanto, é o poder maravilhoso do Cristo interior de transformar nossa vida mortal e ordinária e abençoar nosso corpo animal, assim como nossa alma, com a beleza divina e o brilho da saúde. A verdadeira cura que todos nós procuramos, enquanto indivíduos e enquanto raça, só pode ser encontrada no espírito do Cristo dentro de nós (ou qualquer outro nome que dermos a isso), que sujeita nossos instintos inferiores conflitantes e nos leva à harmonia com a natureza, os outros e nós mesmos. Estou convencido de que o verdadeiro milagre acontece quando a Transcendência que reside no coração do universo e irradia através de todas as moléculas do ser passa a existir em nosso próprio coração. O êxtase da eternidade ainda espera para ser compreendido e conhecido por cada um de nós, aqui e agora. Como afirma a teologia oriental: "Tu és Aquele!". (Em sânscrito, a frase tem a seguinte formulação: "*Tat Tuam Asi*", ou "Você e eu e a Realidade Última somos o mesmo".) Foi isso o que Joseph Campbell descreveu certa vez como "evangelho eletrizante". Infelizmente, ele é raramente ouvido em nossas igrejas.

Podemos passar agora para o exame de mais alguns "milagres" do Evangelho. Todos eles têm paralelos em antigos textos sagrados, nos quais outros semideuses fazem quase exatamente a mesma coisa. Hórus, na mitologia egípcia, por exemplo, abriu os olhos de um cego e os ouvidos de um surdo, e fez com que um aleijado voltasse a andar. O Antigo Testamento hebraico traz, como já dissemos antes, várias curas e milagres conscientemente retomados pelos autores do Novo Testamento.

Os possessos

O texto de Marcos, que contém o estrato mais primitivo dos ensinamentos do evangelho no Novo Testamento – depois, é claro, do testemunho muito anterior de S. Paulo –, apresenta Jesus basicamente como um exorcista, expulsando demônios de pessoas em toda parte. O capítulo 1 de Marcos, versículo 39, diz isso com toda a clareza: "Então, foi por toda a Galileia, pregando nas sinagogas deles e expelindo os demônios."

Só o literalismo mais simplório ao longo dos séculos, com resultados muitas vezes terríveis, interpretou isso como uma expulsão real de forças satânicas. O que essas influências demoníacas representam ou simbolizam são exatamente os mesmos impulsos, desejos, complexos, obsessões e compulsões que temos em mente quando falamos metaforicamente nos "demônios interiores" de uma pessoa, que distraem, desgastam ou paralisam a vida. Como seres espirituais presos à matéria, com todas as fraquezas que herdamos da carne, muitas vezes somos apanhados facilmente por correntes ou forças que ameaçam nos controlar ou transformar nossos pensamentos e ações, destruindo nossa harmonia interior e afetando nossas atitudes diante dos outros. Quando não são tratadas, essas forças podem às vezes levar a um comportamento antissocial e até criminoso. A história está cheia de exemplos dos horrores que podem ocorrer quando indivíduos e até países inteiros sucumbem como um "rebanho de ovelhas" ao controle dos instintos animais inferiores dentro de nós. Talvez o livro mais inteligente que já li sobre os problemas em jogo para a humanidade em todo esse assunto é o pequeno volume de Carl G. Jung, *The Undiscovered Self*, no qual ele diz que uma pequena mudança nos circuitos neuronais na mente de alguns líderes políticos poderia facilmente mergulhar o mundo num pesadelo nuclear. Alguém que nunca tenha enfrentado a realidade das "sombras" interiores, em sua própria vida e sua psique, faria bem em ler esse livro. É um passo concreto para seguir o antigo provérbio "Conhece-te a ti mesmo", e portanto um degrau importante na escada do progresso pessoal e espiritual.

O endemoninhado

A história do endemoninhado que disse que seu nome era Legião, "pois somos muitos", contada com vivacidade no capítulo 5 de Marcos, ilustra de maneira poderosa como o encontro com Cristo pode transformar uma pessoa – ou uma sociedade inteira. O lugar exato em que a história se passa não é essencial. O estudo dos manuscritos mais antigos revela confusão se se tratava da província dos gadarenos ou dos gerasenos. Isso com certeza se deve a um problema geográfico, pois o relato de Marcos diz que havia um "mar" ali perto. Mas Gadara fica a vários quilômetros de distância de qualquer extensão de água. Em sua versão, Marcos apresenta um único endemoninhado; Mateus, que gosta de duplicar as coisas quando possível, diz que havia dois.[4]

Mas os pontos principais são os seguintes: o homem estava totalmente fora de controle; vivia nos "sepulcros" (ou seja, como muitos religionistas hoje em dia, ele se rodeava com os ossos do passado); era um perigo até para si mesmo: "E andava sempre, de dia e de noite, clamando pelos montes, e pelos sepulcros, e ferindo-se com pedras." Significativamente, Jesus o enfrenta com uma pergunta direta: "Qual é o teu nome?" Sabemos que, em muitas culturas do mundo antigo, nomear uma coisa (um objeto ou mesmo outra pessoa) era considerado o primeiro passo para dominá-la. O conto de fadas *Rumpelstilzchen* (às vezes traduzido em português como "Rumpelstichen") é um exemplo da mesma ideia. Esse conto fantasioso, surgido na Alemanha, chega a um final feliz quando a rainha descobre o nome do anão, livrando-se assim da promessa, feita sob coerção, de lhe dar seu primeiro filho.[5] O endemoninhado de nossa história também é obrigado a encarar sua doença e dar-lhe um nome antes de poder ser curado. O mais revelador no simbolismo que se segue é que os "espíritos imundos", expulsos do corpo do doente perto de um mar, pedem a Jesus para que os deixe entrar numa "grande manada de porcos" – animais considerados grosseiros e impuros. "E, saindo aqueles espíritos imundos, entraram nos porcos; e a manada se precipitou por um despenhadeiro no mar (eram quase dois mil), e afogaram-se no mar."

Vale a pena ressaltar que Marcos diz expressamente que havia "quase dois mil porcos" na manada afogada no mar. Nos Mistérios Eleusinos (culto da religião grega), segundo Freke e Gandy em *The Jesus Mysteries*, uma multidão de cerca de dois mil iniciados foi instruída, em certa ocasião, a banhar-se no mar com uma manada de porcos. O objetivo do ritual era transferir qualquer traço de "animalidade" dos iniciados para os porcos. Os animais, então, foram sacrificados sendo empurrados de um penhasco e caindo nas águas. Imediatamente, os neófitos foram declarados puros e totalmente renovados.[6]

A própria água significa o "domínio aquático" do corpo físico ou material, assim como os porcos. O reino humano tem de ser governado pelo Espírito de Cristo; as atividades dos desejos e instintos primitivos foram relegadas à sua dimensão verdadeira. É importante lembrar aqui que, na versão da mitologia egípcia do Juízo Final, qualquer pessoa que, no Salão do Juízo, não passasse pelos altos critérios éticos exigidos, era imediatamente entregue à Besta Selvagem do culto tifoniano (também chamado draconiano) – um animal que era um misto de porco, crocodilo e hipopótamo. Isso significava reprovação naquela etapa ou ciclo da vida, pois a alma era forçada a voltar para o corpo do animal e continuar ganhando experiência antes da libertação ou "salvação" definitiva.

Existem ao menos dois pontos altos nesse relato de Marcos. O primeiro é quando os pastores de porcos fogem e voltam com uma multidão da "cidade". Eles vão até Jesus e veem "o endemoninhado, o que tivera a legião, assentado, vestido e em perfeito juízo". A cura fora completa. O segundo ponto alto é o final, quando o ex-endemoninhado implora a Jesus que o deixe acompanhá-lo, mas Jesus recusa e diz: "Vai para tua casa, para os teus, e anuncia-lhes quão grandes coisas o Senhor te fez, e como teve misericórdia de ti. E ele foi, e começou a anunciar [...] quão grandes coisas Jesus lhe fizera; e todos se maravilharam." Aqui há uma grande verdade. Ninguém que teve contato com o "Cristo dentro de nós" e experimentou o poder da consciência interior, capaz de expulsar os "demônios" e restaurar o verdadeiro equilíbrio, deixa de revelar esse contato às outras pessoas – com certeza não pela pregação religiosa ou pela adulação, mas pelo testemunho tranquilo e radiante de todos os dias. Não existe absolutamente nada errado – pelo contrário – em ter disposição e vontade para explicar os "motivos da esperança dentro de nós", quando somos chamados a fazê-lo.

A natureza abomina o vácuo

Tanto em Mateus como em Lucas, há uma "perícope" (episódio curto) que termina num pronunciamento ou advertência de grande importância para nossa própria vida espiritual. É uma mensagem de sabedoria que estava "perdida" no conjunto dos materiais usados pelos evangelistas. Não tem ligação específica com nenhuma outra coisa, a não ser pelo fato de surgir logo depois de uma discussão sobre se Jesus expulsava demônios graças ao poder do próprio Demônio. Isso explica o ditado bem conhecido: se Satanás expulsa Satanás, como este "reino" pode sobreviver?[7]

Aqui a história a que me refiro, tal como está no relato de Lucas:

> Quando o espírito imundo sai do homem, anda por lugares áridos, procurando repouso; e, não o achando, diz: Voltarei para minha casa, donde saí. E, tendo voltado, a encontra varrida e ornamentada. Então vai, e leva consigo outros sete espíritos, piores do que ele, e, entrando, habitam ali; e o último estado daquele homem se torna pior do que o primeiro. (Lucas 11:24-26)

Não precisamos absolutamente acreditar na realidade de Satanás ou de "espíritos imundos" para entender a verdade profunda das imagens dessa passagem. Um exemplo especialmente tocante dessa verdade é revelado a mim sempre que ouço a respeito de pessoas que chegaram ao ponto em que o dogma religioso do seu passado, com suas culpas e castigos (mas também com o consolo que trazia), desmorona de uma vez ou é totalmente rejeitado.

Hoje em dia, muitos estão exatamente nesse dilema. A religião que aprenderam em sua juventude ou as crenças que pareciam funcionar, pelo menos durante algum tempo, são questionadas de repente ou fracassam totalmente diante dos testes da vida. Ou então, eles se sentem esmagados pela enorme quantidade de opiniões sobre assuntos religiosos que inunda nossos meios de comunicação. Às vezes, simplesmente jogam tudo para o alto. Sua "casa" está limpa e arrumada, mas vazia. Existe ali um vácuo terrível, muitas vezes com um senso obsessivo de perda. Eles descobrem depressa que somos todos seres espirituais e que existe um "espaço" interior dentro de nós a ser preenchido – de uma maneira ou de outra. Caso contrário, esse lugar é invadido por outros "espíritos" – o espírito da ganância, o desejo de posses materiais, o espírito de doutrinas falsas e enganosas, o cinismo e até o desespero. Acredito que, de certa maneira, temos uma "genética divina", uma "ligação direta" com Deus. Por isso, precisamos tomar cuidado com o tipo de deuses que vamos adorar de agora em diante, depois de nos livrarmos dos ídolos do passado. No mundo ocidental, esse tipo de crise está nos afetando exatamente agora. Os velhos deuses foram expulsos, ainda bem. A questão é: o que vamos colocar no lugar deles? É uma questão pessoal, mas é também social e até global. Tem importância especial para as igrejas.

O cego de nascença

Quando caminhava por uma rua de Jerusalém, Jesus viu um mendigo, um homem "cego de nascença". Seus discípulos, como muitas pessoas religiosas hoje em dia, chegaram imediatamente à conclusão de que obviamente alguém era culpado por aquela deficiência. "Quem pecou?", perguntaram eles, "este homem ou seus pais?" Ao longo dos anos, essa pergunta foi encarada por alguns estudiosos como uma prova da crença na reencarnação, pois se o homem pecou – e ele nascera cego –, isso devia ter acontecido numa vida anterior. Mas, no judaísmo daquela época, considerava-se possível que uma pessoa "pecasse" durante a gestação no ventre da mãe. Seja como for, Jesus é mostrado como alguém que vai além da noção da doença como castigo. O autor do Evangelho mostra o verdadeiro objetivo do seu conto alegórico: a cegueira é uma ocasião para revelar as "obras de Deus". Segundo o texto, Jesus faz uma pasta com saliva e um punhado de terra e "unta com o lodo os olhos do cego", dizendo-lhe que fosse se lavar no tanque de Siloé. João acrescenta: "Siloé, que significa o Enviado". Portanto, o simbolismo alegórico fica óbvio na história. O homem vai até o tanque, lava-se e volta curado de sua doença.

Mas essa história do cego de nascença tem outros detalhes importantes e merece ser relida por inteiro. Ela pode ser encontrada no capítulo 9 de João.[8] Para nossos objetivos neste livro, o relato abreviado é suficiente. A meu ver, o mendigo cego representa todos os seres humanos na face da Terra. Todos nós nascemos "cegos" para a realidade fundamental de quem realmente somos. Platão reconheceu isso séculos antes da era cristã. Foi em parte o que ele tinha em mente com sua teoria da Reminiscência, segundo a qual todo aprendizado é uma espécie de "lembrança" de coisas que já sabíamos antes. Não vemos nem entendemos que, em nossa essência mais íntima, somos centelhas de um fogo primitivo muito além do próprio tempo. Por isso, de certo modo somos "cegos" para nossa verdadeira identidade e nosso verdadeiro potencial. Só quando encontramos a presença fortalecedora do princípio de Cristo ou consciência de Cristo em nosso ser mais íntimo, nossos "olhos" intelectuais e espirituais se abrem totalmente. Ou, como dizem os gnósticos, nós nos elevamos à lucidez total. Podemos repetir aqui a frase talvez mais significativa de toda a história do cego de nascença. Pressionado e interrogado pelos fariseus sobre como, quando e por quê – e por quem – ele se curara da doença, o cego responde simplesmente: "[...] uma coisa sei, é que, havendo eu sido cego, agora vejo." Com esse "sinal", o evangelista exprime sua esperança de que qualquer um de nós tenha condições espirituais de dizer a mesma coisa.

De alguma maneira somos todos cegos ou surdos, perseguidos ao longo de nossa vida por impulsos ou sentimentos ou "espíritos" que às vezes nos fazem tropeçar no caminho. Ficamos aleijados e temos de caminhar com muletas. Todos nós precisamos da ajuda do Espírito de Deus em nossa luta para nos tornar cada vez mais quem realmente somos.

Os primeiros Pais da Igreja, inclusive Orígenes no século II, disseram que as curas e os milagres realizadas por Jesus nos Evangelhos eram típicas e simbólicas do que ele tinha condições de fazer no Espírito; as doenças físicas que Jesus curava tinham de ser entendidas como enfermidades da alma que ele é capaz de curar enquanto Espírito imanente. Quando entendemos plenamente essa verdade profunda, abre-se uma perspectiva nova e sensata ao lermos sobre pessoas sendo curadas do flagelo visível da lepra, sendo libertadas da tirania de uma variedade de possessões "demoníacas" ou, como no caso da filha de Jairo em Marcos, ressuscitadas de entre os mortos.[9] No caso da ressurreição de Lázaro, no Evangelho de João – uma história baseada no retorno à vida do deus egípcio Osíris –, esse foi de fato o ato mais poderoso e mais simbólico de todos. Como já vimos, a morte era uma metáfora da vida da alma no corpo, no plano material. O corpo era o túmulo da alma. Voltar à vida significava ser levado para uma consciência plena de sua própria condição espiritual. Como diz S. Paulo com eloquência: "Despertai, vós que dormis, e levantai-vos dos mortos, e o Cristo lhes dará a luz." Essa é a verdadeira "Páscoa do coração" de que todos nós precisamos, não uma vez ou duas em algum momento especial de conversão, mas ao longo de toda a nossa vida no plano terreno.

Ressuscitando os mortos

Na antiga mitologia egípcia, Hórus tinha o poder de ressuscitar os mortos, como já vimos. *O Cristo dos Pagãos* inclui uma relação detalhada das semelhanças óbvias entre a ressurreição de Lázaro, praticada por Jesus no Evangelho de João, e a história muito anterior de Osíris. Para João, a ressurreição de Lázaro foi o sétimo e último "sinal" dos sete poderes de Cristo. Mas, na Bíblia hebraica, numa passagem bem conhecida do capítulo 17 do Primeiro Livro de Reis, o grande profeta Elias também demonstra o mesmo poder de ressuscitar o filho da viúva que vivia em Sarepta, perto de Sidom. O texto diz: "Então, estendendo-se três vezes sobre o menino, clamou ao Senhor e disse: Ó Senhor, meu Deus, rogo-te que faças a alma deste menino tornar a entrar nele. O Senhor atendeu à voz de Elias; e a alma do menino tornou a entrar nele, e reviveu." Portanto, não há surpresa quando vamos aos Evangelhos e lemos, no capítulo 7 de Lucas, sobre a viúva que morava na cidade chamada Naim, cujo filho voltou à vida justamente durante o cortejo fúnebre. Quando Jesus lhe ordena que se levante, lemos que "o defunto assentou-se, e começou a falar".

No capítulo 9 de Mateus, uma passagem ainda mais impressionante descreve a ressurreição da jovem filha de um "chefe da sinagoga"; de novo não existe referência a um local específico. O episódio é notável porque a história de um milagre contém dentro dela uma história ainda mais reveladora de cura de uma doença. Primeiro, Jesus é informado sobre a morte da menina, e reage ao pedido do pai – "vem, impõe-lhe a tua mão, e ela viverá" – reunindo seus discípulos e seguindo o pai até sua casa. Quando chega ali e vê a comoção dos presentes e a multidão ao redor, diz a todos que devem se retirar, pois "a menina não está morta, mas dorme". Lemos que as pessoas riem diante disso, mas "entrou Jesus, e pegou-lhe na mão, e a menina levantou-se". Finalmente, o evangelista acrescenta o refrão tradicional: "E espalhou-se aquela notícia por todo aquele país."

Obviamente, a leitura literal desse milagre faz de Jesus não um ser humano, mas um Deus disfarçado caminhando pela Terra. As correntes liberais da Igreja, por outro lado, acham que ele foi uma pessoa incomum e, com o tempo, todo tipo de contos e lendas maravilhosos lhe foram atribuídos. Então, argumentam, temos de afastar essas lendas para chegar ao "Jesus histórico" por trás delas. Aqui, a palavra mágica é "desmitificar". Essa explicação pode parecer razoável, mas o preço que pagamos por ela é eliminar completamente o sentido fortalecedor e inspirador dos Evangelhos.

Minha objeção contra isso, como expliquei em *O Cristo dos Pagãos*, é que, ao contrário da crença popular, o mito – um arquétipo profundo da consciência humana universal – veio primeiro, e acréscimos aparentemente objetivos foram feitos depois para ilustrar ou revelar todo o seu significado. Precisamos "remitificar", restaurar a dimensão mítica e examinar seu significado. Os relatos dos milagres simbolizam realidades mais profundas e ocultas que revelam verdades atemporais. Sabemos que os teólogos antigos viam a morte, os sonhos e estados análogos sempre como metáforas da alma em seu estado não desperto ou não iluminado. É a conscientização do espírito de Cristo, ou princípio de Cristo, que ilumina essa escuridão, que desperta uma pessoa do seu sono ou ressuscita os "mortos" para a vida. O Cristo se aproxima e a menina volta a viver. A consciência da presença do Cristo interior "sacode" nossa mente e coração mortos e lhes dá uma vida nova. É disso que trata esse milagre.

O milagre dentro de um milagre

Mas o que dizer sobre o outro milagre dentro da história da menina morta? É melhor citá-lo em suas três breves linhas de narrativa. Ele é contado imediatamente depois que Jesus se levanta para ir à casa da menina:

> E eis que uma mulher, que durante doze anos vinha padecendo de uma hemorragia, veio por trás dele e lhe tocou na orla da veste; porque dizia consigo mesma: Se eu apenas lhe tocar a veste, ficarei curada. E Jesus, voltando-se e vendo-a, disse: Tem bom ânimo, filha, a tua fé te salvou. E, desde aquele instante, a mulher ficou sã. (Mateus 9:20-22)

Se a história da filha do chefe da sinagoga ilustra o poder da consciência ou espírito de Cristo no plano individual, esse episódio breve é um desdobramento mítico de uma visão muito mais ampla e profunda sobre a evolução da alma humana. Em sua elegância críptica (isto é, "cifrada", "oculta"), ele apresenta um retrato de um dos momentos mais importantes da nossa história.

Na passagem, a mulher – que frequentemente representa a matéria (do latim "*mater*", "mãe") – é descrita como alguém que "durante doze anos vinha padecendo de uma hemorragia". Já vimos que o número doze tem papel relevante em muitos textos da antiga literatura sagrada. O sangramento é contínuo, mas por um período específico, predeterminado ou preestabelecido. Simboliza a Terra ou natureza, ou a incapacidade da matéria de conceber um certo "filho" ou fruto específico. Enquanto a mulher continua a menstruar, é um sinal de que a concepção não aconteceu, nem poderia. Mas, quando a mulher simbólica dessa história toca a orla da veste de Jesus, ou seja, quando entra em contato com o princípio de Cristo ou força divina, o fluxo de sangue termina. A mulher fica sã. O que isso representa é um momento muito antigo na evolução da humanidade, em que surgiram a consciência autorreflexiva e o Cristo interior. A história, portanto, é na verdade uma variante do mesmo tema expresso no capítulo 3 do Gênesis, quando os olhos de Adão e Eva se abrem e nasce a verdadeira consciência.

A verdade gloriosa é que toda essa experiência de voltar à vida e de conceber Jesus menino pode nos acontecer hoje em dia – e eu repito, não só uma única vez, num relâmpago cegante de suposta intervenção natural, mas todos os dias. Essa divindade interior, esse Atman ou Cristo dentro de nós, é o Espírito Santo, a chama ou raio interiores – a "lâmpada para os nossos pés", como está nos Salmos da Bíblia. S. Paulo diz em sua Segunda Epístola aos Coríntios: "Porque Deus, que disse: das trevas resplandecerá a luz, ele mesmo resplandeceu em nosso coração, para iluminação do conhecimento da glória de Deus, na face de Jesus Cristo."[10]

Mas devemos lembrar que isso de modo algum é uma garantia de que a vida sempre vai ser uma experiência de exultação e euforia. Somos seres espirituais vivendo na encruzilhada da existência material. É por isso que, às palavras citadas logo acima, Paulo acrescenta imediatamente o seguinte lembrete: "Temos, porém, este tesouro em vasos de barro [corpos físicos], para que a excelência do poder seja de Deus e não de nós. Em tudo somos atribulados, porém não angustiados; perplexos, porém não desanimados; perseguidos, porém não desamparados [...]." Para Paulo, a morte mística de Jesus na Cruz é sempre um símbolo poderoso do nosso próprio "calvário" no plano material, para seguirmos o caminho de Cristo.

Aliás, normalmente se pensa que, quando Paulo falava na morte de Jesus na cruz, estava se referindo a um fato histórico. Mas estudos recentes examinaram os textos mais de perto, à luz das óbvias características gnósticas do apóstolo. Na verdade, ele foi um tipo de cristão gnóstico, e os gnósticos defendiam a tese de que os "acontecimentos" dos Evangelhos, sobrenaturais ou não, eram só descrições terrenas do que se revelou num plano espiritual superior. A morte concreta e física de Deus era totalmente impensável para eles – assim como para mim. A realidade autêntica só pode ser encontrada no "Pleroma" (ou "*Koiné*" em grego), isto é, na plenitude dos céus. Na literatura hermética de origem egípcia no século II d.C., isso era chamado de "tabernáculo do círculo zodiacal".[11] É por esse motivo que, como vimos antes, embora Paulo ensine que Cristo foi crucificado, nunca menciona quando, onde ou por quem. Em outras palavras, ele não cita nenhum contexto histórico, pois para ele era um "acontecimento" sumamente celestial ou espiritual.

6

MILAGRES DA NATUREZA

A biografia de um mestre espiritual não é um relato de fatos históricos [...] É um símbolo da biografia espiritual desse homem, e todos os elementos dessa biografia são simbólicos. Precisamos ler da maneira correta para entender a mensagem.
— Joseph Campbell[1]

Jesus caminha sobre as águas

POR DOZE ANOS, entre 1971 e 1983, escrevi artigos e matérias sobre religião, em meu país e ao redor do mundo, como editor de religião do maior jornal diário do Canadá, o *Toronto Star*. Um dos incidentes mais curiosos desse trajeto aconteceu em 1982. Quando se anunciou que o Reverendo Billy Graham e sua equipe pretendiam visitar Toronto para uma cruzada evangelística de grandes proporções, que deveria durar uma semana, meus editores decidiram me mandar ao quartel-general de Graham em Minneápolis. O plano era encontrar-me com Graham ali e voltar com ele de avião para Toronto. Eu tinha de entrevistá-lo em detalhes para uma matéria de primeira página a ser publicada no dia seguinte, véspera da cruzada. Tudo correu maravilhosamente bem. Graham, que eu já conhecia pessoalmente de encontros e entrevistas nos anos anteriores, me convidou gentilmente a sentar-me a seu lado pelo período inteiro do voo, respondendo perguntas sobre assuntos bem variados, da legalização da maconha aos comentários de John Lennon, uma década antes, de que os Beatles eram "mais populares do que Jesus".

Tudo contribuiu para uma grande matéria, publicada como previsto como principal manchete no alto da primeira página no dia seguinte. Meus editores ficaram especialmente satisfeitos porque Graham concordou também em se encontrar comigo na manhã seguinte, no calçadão diante do lago de Toronto. Lembrando uma foto memorável do pastor evangélico publicada em tabloides britânicos cerca de 25 anos antes, às vésperas de sua primeira cruzada londrina na Harringay Arena – ele usava trajes esportivos e fazia *jogging* no Hyde Park –, levei um fotógrafo comigo para tentar alguma coisa parecida. Queria tirar uma foto dele correndo no calçadão diante do lago, com a Torre da CN e o resto da cidade de Toronto por trás.

Graham compareceu com seu assessor de imprensa e alegremente concordou em correr um pouco para nós. Uma pequena multidão de curiosos se juntou enquanto Graham corria duas ou três etapas curtas e a câmara clicava. O assessor de imprensa e eu estávamos conversando quando, de repente, vi uma expressão de horror em seu rosto e ele correu até a beira d'água, gritando: "Não! Pare!". Voltei-me e vi Billy Graham, sem sapatos e meias, caminhando sobre um contraforte de pedra exatamente no mesmo nível da superfície do lago. Aparentemente, o fotógrafo tinha observado que algumas gaivotas no contraforte davam a impressão incrível de estarem pousadas diretamente sobre a própria água. Ele decidiu imediatamente o que queria fazer.

O assessor de imprensa e eu ficamos apavorados. Além do fato de que nenhum de nós queria uma foto de Graham fingindo caminhar sobre as águas, havia o sério risco de que o pastor escorregasse e caísse na superfície da pedra lisa e úmida, coberta de algas. Foi um grande alívio quando o vimos sair dali e voltar para a margem. Aquelas fotos ficaram ótimas. Poderiam ter causado uma sensação, mas o *Star* nunca as publicou. Até onde sei, ainda estão guardadas em algum arquivo obscuro, longe dos olhares curiosos. Poderiam ter dado uma bela ilustração, mas os jornais e seus editores às vezes são mais sensatos do que se costuma imaginar.

O assunto que vamos discutir agora, é claro, é uma das histórias mais conhecidas do Evangelho, na qual os discípulos de Jesus, remando com esforço num barco, na escuridão da noite e no meio de uma tempestade, de repente veem Jesus caminhando sobre o mar. Ficam apavorados, pensando, com alguma razão, que estão vendo um fantasma de algum tipo. Jesus se dirige a eles com a frase característica: "Não temais", mostrando quem era realmente. Pedro, com seu arrebatamento típico – é o discípulo que sempre representa no drama algumas de nossas fraquezas mais humanas –, mesmo ainda em dúvida, diz: "Senhor, *se* és tu, manda-me ir ter contigo por cima das águas." Jesus responde: "Vem." Então, Pedro sai do barco e começa a andar "sobre as águas para ir ter com Jesus". Mas ele sente o vento forte e as ondas encrespadas. Lemos então que ele "teve medo" e começou a afundar.

De novo, essa passagem de Mateus não é um relato literal de algum acontecimento.[2] É puro mito. Mas é absolutamente cheia de significado para a evolução da nossa vida espiritual. Em primeiro lugar, nas escrituras antigas o mar é uma metáfora poderosa com muitos sentidos. É a mãe – "*mare*" em latim, "*la mer*" em francês – de todas as formas de vida. Não é à toa que a maioria dos personagens salvadores da Antiguidade tinha uma mãe chamada Maria, Meri, Maya ou alguma variante desses nomes. A própria água, como vimos, esotericamente representa a matéria.

Além disso, o mar, com sua força enorme e indomável, suas criaturas estranhas e profundezas ocultas, muitas vezes significa metaforicamente na Bíblia as paixões profundas, turvas, rebeldes dentro de nós, ou o poder selvagem das várias forças antagonistas no mundo exterior. Isso é verdade, por exemplo, nos Salmos, onde o salmista exclama a certa altura: "Todas as tuas ondas se abateram sobre mim", ou: "Puseste-me no abismo mais profundo." No Livro de Habacuque 3:15, Deus caminha sobre o mar "com os seus cavalos". Tanto Jesus quanto Buda e Hórus, do Egito antigo, andam sobre as águas do mar. Na verdade, segundo a tradição budista, Buda andou sobre a água em várias ocasiões diferentes.

Jesus patinando no gelo?

Um testemunho incrível da tendência de nossa cultura secular de literalizar e/ou desmitificar a História de Jesus sob qualquer pretexto foi publicado na imprensa, por uma espécie de acaso, justo no momento em que eu escrevia este capítulo. Na seção "Ideias" do *Toronto Star* de domingo, 9 de abril de 2006, havia uma manchete extraordinária: JESUS CRISTO PATINANDO NO GELO! Parecia um tipo estranho de blasfêmia canadense, até que li a seguinte notícia: um professor de oceanografia da Universidade Estadual da Flórida tinha conduzido uma pesquisa e chegara a uma explicação supostamente científica do "milagre" de Jesus caminhando sobre as águas. Escrevendo na *Revista de Paleolimnologia*, publicação científica do Canadá, um tal dr. Doron Nof e seus colegas afirmaram que processos incomuns de congelamento provavelmente transformaram em gelo parte do Mar da Galileia (que é um mar de água doce). Com detalhes que não vêm ao caso aqui, eles elaboraram a hipótese de que Jesus provavelmente não andou sobre a água, mas sobre a superfície do gelo. A distância, os discípulos poderiam ter se enganado facilmente.

O mesmo tipo de confusão primária entre mito e história seduz alguns cientistas com regularidade previsível em todos os Natais, quando eles tentam inventar novas explicações para a Estrela de Belém. Nesses casos, são os cientistas que acabam parecendo tão burros e estreitos quanto os literalistas mais radicais da Bíblia. Em boa parte da mitologia antiga, a estrela mística é um elemento regular da mensagem esotérica. Ninguém com um mínimo de instrução na Antiguidade encarava a estrela de Belém como um fato da vida. Uma leitura deturpada do mito sempre leva à distorção e à incompreensão total do significado interior.

"Caminhar sobre o mar", portanto, simboliza o controle sobre todas as forças psicológicas e outras que tentam deter nosso espírito e impedir nosso caminho evolutivo em direção a uma maturidade e uma alegria muito mais plenas. O texto diz que Cristo – a centelha ou chama da consciência espiritual dentro de nós – veio andando sobre as ondas do mar na "quarta vigília da noite", um pouco antes do nascer do sol. Os filósofos antigos sabiam, como vimos, que existem quatro estágios em nosso desenvolvimento e na evolução em geral. Primeiro vem o estágio mineral; depois, o vegetal; depois, o orgânico ou animal; por último, no meio do quarto estágio ou "vigília" – o estágio humano –, vem o despertar da consciência autorreflexiva. Ela nos dá o poder de escolher entre o certo e o errado e a capacidade de intuir o Divino.

Esse poder, essa centelha do fogo divino em todos nós, pode ser cultivada e incentivada até virar uma chama plena. Então, ela passa a ter a dinâmica de nos acalmar de nossos temores e nos salvar do "afogamento" sob as preocupações e, às vezes, os desastres da nossa vida cotidiana. Interiormente, podemos conversar com esse Eu Superior (que Sócrates chamava de seu "Demônio") ou rezar para ele, para recuperarmos a tranquilidade. A mensagem é clara: para "caminhar sobre as águas" da vida, temos de aprender a dirigir nossa visão interior para o Divino – dentro e fora de nós. O lema do Jesus dos Evangelhos é sempre "Não temais", e esse lema ainda vale para nós hoje em dia. Muitas vezes me perguntam se ainda costumo rezar. Sim, rezo todos os dias – não tenho escolha. Não é o velho pedido do tipo: "Me dê isso, me dê aquilo", que eu dirigia quando jovem a algum "chefão" externo entronado no céu. Muitas vezes, é uma oração de confirmações ou, ainda com mais frequência, uma oração de espera silenciosa, até que se manifeste a voz interior.

O milagre dos pães e dos peixes

O cenário do capítulo 6 de Marcos é idílico – uma colina perto de um lago tranquilo. Perseguido pela multidão, Jesus leva os apóstolos até um lugar deserto, para descansarem um pouco: "E foram sós num barco para um lugar deserto."

Mas, de acordo com Marcos, os seguidores de Jesus não só viram o que estava acontecendo, como também "correram para lá, a pé, de todas as cidades". Na verdade, correram com tanta pressa que de alguma maneira conseguiram chegar "primeiro do que eles". Aqui, o exagero é óbvio, assim como a imprecisão absoluta sobre tempo e lugar. Está claro que Marcos simplesmente constrói um "acontecimento" especial por motivos dramáticos e teológicos. Portanto, Jesus vai à praia e, sentindo pena das pessoas presentes "porque eram como ovelhas que não têm pastor", começou a "ensinar-lhes muitas coisas". Observe que, como acontece tantas vezes nesse Evangelho, Marcos nos provoca dizendo que Jesus ensinou "muitas coisas", mas se esquece totalmente de explicar que ensinamentos foram esses. Com exceção da parábola do semeador, seu Evangelho praticamente não traz ensinamentos detalhados. Como disseram alguns estudiosos, o texto de Marcos é simplesmente a narrativa da Paixão precedida de uma espécie de longa introdução.

Então, continua Marcos, como já era tarde e eles estavam todos num lugar deserto, os discípulos sugeriram a Jesus que despedisse a multidão, para que ela pudesse caminhar até uma aldeia ou cidade vizinha para comprar comida. Mas Jesus responde aos discípulos que eles mesmos deviam dar comida às pessoas. Naturalmente, eles ficam um pouco surpresos e até chocados, perguntando se Jesus esperava que eles fossem à aldeia e comprassem "duzentos dinheiros de pão" para alimentar todos os presentes. Jesus, então, pergunta: "Quantos pães tendes?" Marcos não explica como, mas os discípulos rapidamente se informam sobre isso e dizem: "Cinco pães e dois peixes." Como sempre, o número total – sete – tem valor simbólico. Geralmente, é um símbolo da perfeição. Por fim, Jesus diz aos discípulos para "assentarem a todos, em ranchos, sobre a erva verde". Ficamos sabendo que os presentes se sentam "repartidos de cem em cem, e de cinquenta em cinquenta".

Aqui vai o texto literal do "milagre" que se seguiu, de acordo com Marcos:

Tomando ele os cinco pães e os dois peixes, erguendo os olhos ao céu, os abençoou; e, partindo os pães, deu-os aos discípulos para que os distribuíssem; e por todos repartiu também os dois peixes. Todos comeram e se fartaram; e ainda recolheram doze cestos cheios de pedaços de pão e de peixe. Os que comeram dos pães eram cinco mil homens. (Marcos 6:41-44)

Devemos observar que, na esteira de Marcos, nesse momento Mateus aumenta as proporções do milagre, terminando com as palavras: "E os que comeram foram quase cinco mil homens, *além das mulheres e crianças.*" Levado ao pé da letra, esse dado significa que talvez um total de quinze mil pessoas foram saciadas.

Marcos, não contente com essa proeza notável (de acordo com os literalistas), apresenta prontamente ao leitor um segundo milagre de Jesus dando de comer à multidão, no capítulo 8, logo adiante. Dessa vez, o milagre envolve mais de quatro mil pessoas em outro local deserto. Seria normal achar que os discípulos, lembrando-se do primeiro acontecimento, já sabiam o que iria acontecer. Mas, de novo, eles perguntam ingenuamente: "De onde poderá alguém satisfazê-los de pão aqui no deserto?" Temos de ler a passagem na íntegra:

"Naqueles dias, quando outra vez se reuniu grande multidão, e não tendo eles o que comer, chamou Jesus os seus discípulos e lhes disse: Tenho compaixão desta gente, porque há já três dias que permanecem comigo e não têm o que comer. Se eu os despedir para suas casas, em jejum, desfalecerão pelo caminho; e alguns deles vieram de longe. Mas os seus discípulos lhes responderam: De onde poderá alguém fartá-los de pão neste deserto? E Jesus lhes perguntou: Quantos pães tendes? Responderam eles: Sete. Ordenou ao povo que se assentasse no chão. E, tomando os sete pães, partiu-os, após ter dado graças, e os deu a seus discípulos, para que estes os distribuíssem, repartindo entre o povo. Tinham também alguns peixinhos; e, abençoando-os, mandou que estes também igualmente fossem distribuídos. Comeram e se fartaram; e dos pedaços restantes recolheram sete cestos. Eram cerca de quatro mil homens. Então, Jesus os despediu. Logo a seguir, tendo embarcado juntamente com seus discípulos, partiu para as regiões de Dalmanuta. (Marcos 8:1-10)

Claramente, embora os ultraconservadores não concordem, as duas histórias narradas em Marcos são uma duplicação de um único relato original. Talvez Marcos simplesmente estivesse seguindo a tradição, registrada no Antigo Testamento, de que duas testemunhas são necessárias para estabelecer a verdade de qualquer incidente ou caso diante da lei. O fato é que não sabemos. Curiosamente, tanto Lucas como João omitem inteiramente o segundo "milagre". Mas, no relato de João, acrescenta-se o detalhe comovente de um "rapaz" com seu almoço de "cinco pães de cevada e dois peixinhos" (de novo o número sete). O rapaz oferece a comida, que mais tarde é multiplicada para todos os presentes, saciando todos eles e ainda deixando um resto ("sobejo") de doze cestos cheios.

Como isso é possível?

Claramente, o significado dessa história, comum a todos os quatro Evangelhos, não é histórico, mas sim teológico. Basta ler o relato no contexto da longa discussão sobre Jesus como "pão da vida", que se segue no capítulo 6 do Quarto Evangelho. A história ou o fato concreto não tem absolutamente nada a ver com o que o milagre nos diz. Na superfície, é claro, as cinco versões diferentes da alimentação milagrosa nos Evangelhos parecem descrever um truque mágico, digno dos personagens de um livro de Harry Potter ou das lendas de Merlin. Os que insistem que essas narrativas são literais – pois cada palavra da Bíblia deveria ser a Palavra inspirada de Deus – são assim levados a acreditar num Jesus impossível, espécie de mago e super-homem, alguém totalmente diferente dos humanos em carne e osso que ele ostensivamente veio "salvar". Mas essa não é a mensagem genérica do Novo Testamento. O texto sagrado insiste também, em todos os momentos, que, como Osíris na mitologia egípcia, Jesus foi um de nós em todos os sentidos – exceto pela ausência do pecado. Se fecharmos nossos olhos e suspendermos o senso crítico, esse tipo de intervenção supostamente sobrenatural ganha um sentido primário e vulgar. Mas a maioria das pessoas pensantes simplesmente ignora esse tipo de intervenção nos mecanismos normais da natureza, ou zomba de quem acredita nela.

Há muito tempo, Thomas Jefferson descobriu um jeito de lidar com o dilema que essas histórias representam para os que valorizam a razão como um dos maiores dons de Deus: ele simplesmente pegou uma tesoura e eliminou todos os milagres e outros relatos sobrenaturais do seu exemplar do Novo Testamento. Estudiosos com muito mais sofisticação bíblica – como Rudolph

Butmann –, e a maioria dos cristãos liberais que os seguem, escolheram o caminho da desmitificação. Eles admitem que as passagens em questão certamente não são históricas – são míticas por natureza. Sua solução, portanto, é eliminar toda a mitologia mentalmente, em vez de usar uma tesoura. Dessa maneira, o verdadeiro mito como portador da verdade atemporal não é entendido em seu papel e função específicos, e sim descartado como um acréscimo a um suposto relato "propriamente dito", que não passa de uma pequena parte do texto.

Algumas outras tentativas para lidar com esses milagres seriam ridículas, se não fossem tristemente artificiais. Por exemplo, C. S. Lewis, em seu livro *Miracles* e em outros escritos apologéticos, tenta conciliar as coisas dizendo que, na multiplicação dos pães e dos peixes, Deus (que ele parece igualar a Jesus, embora nem S. Paulo nem os Evangelhos cheguem a esse ponto) estava só "acelerando" num breve momento de tempo o que faz todos os dias, de maneira natural, nos campos férteis e nos oceanos. Tenho grande respeito por Lewis como professor de inglês e por sua defesa corajosa e articulada do Cristianismo contra os ateus, algum tempo atrás, mas deve-se dizer que ele nunca foi um estudioso da Bíblia nem um teólogo. Suas explicações ansiosas dos milagres não explicam nada – só fazem aumentar a mistificação.

Ainda pior do que as teorias confusas de ex-docentes de Oxford são as tentativas frágeis de pregadores liberais de contornar os problemas, apelando para explicações cândidas como – por exemplo – de que o relato de João contém a pista certa. O rapaz que ofereceu seu almoço foi um exemplo tão comovente e altruísta para todos os presentes, que eles resolveram revirar bolsos e sacolas, tirando seus próprios mantimentos e acessórios e juntando-os numa espécie de "piquenique ao ar livre", na grama verde. É o que na Inglaterra se pode chamar de "bela tentativa". Mas no texto não há nenhuma sugestão nesse sentido. Embora ela satisfaça os que reduzem os temas do Evangelho a uma moral bem-educada de classe média, a chave da história não é o fato de que boas coisas acontecem quando todos dividem o que têm.

Pão no deserto

Portanto, o que realmente acontece aqui? Um leitor moderno tem condições de descobrir um sentido profundo e verdadeiro nesses relatos? Acredito que a resposta é "sim", mas de novo ela depende totalmente de encararmos o mitológico como algo puramente mítico, em natureza e conteúdo. Para usar um termo que empreguei antes, e que recomendo de todo o coração, temos de "re-mitificar" os Evangelhos, não "desmitificá-los", para então tentar entender o que os mitos pretendem transmitir. É justamente o elemento mítico nas histórias de cura e milagres naturais que contém a verdade atemporal tão necessária e relevante para a situação difícil de cada um de nós hoje em dia. Essa é a verdadeira glória do Evangelho. Negar essa glória, como acontece a tantos fiéis hoje em dia, é recusar a "água da vida" que a religião deveria nos oferecer.

A verdade é que nenhum desses milagres aconteceu realmente. Nunca foi encontrada – e nunca será – uma única letra escrita por alguém desse período dizendo que estava presente a esses "acontecimento" e testemunhou essas maravilhas e portentos. Mas as verdades que essas histórias contêm são atemporais e essenciais para nossa compreensão e evolução espirituais hoje em dia. (Antes de seguir adiante, lembre-se de que, muitas vezes, os símbolos e mitos dos antigos textos sagrados são "polivalentes", isto é, têm vários níveis de significado, alguns deles às vezes até aparentemente contraditórios. Lúcifer é um exemplo disso. Seu nome significa "portador da luz" – ou literalmente "o que leva o archote" – e ele era a "estrela da manhã", mas também simboliza a figura mítica de Satanás, ou o acusador "Diabolos".)

Antes de tudo, temos de lembrar que uma das preocupações dos autores do Novo Testamento era apresentar o personagem de Jesus como um segundo Moisés. Havia uma profecia de que alguém estava crescendo para ser "semelhante a Moisés", só que maior. Por isso (como veremos adiante), Mateus mostra Jesus pregando seu Sermão fictício numa Montanha: Jesus, o segundo Moisés, tinha de trazer uma nova Lei do alto da montanha, assim como Moisés trouxe os Mandamentos do monte Sinai. É por isso que Jesus foge para o Egito quando bebê (segundo a história) e depois é chamado "de volta do Egito", como no caso de Moisés. Também é por isso que o bebê Jesus sofre ameaças, assim como o bebê Moisés fora ameaçado antes disso. Assim como existe um José "sonhador" no relato original de como Moisés chegou ao Egito, existe um José com seus sonhos nas narrativas da Natividade nos Evangelhos. Por fim, para ser encarado como igual e até superior a Moisés, Jesus tem de ser mostrado operando milagres, por exemplo alimentando as multidões, assim como Moisés convenceu Deus milagrosamente a alimentar os Filhos de Israel durante a estada deles no deserto. Moisés conseguiu que o "maná" (alimento milagroso) fosse mandado em forma de chuva aos israelitas no deserto. Não é à toa, portanto, que Jesus é descrito como alguém que distribui pães no deserto.

Nossa fome profunda

Mas isso é só um começo de interpretação da multiplicação dos pães e peixes. Para seguir adiante, temos de examinar mais perto tudo o que o pão implica enquanto símbolo esotérico. Ele tem um papel importante nas mitologias do Egito antigo e outras culturas da Antiguidade.

Antes de mais nada, observe que, na descrição de Marcos do segundo milagre da multiplicação, Jesus diz que a multidão tinha jejuado ou estava sem comer havia três dias. O número três, como vimos antes neste livro, assim como em *O Cristo dos Pagãos*, ocorre com frequência impressionante ao longo da Bíblia. Muitas vezes, ele serve para marcar um período de concepção, de recomeço, de vida nova. Jonas esteve por três dias na barriga de um peixe, Jesus ressuscitou no terceiro dia – como Osíris e Adônis –, Moisés pediu ao Faraó que deixasse os judeus partirem numa jornada de três dias para venerarem seu Deus no deserto. O dado astronômico por trás disso, como vimos, é o período de três dias a cada mês em que a Lua não é visível da Terra. Segundo a crença, nesse período ela tinha relações míticas com o Sol para conceber a Lua nova. Mas, do ponto de vista evolutivo, o número três representa as fases de desenvolvimento antes do quarto estágio – o despertar do princípio de Cristo, da Mente Divina, em todo ser humano.

Portanto, os três dias que a multidão passou sem comer representam alegoricamente os três estágios anteriores. Eles nos falam de uma fase evolutiva em que os humanos simbolicamente passam "fome no deserto" à espera da "mente de Cristo", que é o pão do milagre. Lembre-se de que o número de pães e peixes chega a sete. Sete, de novo, é o número da perfeição, mas é também um símbolo das sete etapas de desenvolvimento que temos de atravessar na vida para completar cada ciclo, e assim por diante. Sendo a soma de 3 + 4, 7 contém os números básicos de todo o universo. Quatro é o número do quadrado – a forma elementar e origem de todas as estruturas mais complexas; três é o número do triângulo, além de representar tudo o que já foi dito acima. E, o mais importante, três vezes quatro dá doze, um número crucial que, entre outras várias coisas, representa os vários signos do Zodíaco no céu acima de nós.

No simbolismo antigo, o pão tem relação profunda com duas "casas" ou signos do Zodíaco: Virgem e Peixes. Muitos sabem que, por definição, Peixes é a casa dos peixes, mas é muito menos conhecido o fato de que, no antigo simbolismo esotérico baseado em conhecimentos astronômicos e astrológicos, Virgem era a casa do pão. Por isso, quando a constelação de Virgem se erguia a leste do horizonte, no dia 24 de dezembro, acreditava-se que ela levava no braço esquerdo o Jesus Menino ou o símbolo do princípio de Cristo, apresentado como um presente para toda a humanidade, e na mão direita Spica, a estrela mais brilhante de toda essa constelação, que em latim significa "espiga" ou inflorescência do milho e do trigo. Assim, simbolicamente, a vinda de Cristo é a oferenda do pão divino. É por isso que no Quarto Evangelho, no contexto do milagre da multiplicação dos pães e peixes, o autor fala em Jesus como "pão da vida": "Porque o pão de Deus é aquele que desce do céu e dá vida ao mundo."[3]

Como Hórus antes dele, Jesus diz: "Sou o pão da vida." Em outras palavras, se o princípio divino encarnado em cada um de nós for reconhecido e assimilado plenamente, torna-se o segredo da própria vida – não só da vida física, como da vida imortal, a vida para sempre. É isso o que realmente significam todas as expressões do Novo Testamento sobre "comer o corpo de Cristo". Não há a menor intenção de transmitir – coisa abominável para qualquer judeu ortodoxo daquela época ou de hoje – o sentido literal de comer de fato a carne ou o corpo de alguém. Era uma metáfora inteiramente pagã (egípcia e grega) e inteiramente alheia às tradições do judaísmo. O mesmo pode ser dito de toda a ideia de um deus-homem que morre e ressuscita: ela também tem raízes pagãs, não judaicas. Na verdade, poucas coisas estão menos de acordo com as tradições do judaísmo.

A Sagrada Comunhão

O sacramento da Sagrada Comunhão, ou Eucaristia, é portanto um ritual simbólico e espiritual pelo qual nos "alimentamos" das energias divinas que chegam até nós, na realidade viva da Encarnação, por meio do Espírito Divino interior. O registro cuidadoso do fato de que muitos restos de pão e peixe – doze cestos cheios – foram reunidos depois do "milagre" indica a verdade de que o princípio de Cristo foi inicialmente conferido a cada um de nós pela fragmentação em unidades individuais, e nenhum fragmento se perde no final. Como diziam os antigos: "Os deuses distribuem divindade." Além disso, há uma razão profunda para os Evangelhos de Mateus e Lucas dizerem que Jesus nasceu em Belém, afora o fato de que era em Belém que, segundo a profecia, o Messias iria nascer. *Beth Lechem*, em hebraico, significa "a Casa do Pão". Da mesma maneira, muito antes de Jesus, a cidade natal de Hórus no Egito era Anu, lugar dos "pães que se multiplicam".

Sob o signo de Peixes

Segundo a sabedoria de culturas antigas, cada um de nós tem duas "mães": uma que nos dá o nascimento natural, e outra que nos dá o nascimento espiritual. Nesse plano simbólico, Virgem, a "casa" do pão, é a primeira "mãe" e Peixes, a "casa" do peixe, é a segunda. No pensamento esotérico, o corpo humano abriga as duas "mães" – ou seja, o corpo é uma "casa" dupla de pão e peixe. Como disse S. Paulo: "Há um corpo físico [natural] e há um corpo espiritual." Em termos evolutivos, o peixe (primeiro organismo na escala evolutiva capaz de respirar submerso em água, isto é, na matéria) era um símbolo da encarnação – essência espiritual capaz de "nadar e respirar" num corpo material ou aquático. Assim, tornou-se uma escolha óbvia para representar o Cristianismo.

O Jesus dos Evangelhos é caracterizado por símbolos piscianos (de Peixes). Nas catacumbas romanas, o sinal do peixe era uma indicação secreta da presença cristã, e nas representações artísticas podem-se ver dois peixes cruzados num prato de altar, na testa de Cristo ou em seus pés. Por um bom tempo nos primeiros séculos d.C., os cristãos eram conhecidos entre os romanos como *Pisciculi*, ou "Peixinhos". Portanto, eram membros do "culto do peixe". Em grego, a palavra *ichthys* ("peixe") forma um acróstico de "Jesus Cristo, filho de Deus, nosso Salvador". Há uma história estranha no Evangelho de Mateus.[4] Jesus diz a Pedro que vá ao mar e "lance o anzol". Então, Pedro deve abrir a boca do peixe que pescou para encontrar ali uma moeda. Essa metáfora simples mais uma vez mostra que o peixe – vida orgânica que respira dentro d'água, simbolizando assim a vida humana num ambiente aquático ou material – traz algo de grande valor dentro de si. É um hieróglifo ou imagem esotérica da Encarnação – uma "moeda de ouro" num ambiente que parece ser feito só de água.

Sempre que releio os relatos mitológicos das "multiplicações" milagrosas e percebo de novo a mensagem de exaltação expressa sob as palavras, sinto-me mais ou menos como na eucaristia ou na missa, quando minha mente consegue atravessar o exterior literal para chegar à verdade por trás de toda a pompa, do simbolismo e do ritual. Existe uma gratidão profunda no mistério que chamamos de "Deus", pois sua graça e generosidade infinitas me dão a chama divina que habita em meu coração e minha vida. O conhecimento e a vivência disso, pelo hábito de pensar frequentemente a respeito e pela meditação, são o verdadeiro "pão" que alimenta minha alma diariamente. Na comunhão, descubro que geralmente consigo abstrair todos os acréscimos e literalismos do ritual – sem contar todo o palavreado, como se Deus precisasse nos lembrar de seus "feitos assombrosos" no passado – concentrando-me ou meditando sobre isso. Recomendo aos leitores destas páginas que tentem fazer o mesmo. Precisamos de rituais que tenham sentido. Apesar de muitas coisas na missa que podem nos desconcertar e às vezes até nos contrariar intelectualmente, podemos mergulhar no verdadeiro "milagre" do dom divino que é tão facilmente acessível a cada um de nós. Na missa, nós nos reunimos para "re-lembrar" – para restaurar a unidade do "corpo" divino, isto é, o dom original de Deus.

Transformando água em vinho

Como vimos, o Evangelho de João, ou Quarto Evangelho (como é chamado para diferenciá-lo dos três sinópticos), chama de "sinais" os milagres atribuídos a Jesus. Em outras palavras, o autor quer deixar perfeitamente claro que o sentido dos sinais, que não por acaso totalizam o número de sete, é simbólico ou alegórico. Isso inclui a cura do homem cego e outras curas discutidas acima. No entanto, ao longo dos séculos até os literalismos de hoje, a grande maioria dos cristãos comuns simplesmente supôs que os milagres têm sentido literal e corriqueiro – e o clero, em sua maior parte, mesmo conhecendo melhor o assunto, fez pouca coisa para evitar o mal-entendido.

O problema fica evidente já no primeiro "sinal", ou *semeion* em grego, que João, no capítulo 2 do seu Evangelho, descreve como o início do ministério público de Jesus. Ele nos conta que, "no terceiro dia" – uma fórmula que o leitor já conhece bem a essa altura –, houve um casamento ("bodas") num lugar chamado Caná da Galileia. É uma história bem conhecida dos leitores da Bíblia. O texto diz que Maria, mãe de Jesus, estava presente ao festejo, e Jesus, junto com seus discípulos, também fora convidado. (O autor supõe que sabemos que Jesus já tinha um grupo de discípulos, embora até então o Evangelho de João só tenha mencionado os quatro que conhecemos no capítulo 1: Pedro, André, Filipe e Natanael.) Seja como for, a provisão de vinho para o casamento acaba de repente, e a mãe de Jesus comunica esse contratempo a seu filho.

Então, ela ouve o que muitos estudiosos consideram uma resposta bastante dura: "Mulher, que tenho eu contigo?" Outras traduções dizem: "Mulher, que nos importa a mim e a ti isso?" Em seguida, vem o comentário (que parece pouco convincente): "Ainda não é chegada a minha hora." Muitas pessoas não se sentiriam bem com esse tipo de resposta na "vida real", mas Maria, segundo João, toma o que parece uma repreensão como um consentimento pleno para agir, pois diz imediatamente aos serventes: "Fazei tudo quanto ele vos disser."

Nesse momento, o texto diz que havia ali seis talhas (vasos) de pedra "para as purificações dos judeus" (os ritos judaicos de purificação). Em cada uma, segundo João, "cabiam dois ou três almudes" (de 64 a 96 litros). Jesus pede aos serventes que encham as talhas com água "até em cima". Então, pede-lhes que tirem um pouco da água e levem-na ao "mestre-sala" (chefe do cerimonial) para que prove dela. Logo depois de prová-la, o mestre-sala, por sua vez, chama o noivo e lhe diz as palavras bem conhecidas: "Todo o homem põe primeiro o vinho bom e, quando já têm bebido bem [isto é, quando os hóspedes já estão bêbados], então o inferior; mas tu guardaste até agora o bom vinho."

Todos os que conhecem bem não só a Bíblia judeu-cristã, como também as outras "Bíblias" ou escritos sagrados do antigo Oriente Próximo, sabem que o simbolismo do vinho é quase uma constante. Muitos deuses da Antiguidade eram deuses do vinho, desde Hórus no Egito até Dionísio ou Baco nas antigas Grécia e Roma. Como observei em meu livro *The Spirituality of Wine*, o vinho, as uvas e os vinhedos são mencionados centenas de vezes, tanto no Antigo quanto no Novo Testamento. O vinho, sendo um composto de espírito (fermentação) e matéria (água), era o símbolo perfeito do milagre da Encarnação – modelo, hieróglifo ou analogia do Cristo em cada um de nós.

As forças terrenas se tornam divinas

Já vimos que houve uma progressão de quatro etapas em nossa evolução: mineral, vegetal, animal e finalmente humana. Os antigos acreditavam que esta última fase, a humana, passava por sua vez por sete estágios. O sétimo ou último estágio (que significa a perfeição) era o do Cristo interior. Os seis vasos de água, portanto, representam os estágios terrenos ou elementares no desenvolvimento encarnador do princípio de Cristo, até chegarmos ao sétimo estágio – o florescimento pleno da humanidade, cujo modelo ou preenchimento é a pessoa de Jesus. Quando o reivindicamos ou reconhecemos dentro de nós, esse estágio ou "juízo" final, herança espiritual de todos os membros da família humana, cria uma grande diferença entre a existência comum e a vida plena; é como a diferença entre um vinho realmente bom e a água comum. Aliás, é interessante observar que, quando Marcos descreve a transfiguração de Jesus, no capítulo 9, conta que ela também ocorreu "depois de seis dias".[5] De novo, o sentido é simbólico e não tem nada a ver com a cronologia real.

Já que, de vários pontos de vista, o Evangelho de João é encarado pelos estudiosos como o mais "antijudaico" (seria errôneo dizer "antissemítico", pois o autor provavelmente era judeu), não é supresa o fato de que o editor faz questão de explicar que os vasos se destinavam aos vários ritos judaicos de purificação, como lavar as mãos antes das refeições. Em sua opinião, isso ilustra (já que agora os vasos contêm vinho) a superioridade da versão cristã da verdade sobre a fé judaica que lhe deu origem. Mas, felizmente, esse não é seu objetivo principal no relato. Ele só quer ressaltar, desde o início de tudo o que tem a dizer, que a mensagem de Jesus é como a "mania divina" de Platão, a intoxicação da mente e dos sentidos com a experiência viva da presença de Deus em nosso meio e em nosso coração. É a mesma diferença entre a água e o vinho. Relendo a passage agora, percebo claramente esse sentido profundo. Não se trata mais do ato semimágico de um "herói" distante, mas de um exemplo do impacto na vida de todos nós quando despertamos ou nos apropriamos da realidade da mente e do espírito de Cristo, que geralmente fica adormecida ou incógnita no cerne do nosso ser.

Observe que havia "seis talhas de pedra [ou de barro]". Jesus, que simboliza o sétimo poder transformador, vem para transformar a natureza resultante das seis primeiras manifestações da vida primária em algo espiritualmente mais elevado. A missão de Cristo é sempre a de converter ou transfigurar os seis elementos básicos, ou forças da "pedra" – isto é, terrenas –, em algo divino. Assim como um único raio de luz se separa em sete cores ao passar por um prisma, os antigos acreditavam que, tanto no reino natural quanto espiritual, os processos básicos formavam uma progressão de sete estágios de desenvolvimento a partir da fonte de toda a vida.

Sabemos que Hórus, do Egito, transformou a água em vinho e era um deus do vinho. Mas, para dar uma ideia da extensão do contexto cultural e religioso implícito na história das bodas de Caná, no Evangelho de João, aqui vai um trecho da famosa peça de Eurípides (c. 480-406 a.C.) chamada *As Bacantes*. Trata-se aqui de outro deus do vinho, Baco ou Dionísio:

> Em seguida veio o filho da virgem, Dionísio,
> trazendo vinho, o oposto do pão,
> e as bênçãos da seiva generosa da vida.
> Seu sangue, o sangue da uva,
> alivia o fardo da miséria humana.
> Quando, depois da labuta diária, os homens bebem sua dose,
> o sono vem a eles, libertando-os de todos os problemas.
> Não há outra cura para a dor. Embora ele seja um deus,

é o sangue dele que vertemos
para dar graças aos deuses. E por meio dele
somos bem-aventurados.⁶

Portanto, a metáfora tão sugestiva de transformar a água em vinho é uma maneira realmente poderosa de condensar o verdadeiro sentido da história de Jesus: a transformação que acontece quando o segredo de estarmos totalmente vivos e conscientes, como filhos e portadores da Luz interior, se revela a nós. Segundo João, essa é a chave para viver a vida "com mais abundância".

7

O SERMÃO
DA MONTANHA

*A referência primária de nossos símbolos [religiosos]
não é a história, e sim nossa identidade interior.*
— Joseph Campbell: *The Power of Myth*

O maior sermão que nunca foi pronunciado

TODO MÊS DE DEZEMBRO, nos doze anos (de 1971 a 1983) em que fui editor de religião do *Toronto Star*, tive uma das maiores oportunidades e privilégios com que um jornalista pode sonhar. Contanto que houvesse ali um assunto interessante, eu podia viajar para qualquer lugar do mundo que quisesse, geralmente acompanhado por um fotógrafo, para reunir material para uma reportagem em série a ser publicada na primeira página, como especial de Natal. Isso me levou a Calcutá, a Belém, ao Alto Ártico, para mencionar algumas viagens. Mas uma das mais notáveis e memoráveis foi a que deu origem à série de 1980, cuja manchete era "HISTÓRIA DE DUAS MONTANHAS".

As montanhas eram o monte Sinai, onde Moisés, segundo a Bíblia, recebeu os Dez Mandamentos, e o monte das Beatitudes, onde se acredita geralmente que Jesus pronunciou o Sermão da Montanha. Acampamos nos dois locais, e passei pela experiência de ler as "beatitudes" em meu exemplar surrado do Novo Testamento em grego, enquanto contemplava ao longe o mar da Galileia. (As "beatitudes", ou "bem-aventuranças", são os nove ensinamentos que Jesus pregou no início do Sermão da Montanha.) A "montanha" é na verdade uma colina bastante baixa. Mas, mesmo com o ir e vir dos turistas, atraídos pela linda igreja católica no topo, a paz e a tranquilidade do local são inegáveis. Enquanto eu lia em silêncio, uma missa era celebrada por algum padre franciscano, e ouvi claramente, em francês, o verso imortal no início do sermão: "Bem-aventurados os pobres de espírito, porque deles é o reino dos céus."

Portanto, no assunto que vou comentar a seguir, estamos em território muito familiar – e sagrado. Sobre o discurso que ficou universalmente conhecido como "Sermão da Montanha" (embora uma versão abreviada em Lucas afirme explicitamente que ocorreu numa planície), já se escreveu e se pregou mais do que sobre qualquer outra passagem da Bíblia. Mais uma vez, uma olhada rápida no Google (serviço de busca na Internet) aponta instantaneamente quase dois milhões de páginas ou referências de algum tipo. Discutir mesmo uma pequena porcentagem das várias opiniões e interpretações de acadêmicos, religiosos e muitos outros sobre a natureza e o conteúdo do Sermão exigiria não só um livro inteiro, como até uma coleção de vários volumes. Embora boa parte do seu texto seja sublime, o "Sermão" também apresenta vários problemas, algumas contradições e desafios intelectuais e morais de vários tipos.[1]

Para formular o tema da maneira mais simples possível desde o início, a maioria dos estudiosos acredita que o "Sermão" é na verdade um compêndio de provérbios e ditos de sabedoria muito variados, que vão desde as próprias bem-aventuranças até a oração do pai-nosso, a chamada "regra de ouro" ("Portanto, tudo o que vós quereis que os homens vos façam, fazei-lho também vós, porque esta é a lei e os profetas") e a parábola sobre o "homem prudente" que construiu sua casa sobre a rocha, enquanto o "homem insensato" construiu a sua sobre a areia. O "Sermão" ocupa ao todo três capítulos (Mateus, capítulos 5 a 7) e cerca de 110 versículos.

Tudo o que posso fazer aqui com alguma profundidade é explicar ao leitor os pontos mais importantes e interpretar os ensinamentos cruciais, que são as bem-aventuranças. De modo geral, o "Sermão" é louvado ao máximo por quase todas as pessoas e encarado como a pura essência do Cristianismo ortodoxo. Mas descobri ao longo dos anos que poucos dos que o elogiam tanto se deram ao trabalho de o ler na íntegra, e muito menos de tentar entender sua mensagem como um todo. Seu alto valor moral é simplesmente uma suposição. Um exame mais atento revela altos ideais e alguns marcos excelentes para o nosso desenvolvimento espiritual, mas também levanta vários problemas.

Algumas informações prévias

O escritor mais antigo do Novo Testamento não menciona o Sermão da Montanha uma vez sequer (ou sua variante, o da planície em Lucas). S. Paulo, como é bem sabido, nunca cita explicitamente nenhum dos ensinamentos do suposto Jesus histórico, com exceção de um, e esse não se encontra em lugar algum dos Evangelhos! Está nos Atos dos Apóstolos: "Mais bem-aventurada coisa é dar do que receber." Sua transcrição das palavras de Jesus na Santa Ceia foi "recebida do Senhor" – numa visão, em outras palavras – e é uma fórmula que a maioria dos acadêmicos acredita ser baseada nas "Religiões de Mistério". E mais: o Evangelho de Marcos, o mais antigo, escrito um pouco depois de 70 d.C., tampouco menciona um sermão desse tipo. O mesmo acontece no Evangelho de João, o último e mais avançado (em termos de cristologia, ou tratado sobre a doutrina de Jesus) de todos eles.

Sem alongar a questão desnecessariamente, pode-se dizer com segurança que o Sermão da Montanha é uma construção inteiramente artificial dos redatores ou editores de Mateus, e que o local em que foi dito também é totalmente fictício. Em outras palavras, foi escrito por várias "mãos". Meu ex-professor de Novo Testamento, Frank W. Beare, que escreveu um comentário clássico sobre esse Evangelho, acreditava que o sermão era um produto do que ele chamava "Escola de Mateus". O mais antigo comentarista a discutir o local onde o sermão teria acontecido foi Jerônimo (342-420 d.C.), em seu comentário sobre o Evangelho de Mateus, onde ele diz que foi numa montanha qualquer da Galileia.

Consultei a *Enciclopédia Católica* sobre o assunto, e depois de muito palavreado sua conclusão é que ninguém sabe ao certo que local ou montanha foi palco suposto do sermão. Mateus diz apenas: "E Jesus, vendo a multidão, subiu a um monte." O motivo da falta de detalhes, é claro, assim como em outras passagens em que a Bíblia cita "um monte" ou "uma alta montanha", é que aqui o sentido é na verdade puramente simbólico. É um sentido comparável ao do relato ou mito egípcio da Criação, em que um monte emerge do "caldo do nada", o Nun, e torna-se *terra firma*, isto é, a própria Terra. A verdade é que ninguém sabe onde aconteceu o Sermão da Montanha, pois ele nunca foi pronunciado literalmente em lugar algum.

No começo, essa afirmação pode parecer um pouco chocante, mas observações adicionais podem confirmar os fatos. Os que encaram o Cristianismo como um tipo de fé inteiramente original, "caída do céu", vão contestar isso de todas as maneiras, mas a verdade é que os capítulos 5, 6 e 7 do Evangelho de Mateus – o mais longo monólogo contínuo em todo o Novo Testamento – não contêm conceitos ou ensinamentos originais. Ao longo dos anos, os acadêmicos analisaram todo o sermão versículo por versículo, mas não há nada nesse "estatuto da cristandade" supostamente único que não possa ser achado em textos anteriores, seja nas escrituras hebraicas (o Antigo Testamento), no Talmude, no Midrash (narrativas da tradição oral hebraica), na Mishná (outro tipo de tradição oral) e, muito antes disso, nos ensinamentos do Egito antigo. Por exemplo, "amar o próximo como a si mesmo" é o ensinamento principal do Jesus dos Evangelhos. Mas, abrindo o Livro de Levítico 19:18, por exemplo, descobrimos que ele fazia parte da tradição judaica havia séculos: "Não te vingarás, nem guardarás ira contra os filhos do teu povo; mas amarás o teu próximo como a ti mesmo." Os aforismos do Livro dos Provérbios, que muitas vezes têm afinidade estreita com seus antecessores egípcios, também deixam claro que devemos praticar o bem, isto é, tratar com bondade todas as pessoas, inclusive nossos inimigos.

Os Provérbios e o Eclesiastes são dois livros do Antigo Testamento baseados em tradições de "sabedoria" do mundo antigo. É interessante constatar que, em seu *Discurso contra os cristãos*, o filósofo pagão Celso (c. 180 d.C.) cita o Jesus dos Evangelhos, que teria dito: "É mais fácil entrar um camelo pelo fundo de uma agulha do que entrar um rico no Reino de Deus." Celso acrescenta um comentário sobre Platão (que viveu quatro séculos antes de Cristo): "Mas sabemos que Platão exprimiu a mesma ideia de maneira mais pura ao dizer: 'É impossível que um homem excepcionalmente bom seja excepcionalmente rico.' Será que uma afirmação é mais inspirada do que a outra?"[2]

Existem textos acadêmicos inteiros dedicados somente a mostrar as verdadeiras raízes dos ensinamentos do "Sermão da Montanha". Alguns especialistas do Novo Testamento gastaram um bom tempo tentando demonstrar que as variantes entre algumas analogias de Lucas em seu "Sermão da Planície" e os ditos encontrados em Mateus se devem, de vários pontos de vista, a uma fonte comum que seria a "coleção de provérbios" hipotética – e hoje muito contestada – chamada "Q", mencionada no capítulo 1.[3] Mas isso é em grande parte uma perda de tempo. Parece óbvio que Mateus reuniu uma enorme coleção de ditos de sabedoria onde quer que os encontrasse – e naquela época, como já dissemos, havia vários circulando nas culturas do antigo Mediterrâneo – e, como informa Pápias (também conhecido como São Pápias de Hierápolis, c. 70-140 d.C.), Mateus os juntou "da melhor maneira que podia". Lucas, não importa quem tenha sido, provavelmente com o relato de Mateus diante dele, escolheu as partes do "sermão" que mais lhe agradavam e que melhor atendiam a seus objetivos, adaptando-as ou alterando-as de acordo com sua posição teológica e a situação de vida (ou, para usar a expressão alemã, o *Sitz im Leben*) de seu público ou comunidade religiosa específicos.

Somando-se a isso a intenção clara de Mateus, ao longo de todo o seu Evangelho, de apresentar Jesus como um segundo Moisés, na verdade alguém "maior do que Moisés", fica claro que, para ele, a cena inteira deveria servir para representar o novo profeta numa montanha – assim como o primeiro supostamente estivera no monte Sinai – ditando uma "nova lei" para o movimento cristão. Pápias, bispo de Hierápolis (na Ásia Menor) por volta de 120 d.C., escreveu num famoso fragmento sobre as origens dos Evangelhos que Mateus compôs "os oráculos" (em grego, *ta logia*) em hebraico e que "*todos os traduziram da melhor maneira que podiam*" (o grifo é meu).

Observe que Pápias, apesar do seu *status* de bispo no século II, ainda não tinha visto com os próprios olhos nenhum Evangelho escrito! Com base na autoridade de alguém que ele chama "o Velho", Pápias afirma que Marcos, tendo-se tornado um intérprete de Pedro, registrou com fidelidade – "mas não em ordem cronológica" – tudo o que pôde relembrar sobre as palavras e os atos do Senhor, e que Mateus procedeu como já expliquei acima. Vale a pena repetir que em nenhum momento Pápias afirma ter visto pessoalmente o Evangelho de Marcos. Observe também que, no relato de Pápias, os Evangelhos de Lucas e João não são mencionados e não há nenhuma referência a supostas testemunhas oculares dos próprios acontecimentos da vida de Cristo. O reconhecimento geral e pleno de que os Evangelhos confiáveis eram em número de quatro – os do cânone oficial posterior, ou lei cristã – só ocorreu na segunda metade do século II, depois de 150 d.C.

Interpretações diferentes

A observação de Pápias de que todos interpretaram os *logia* ou oráculos de Mateus, escritos em hebraico, "da melhor maneira que podiam", tornou-se estranhamente profética. Foi exatamente o que aconteceu ao longo da história da Igreja cristã, no que diz respeito ao Sermão da Montanha, com resultados surpreendentes. A chamada "interpretação absolutista" do Sermão rejeita qualquer meio-termo e "acredita que, se a obediência à Escritura custar a felicidade do crente, trata-se de um sacrifício razoável em nome da salvação".[4] De acordo com isso, todos os preceitos do Sermão da Montanha têm de ser levados ao pé da letra e seguidos por todos os cristãos. Defensores dessa tese incluem São Francisco de Assis e Leon Tolstói, o grande romancista russo, no final de sua vida. De acordo com minha própria experiência e conhecimento do assunto, nenhuma seita cristã atual aceita totalmente essa interpretação, mas os anabatistas antigos chegaram perto disso, e modernos grupos anabatistas, como os menonitas e os huteritas (que continuam defendendo uma atitude pacifista), são talvez os mais fiéis seguidores dessa interpretação. A Sociedade de Amigos, seita também conhecida como "quacres", adota uma posição absolutista sobre a não violência, mas não sobre o Sermão como um todo.

Uma maneira de resolver o problema, mais comum do que se pode imaginar, embora não seja endossada por qualquer seita de maneira oficial ou aberta, é simplesmente alterar o texto segundo a preferência de cada um. Nos primeiros tempos, alguns copistas, por exemplo, mudaram o versículo de Mateus 5:22 de "aquele que se irar contra seu irmão, estará sujeito a julgamento" para "aquele que, *sem motivo,* se irar contra seu irmão, estará sujeito a julgamento". O mandamento "amai a vossos inimigos" foi mudado para "orai por vossos inimigos".[5] A exceção para o divórcio no caso de *porneia* ou prostituição pode ser um acréscimo de Mateus (para amenizar a proibição de se separar da mulher ou do marido), pois não está presente em Lucas 16:18, na versão anterior de Marcos 10:11 ou na opinião ainda mais antiga de S. Paulo, citada na Primeira Epístola aos Coríntios 7:10-11. Mas deve-se observar que, na mesma epístola 7:12-16, Paulo formula sua própria exceção ao suposto ensinamento de Jesus se se tratar de um "descrente" que abandona o cônjuge. Ao longo da história, a severidade do Sermão a respeito do divórcio costuma ser contornada parafraseando o texto para torná-lo menos radical. Hoje em dia, a Igreja Anglicana do Canadá geralmente permite que os divorciados se casem novamente, dentro de certas condições. A Igreja Católica Romana defende uma posição superficialmente muito mais rigorosa, mas o processo de anulação, chamado de "divórcio à moda do Vaticano" por um famoso cardeal de espírito crítico, ajuda os fiéis a contornar o problema.

Um exame das obras de quase todos os principais escritores cristãos mostra que, em algum momento, eles fizeram o mesmo tipo de alteração. Até os literalistas mais radicais foram forçados a dar um sentido alegórico a várias partes do Sermão. Por exemplo, com respeito ao capítulo 5 de Mateus, no qual se fala na necessidade de arrancar um olho ou cortar uma mão que cometerem ofensa, poucas congregações praticaram mutilação levando essas advertências ao pé da letra.[6] A chamada "interpretação hiperbólica" argumenta que certos trechos da fala de Jesus no Sermão têm de ser "abrandados" para valerem na "vida real"; mas o problema, é claro, é entrar num acordo sobre quais trechos devem ser levados ao pé da letra e quais devem ser encarados como figuras de retórica. Segundo alguns comentaristas, uma interpretação muito semelhante à anterior é a dos "princípios gerais", que diz que Jesus ensinou princípios genéricos de comportamento. Detalhes específicos, portanto, seriam só exemplos desses ensinamentos universais.

Os dois caminhos

Por vários séculos, a interpretação tradicional da Igreja Católica Romana se baseou numa distinção dupla. Os ensinamentos de Jesus são divididos em preceitos ou instruções genéricos e conselhos específicos. A obediência aos preceitos genéricos é essencial para a salvação, mas a obediência aos conselhos só é necessária aos que pretendem atingir a perfeição total. Portanto, a grande maioria da população só precisa se preocupar com os preceitos, enquanto os conselhos devem ser seguidos pela "minoria dos devotos", como o clero e os monges ou freiras. Essa teoria conciliadora foi proposta por Santo Agostinho e desenvolvida mais tarde por S. Tomás de Aquino, embora exista uma versão anterior num documento antigo chamado *Didaquê* ou "Ensinamento".[7] O nome oficial dessa interpretação é "Os Dois Caminhos". "Pois, se conseguires suportar todo o jugo do Senhor, serás perfeito; mas, se disso não fores capaz, faz o que consegues fazer."[8,9]

Martinho Lutero (1483-1546), insatisfeito com esse ponto de vista, rejeitou a teoria católica e criou seu próprio sistema de dois níveis, chamado por alguns de "Interpretação dos Dois Planos". Ele dividiu o mundo num plano religioso e outro secular, argumentando que o Sermão só se aplicava ao lado espiritual das coisas. No mundo temporal, dizia ele, os crentes têm de conciliar a fé com suas obrigações diante dos empregadores, da família e do país. Ao mesmo tempo, enquanto a Reforma Protestante ganhava terreno, um novo movimento de exegese da Bíblia lançou a "Interpretação Analógica das Escrituras". Uma leitura mais atenta da Bíblia revelou que muitos dos princípios mais rígidos reunidos no Sermão eram explicitamente relativizados em outras passagens do próprio Novo Testamento. Por exemplo, enquanto o Sermão proíbe os juramentos, as juras eram muito comuns na Bíblia hebraica, e S. Paulo as usa em seus escritos no mínimo duas vezes. Assim, segundo se argumentava, aparentemente o Sermão – que de qualquer maneira, é claro, foi escrito depois dos textos de S. Paulo – admitia algumas exceções claras.

Por falar em "dois pesos e duas medidas", muitos cristãos no mundo inteiro se espantam com o fato de que os Estados Unidos, um país teoricamente cristão, governado pelo presidente George W. Bush, que se considera cristão devoto e diz que Jesus Cristo é seu "filósofo" favorito, optou pela violência da guerra preemptiva em sua política externa. O presidente não vê contradição entre a guerra no Iraque e seu hábito de frequentar a igreja e ler a Bíblia – o estilo de vida tipo "Deus abençoe a América". Os pastores norte-americanos louvam o Sermão da Montanha, mas horrores como os cometidos contra prisioneiros na prisão de Abu Ghraib, em Bagdá, e a extradição ilegal de suspeitos de terrorismo a outros países para "interrogatório" não parecem incomodar os líderes evangélicos dos EUA. A violência e a religião sempre estiveram e ainda estão muito próximas, tanto no cristianismo quanto no islamismo. Basta pensar que atualmente os jovens norte-americanos podem brincar com *videogames* de tema cristão, onde o herói berra "O Senhor seja louvado!" depois de eliminar os vilões.

Existem várias outras maneiras de tentar interpretar o Sermão ao pé da letra, mas só uma merece breve menção aqui. É a visão do dr. Albert Schweitzer, famoso pensador e estudioso da Bíblia. Ele chegou à conclusão de que o único Jesus que tinha sentido nos textos bíblicos era um pregador escatológico (relativo ao fim dos tempos), convencido firmemente – mas de maneira equivocada – de que Deus logo anunciaria o fim do mundo. Por isso, Schweitzer via no Sermão uma "ética provisória". As pessoas podiam tentar seguir as exigências concretamente impossíveis do Sermão, pois no final dos tempos o bem-estar material e físico de cada uma não tinha importância. As impossibilidades aparentes exigidas pelo Sermão – como a de não se preocupar com o futuro – eram possíveis desse ponto de vista, pois, em última análise, o fim próximo tornava irrelevantes todas as consequências mundanas. Hoje em dia, alguns grupos fundamentalistas têm a mesma atitude diante de questões ambientais e problemas críticos como a epidemia de AIDS. Por que se preocupar com o aquecimento global, por exemplo, se de qualquer maneira tudo logo vai acabar num holocausto geral? Os "justos" serão "levados" para longe daqui, enquanto o resto de nós "ficará para trás" para sucumbir horrivelmente.

Citando Jesus de maneira errada?

Antes que algum leitor se sinta confuso com a sugestão feita acima de que Lucas e Mateus às vezes alteram o texto de Marcos para suavizar ou relativizar sua intenção original, e que outras mãos também podem ter mudado mais tarde o texto dos Evangelhos, recomendo o livro *Misquoting Jesus*, publicado em 2005 pelo especialista em Novo Testamento Bart Ehrman. Trata-se até hoje da demonstração mais simples, mais também mais clara, de que a Bíblia é afinal de contas um livro 100% humano. Ehrman prova, sem sombra de dúvida, que os textos foram modificados posteriormente na tentativa de esclarecer, simplificar ou corrigir as versões originais. Ele argumenta que obviamente não temos um único texto original de nenhum livro do Novo Testamento. Nem temos cópias autênticas dos originais. Nem mesmo temos cópias autênticas das primeiras cópias. Existem fragmentos a partir do século II d.C., mas as principais versões gregas do texto completo do Novo Testamento só surgiram no século IV d.C. Os conservadores costumam citar o grande número de manuscritos sobreviventes do Novo Testamento, em comparação com outros textos antigos. Mas esse argumento é irrelevante. O que conta aqui não é a quantidade, mas a qualidade – e sobretudo a datação dos manuscritos.

No processo de transmissão, dada a ausência de imprensa, era inevitável não só que ocorressem algumas alterações deliberadas, mas também que os copistas cometessem erros. Muitas dessas variantes não são realmente importantes, mas há bem mais de cem mil delas no texto integral do Novo Testamento. Toda boa edição grega do Novo Testamento tem um aparato crítico no pé de cada página com a transcrição das variantes principais.

Como podemos entender o Sermão da Montanha

Mas não quero criar mal-entendidos. Tentar encarar o "sermão" da maneira mais honesta e clara possível não implica uma tentativa de diminuir sua importância ou seu impacto mundial. Não há dúvida de que, considerado como um todo, o Sermão da Montanha reuniu o ensinamento moral mais sublime de todos os tempos e influenciou grandemente nossa evolução moral enquanto raça, graças à sua inspiração e impacto sobre alguns dos grandes reformadores e líderes da história humana – inclusive o Mahatma Gandhi e o reverendo Martin Luther King. As chamadas "bem-aventuranças" (os oito ensinamentos que Jesus pregou no Sermão) contestam e invertem claramente os atuais valores culturais e comportamentais, como a fama, a busca do poder e o sucesso mundano. O fato de serem pronunciadas por Jesus serviu para que fossem encaradas de maneira mítica e mística, e o segredo da interpretação está na percepção plena do caráter metafórico e alegórico de toda linguagem religiosa.

Escrevi muitas páginas sobre a oração do pai-nosso em *Prayer – The Hidden Fire* (1998), de modo que não vou me repetir aqui. Mas, por causa da importância central do tema, apresento ao menos brevemente uma interpretação mais profunda das bem-aventuranças.

As *bem-aventuranças* ou "beatitudes" (como se diz em inglês, a partir do termo latino *beatus*, ou "abençoado") são os nove ensinamentos que, em quase todas as versões da Bíblia, começam com a palavra "bem-aventurados" (Mateus 5:3-11). Não é uma expressão comum hoje em dia e não basta para captar a essência do que está sendo dito. O resultado é que toda a passagem tem efeito bem menor para os homens e mulheres atuais. No texto grego original e no idioma aramaico em que se baseou, a palavra tem um sentido forte de felicitação. Por isso, cada iteração da palavra trazia para seus primeiros ouvintes ou leitores uma pequena carga de surpresa.

Tentarei traduzir os ensinamentos de maneira livre, e você pode compará-los mais tarde com sua própria versão da Bíblia em Mateus 5:1-11. (Desculpe o excesso de pontos de exclamação, mas eles são realmente necessários para ressaltar a mensagem radical e contracultural dos ensinamentos, naquela época e ainda hoje.)

> Você é pobre de espírito? Meus sinceros parabéns, pois o Reino dos Céus será seu!

> Aos aflitos (os que anseiam profundamente por alguma coisa, como libertação de maus hábitos ou o próximo passo no caminho do crescimento interior), meus sinceros parabéns! Vocês serão confortados.

> Parabéns aos mansos e humildes! Eles herdarão a Terra!

> Aos que têm fome e sede (de justiça), parabéns também, pois esses desejos serão plenamente satisfeitos!

> Parabéns aos que são misericordiosos, pois em troca eles terão misericórdia!

Meus sinceros parabéns aos que têm pureza de coração, pois eles verão a Deus!

A todos os pacifistas, minhas sinceras felicitações, pois eles serão chamados filhos de Deus!

Você está sendo perseguido por defender a justiça e a equidade? Merece parabéns, pois o Reino do Céu será seu!

Meus parabéns também se, por minha causa, você sofrer acusação ou perseguição ou se disserem mentiras a seu respeito. Alegre-se e exulte, pois sua recompensa será grande no Céu. Antigamente, os profetas foram perseguidos exatamente assim!

Uma interpretação mais profunda

Quando o filósofo-escritor alemão Friedrich Wilhelm Nietzsche (1844-1900) repudiou veementemente a ética cristã, que chamou de "moral de escravos", baseou sua crítica em grande parte nas três primeiras bem-aventuranças. Obviamente, ele as leu de maneira tão literal quanto qualquer fundamentalista. Já que nós também vivemos numa ordem social em que a autoestima costuma ser encorajada ao extremo e a docilidade é muitas vezes confundida com fraqueza, temos de pensar mais a fundo para descobrir por que ser "pobre de espírito", sofredor e humilde é uma verdadeira bênção. No texto original, nenhum desses termos sugere fraqueza pessoal de algum tipo. No Sermão, "pobreza de espírito" não significa insegurança, timidez ou covardia. Significa a verdadeira humildade pessoal que dá grande força de caráter às pessoas maduras. É exatamente o contário da arrogância, do orgulho e da ambição. Esse "espírito" conhece seu próprio valor inestimável e suas próprias limitações como manifestação terrena do fogo divino, mas não conhece orgulho nem futilidade.

O versículo sobre os aflitos, como já sugerimos na paráfrase acima, não se refere àqueles que estão sempre "na fossa" ou que se apegam indevidamente à perda de amigos ou parentes. Existe uma dor "profunda demais para as lágrimas" que muitos trazem dentro de si quando querem conhecer novos níveis de consciência ou livrar-se de maus hábitos antigos. Os que "batem" nessa porta com sinceridade serão confortados, pois a porta se abrirá para eles no momento certo.

Quanto aos "mansos", a palavra grega é de tradução difícil. Refere-se ao tipo de tolerância interior daqueles que dominaram as áreas do coração e da mente rígidas e inflexíveis na condenação ou no julgamento de outras pessoas. Os "mansos" são os que enfrentaram todas as atitudes de preconceito contra este ou aquele assunto polêmico ou contra o comportamento, a raça, a cor da pele e o caráter de indivíduos ou grupos. Eles refletiram sobre isso e descobriram que, em vez de ser um lugar limitado e negativo, a Terra será herdada por todos nós. Como diz S. Paulo: "Todas as coisas são vossas."

Fome e sede de senso ético não são, na superfície ou numa leitura "exotérica" (literal), coisas muitos atraentes para os homens e mulheres atuais. Nós evitamos instintivamente as pessoas "íntegras" porque a integridade parece muitas vezes descambar em hipocrisia. Mas a palavra grega usada no texto, *dikaiosune*, é o tema da obra principal de Platão, *A República*, e pode ser mais bem traduzida e entendida aqui como "justiça". Nenhuma virtude, nenhum "degrau" na escala evolutiva é mais urgentemente necessário do que esse, num mundo que muitas vezes parece ter enlouquecido. Mas nunca vai haver justiça plena no planeta como um todo enquanto cada um de nós não sentir "fome" e "sede" interior de justiça. Se realmente a desejarmos, rezarmos e trabalharmos por ela, nosso coração irá transbordar – "eles serão satisfeitos" – e, no final, o mundo vai conhecer essa bênção.

Acho que os outros "parabéns" são mais fáceis de entender, embora sua prática seja difícil para cada um de nós. Para encerrar este capítulo, só mais uma palavra sobre os "puros de coração" (ou "limpos de coração"). Muitas vezes, a expressão é interpretada em referência ao sexo, mas essa é uma visão tipicamente eclesiástica, inimiga do corpo e da sexualidade. Trata-se aqui de uma "pureza" muito mais ampla: libertar-se da ambição que nos leva a "atropelar" outras pessoas, libertar-se do desejo de controle, das motivações egoístas e da vaidade ou culto ao ego. Isso lembra a frase de outro Evangelho sobre "ter um só olho", totalmente voltado para a presença do espírito divino no mundo e sobretudo dentro de nós. Esse tipo de "pureza de coração" é recompensado com a promessa de "ver Deus" – isto é, vislumbrar a mão de Deus em tudo o que tentamos ser ou fazer.

Sim, existem contradições no Sermão da Montanha. Mas não devemos esquecer que isso também vale para qualquer coleção de ditos ou provérbios de sabedoria de todos os tempos. Um exemplo simples do folclore atual pode ilustrar isso. Existe verdade no provérbio que diz: "Pense duas vezes antes de agir." Mas um provérbio de sentido oposto também pode ser verdadeiro:

"Quem não arrisca, não petisca." Poderíamos dar aqui muitos outros exemplos modernos e antigos. Os dois lados da tensão dialética podem ser verdadeiros em momentos diferentes. Tudo depende da situação. E isso também vale para vários preceitos do Sermão.

É triste que o literalismo tenha possibilitado o abuso de algumas "bem-aventuranças" – sobre a mansidão ou sobre a pobreza de espírito, por exemplo – para oprimir os fracos e oprimidos, especialmente escravos e mulheres. No sentido literal, Nietzsche tinha razão. Ou, para citar Karl Marx, o Sermão dá um bom pretexto de abuso aos opressores. Ele vale como um ópio ou anestesia ("a religião é o ópio do povo") que impede as pessoas de lutarem contra a injustiça econômica ou qualquer outra. Só uma compreensão realmente espiritual e mítica dessas passagens nos protege contra a distorção dos Textos Sagrados em nome do egoísmo, da ganância e da injustiça sistêmica.

Sobre a perfeição

O versículo 48 do capítulo 5 de Mateus diz: "Sede vós pois perfeitos, como perfeito é o vosso Pai celeste." Trata-se de um resumo de toda a mensagem, mas, entendido literalmente, o versículo causou problemas graves de autorrejeição e sofrimento psíquico desnecessário em muitos cristãos atormentados pelo zelo excessivo em forma de perfeccionismo rígido. Em meus tempos de pastor anglicano, anos atrás, muitas pessoas fora isso maravilhosas me consultavam sobre o peso que sentiam com esse tipo específico de autoflagelação. Além de conselhos genéricos, eu tentava ajudar esses hipersensitivos explicando a eles que a palavra "perfeito", usada no original grego de Mateus, é *teleios*. É um termo muito usado nas Religiões de Mistério para descrever alguém que já passou por todas as etapas da iniciação e conhece o mistério ou segredo de quem ele ou ela realmente é: um portador da chama divina em todos nós. Esse sentido espiritual pode estar sugerido aqui. A própria palavra vem da raiz grega *telos*, que se refere a um objetivo ou meta de realização.

Aristóteles, por exemplo, foi um pensador *teleológico*. Ele tentou estudar o objetivo ou finalidade de todo organismo e todo ser da Criação. Começou sua carreira com um interesse apaixonado pela biologia; refletiu intensamente sobre o *telos* (meta de realização na vida) de cada planta ou animal. O verdadeiro *telos*, por exemplo, de uma glande de carvalho é a árvore adulta. O *telos* de qualquer semente é a planta desenvolvida. Da mesma maneira, nós, seres humanos, temos um *telos* ou objetivo da plena maturidade espiritual. Em última análise, para Aristóteles, atingir essa meta envolve a contemplação do Criador, ou Deus. Assim, em termos aristotélicos, ser perfeito (*teleios*) não significa ser moralmente perfeito, o tipo da pessoa ultrarreligiosa e perfeccionista, e sim alguém que tenta se tornar, em todos os sentidos, o que ele ou ela deveria ser. Essa é a verdadeira mensagem.

Aqui, portanto, o significado interior está claro. É um resumo de todo o Sermão: seja plenamente o que você é, a criança, o portador do Deus interior, assim como "perfeito é o vosso Pai celeste".[10]

8

AS PARÁBOLAS

*Quando conseguis conhecer a vós mesmos,
logo sois conhecidos e compreendeis
que sois filhos do Pai vivo.*
— EVANGELHO DE TOMÉ, Sentença 3

COMO EU DISSE no começo deste livro, a questão da existência ou não de um personagem histórico real conhecido como Jesus Cristo é irrelevante para a importância que os ensinamentos atribuídos a esse "personagem" tem para nós, tal como foram preservados em documentos, sobretudo os Evangelhos canônicos e o Evangelho de Tomé. Os budistas e outros seguidores de uma fé religiosa estão em situação parecida com relação a seus líderes e mestres. Embora eu acredite que cada um de nós precisa lutar por sua própria salvação como se Jesus não tivesse existido – afinal de contas, ninguém pode "tomar nosso lugar" e assumir nosso problema evolutivo –, nos ensinamentos e no exemplo de todos os avatares ou "salvadores" de cada época ou cultura sucessivas encontramos normas e ideais para uma realização moral ainda maior. S. Paulo ensina essa lição quando diz aos jovens cristãos em suas igrejas, em mais de uma ocasião, que sejam "meus imitadores, assim como também eu de Cristo". É uma verdade espiritual importante que vale a pena lembrar.

Três histórias sobre nossa condição perdida

Ninguém pode dizer com certeza quem escreveu as três parábolas atribuídas a Jesus que vamos apresentar a seguir. Elas só aparecem no Evangelho de Lucas, e todas tratam de um problema espiritual fundamental que inevitavelmente vem à tona quando grupos de fiéis religiosos, como já aconteceu tantas vezes na história, imaginam que só eles conhecem a "verdade" e que os "infiéis" não têm lugar no reino do Céu. Infelizmente, essas histórias antigas se tornaram tão conhecidas daqueles que se consideram os verdadeiros devotos que seu sentido mais profundo e verdadeiro raramente é entendido com clareza. Elas só atingem seu pleno objetivo quando você se vê como o objeto "perdido" do amor e da busca divinos. Na superfície, as três pequenas histórias parecem se referir a "eles" e "nós", parecem tratar da necessidade de acabar com a discriminação devota mas injusta dos "justos" contra os "pecadores", mas a verdade mais profunda é que nossa atual condição humana resulta de uma "perda" universal. Os fariseus e os escribas representam as forças que nos cegam para a verdade de nossa própria condição "perdida" e nos estimulam a fazer um juízo externo das outras pessoas. Quanto maior a devoção religiosa, maior a tentação nesse sentido.[1]

Parábola da ovelha perdida

> Aproximavam-se de Jesus todos os publicanos e pecadores para o ouvir. E murmuravam os fariseus e os escribas, dizendo: Este recebe pecadores e come com eles. Então, lhes propôs Jesus esta parábola: Qual, dentre vós, é o homem que, possuindo cem ovelhas e perdendo uma delas, não deixa no deserto as 99 e vai em busca da que se perdeu, até encontrá-la? Achando-a, põe-na sobre os ombros, cheio de júbilo. E, indo para casa, reúne os amigos e vizinhos, dizendo-lhes: Alegrai-vos comigo, porque já achei a minha ovelha perdida. Digo-vos que, assim, haverá maior júbilo no céu por um pecador que se arrepende do que por 99 justos que não necessitam de arrependimento. (Lucas 15:1-7)

Aqui, o sentido óbvio e superficial tem grande poder e causa impressão da primeira vez. Mas, para os filósofos e teólogos do antigo Oriente Próximo, por exemplo os gnósticos, muitos dos quais eram cristãos, "perdido" era uma das palavras ou termos usados regularmente para descrever a condição da alma humana encarnada na matéria. Esta, por exemplo, é a explicação esotérica das andanças confusas dos israelitas por quarenta anos no deserto. Na verdade, interpretado de maneira literal, esse episódio da Bíblia pode parecer uma comédia, mas trata-se na verdade de uma representação ou símbolo da Encarnação. Neste plano da existência, somos pessoas "perdidas", andando a esmo pelo deserto da vida. Assim, as ovelhas perdidas em nossa história não são só o "pecador" e o "publicano" (coletor de impostos), mas também os fariseus, os escribas, você e eu. Sempre há "alegria no Céu" quando o Espírito consegue "encontrar" a alma individual, isto é, despertá-la para sua verdadeira essência e condição. A fonte divina, em sua compaixão infinita, está sempre em busca do que é seu.

Parábola da dracma perdida

A segunda parábola, mais breve, apresenta a mesma mensagem de dois níveis. Os comentaristas ressaltaram muitas vezes que a dracma – moeda da Grécia antiga, nesse caso talvez de prata – podia ser parte de um diadema de joias usado pela noiva em seu casamento ou dado a ela como parte do dote. Seja como for, isso explica por que a moeda tinha tanto valor para ela. Depois de algum tempo, ela a "acha" varrendo a casa furiosamente. Na escuridão – outro símbolo poderoso de nossa condição "perdida" –, ela "acende a candeia" e começa uma busca minuciosa. Aqui vai a parábola:

> Ou qual é a mulher que, tendo dez dracmas, se perder uma, não acende a candeia, varre a casa e a procura diligentemente até encontrá-la? E, tendo-a achado, reúne as amigas e vizinhas, dizendo: Alegrai-vos comigo, porque achei a dracma que eu tinha perdido. Eu vos afirmo que, de igual modo, há júbilo diante dos anjos de Deus por um pecador que se arrepende. (Lucas 15:8-10)

Pensando em todo o nosso comportamento premeditado e na tática tortuosa e evasiva que usamos, em várias fases da nossa vida, para evitar o verdadeiro desafio – deixar que o Espírito nos encontre e nos revele quem realmente somos –, lembro-me aqui, para dar uma nota pessoal, dos versos impressionantes das duas estrofes iniciais do famoso poema místico de Francis Thompson, *The Hound of Heaven* [O Caçador do Céu], escrito em 1890:

> Fugi Dele, através das noites e dos dias;
> Fugi Dele, através das arcadas dos anos;
> Fugi Dele, através dos caminhos labirínticos
>   De minha própria mente; e me escondi Dele
> em meio às lágrimas ou rindo como louco.
> [...]
>   Mas perseguindo-me sem pressa
>   Num ritmo imperturbável,
>   Passo deliberado, urgência majestosa,
>   Eles repetem – e uma Voz repete
>   Com mais urgência do que os Pés:
>   "Todas as coisas te traem quando me trais."

Ao ler esses versos, talvez você também sinta um pouco do impacto da verdade em seu coração.

Parábola do Filho Pródigo e seu irmão

A parábola do Filho Pródigo não somente é a mais extensa das três histórias no capítulo 15 de Lucas, como também a mais significativa em termos de conteúdo. Em *O Cristo dos Pagãos*, descrevi essa parábola como "uma exposição clássica da teologia da Encarnação", que também era o tema central desse livro. Ela ilustra perfeitamente o drama total da alma humana e divina. É tão conhecida que nossa familiaridade com ela acaba sendo uma desvantagem, e a essência da história geralmente se perde. Sugiro que você tente ler o que se segue com a mesma atenção que daria se estivesse fazendo isso pela primeira vez. Se necessário, faça de conta que se trata de um relato totalmente novo, que você nunca ouviu ou leu antes. É um exemplo sublime de um evento que nunca aconteceu, mas cuja verdade é e continua sendo tão durável e permanente como a própria passagem do tempo.

> Continuou: Certo homem tinha dois filhos; o mais moço deles disse ao pai: Pai, dá-me a parte dos bens que me cabe. E ele lhes repartiu os haveres. Passados não muitos dias, o filho mais novo, ajuntando tudo o que era seu, partiu para uma terra distante e lá dissipou todos os seus bens, vivendo dissolutamente. Depois de ter consumido tudo, sobreveio àquele

país uma grande fome, e ele começou a passar necessidade. Então, ele foi e agregou a um dos cidadãos daquela terra, e este o mandou para os seus campos, a guardar porcos. Ali, desejava ele fartar-se das alfarrobas que os porcos comiam; mas ninguém lhe dava nada. Então, caindo em si, disse: Quantos trabalhadores de meu pai têm pão com fartura, e eu aqui morro de fome! Levantar-me-ei, e irei ter com o meu pai, e lhe direi: Pai, pequei contra o céu e diante ti; já não sou digno de ser chamado teu filho; trata-me como um dos teus trabalhadores. E, levantando-se, foi para seu pai. Vinha ele ainda longe, quando seu pai o avistou, e, compadecido dele, correndo, o abraçou, e beijou. E o filho lhe disse: Pai, pequei contra o céu e diante de ti; já não sou digno de ser chamado teu filho. O pai, porém, disse aos seus servos: Trazei depressa a melhor roupa, vesti-o, ponde-lhe um anel no dedo e sandálias nos pés; trazei também e matai o novilho cevado. Comamos e regozijemo-nos, porque este meu filho estava morto e reviveu, estava perdido e foi achado. E começaram a regozijar-se. Ora, o filho mais velho estivera no campo; e, quando voltava, ao aproximar-se da casa, ouviu a música e as danças. Chamou um dos criados e perguntou-lhe que era aquilo. E ele informou: Veio teu irmão, e teu pai mandou matar o novilho cevado, porque o recuperou com saúde. Ele se indignou e não queria entrar; saindo, porém, o pai, procurava concilia-lo. Mas ele respondeu a seu pai: Há tantos anos que te sirvo sem jamais transgredir uma ordem tua, e nunca me deste um cabrito sequer para alegrar-me com os meus amigos; vindo, porém, este teu filho, que desperdiçou os teus bens com meretrizes, tu mandaste matar para ele o novilho cevado. Então, lhe respondeu o Pai: Meu filho, tu sempre estás comigo; tudo o que é meu é teu. Entretanto, era preciso que nos regozijássemos e nos alegrássemos, porque esse teu irmão estava morto e reviveu, estava perdido e foi achado." (Lucas 15:11-32)

Nessa parábola, nossa condição de "perda" é expressa pela metáfora da viagem a uma terra distante, um país estrangeiro. O tema é comum na Bíblia e mostra o exílio de nosso lar verdadeiro. No exílio, por causa da tirania e das exigências do eu animal e antigo, nossa Encarnação se exprime por meio da sensualidade e do excesso. Depois disso, a alma faminta passa a viver de migalhas e sente falta do alimento espiritual da "casa paterna" que deixou há tanto tempo. A metáfora esotérica da morte, tão comum nas culturas antigas, também está presente aqui. O pai diz que seu filho estava "morto" e então reviveu.

Então, o filho pródigo encontra o Eu superior e verdadeiro, inspirado por pensamentos tristes sobre nossa herança perdida. "Ele caiu em si", ou seja, ele recuperou seu Eu "superior". Bem no fundo de nosso coração, há o que William Wordsworth (1770-1850) chamou tão bem de "vislumbres da imortalidade" esquecida, uma reminiscência ou lembrança, nas palavras de Platão, de quem somos realmente, e portanto da nossa verdadeira origem. "Nós reconhecemos a divindade interior, o Cristo 'adormecido' desperta em nós, e voltamos para casa", para o pai ansioso que ficou esperando o tempo todo.[2] Segue-se uma descrição alegórica da "alegria no Céu" já mencionada nas duas histórias anteriores. A festa e o banquete assinalam a ressurreição jubilosa da alma na dimensão eterna da "vida futura". Muitas vezes, as pessoas me perguntam se ainda acredito na vida futura. Eu respondo que sim. Para mim, a parábola do filho pródigo é uma expressão dessa fé.

O relato final sobre o filho mais velho que se enfurece com a recepção dada ao filho perdido parece para muita gente uma espécie de anticlímax ou contradição. Mas esse final retoma o tema exposto no começo das três histórias: a incapacidade dos que se consideram "justos" – pois sua fé é a certa, eles estão entre os verdadeiros "escolhidos" e seguem fielmente todos os dogmas ortodoxos ou corretos – de aceitar a realidade básica de que somos todos essencialmente iguais. Somos iguais em nossa condição de "perda", mas também na divindade interior que leva cada um de nós, no momento certo mas de maneira inevitável e jubilosa, de volta para a "casa paterna". Não precisamos concordar com a teologia evangélica de John Newton para experimentar em nosso coração a "graça espantosa" que ele sentiu quando era traficante de escravos e bêbado contumaz, mas de repente converteu-se à fé cristã em 10 de março de 1748. Descrevendo esse acontecimento mais tarde, em 1779, num hino hoje famoso, ele conta ao mundo inteiro: "Eu estive perdido, mas agora me encontrei, era cego, mas agora posso ver."

Como eu gostaria que todos os críticos ortodoxos e implacáveis de minha obra ou da obra de outros, que se preocupam tanto com o renascimento do Cristianismo em nosso tempo (por exemplo, os críticos de John Spong, bispo aposentado da Igreja Episcopal), ouvissem realmente essa mensagem. Spong e eu não concordamos em todos os pontos (pois ele ainda acredita num Jesus histórico), mas nosso objetivo comum é transmitir o amor a Deus de maneira mais significativa hoje em dia, e nosso objetivo comum é o renascimento do Cristianismo em nosso tempo. Pelo menos num ponto concordamos com certeza: os religionistas que argumentam, alguns de maneira triunfante, que no final de tudo outras pessoas serão "deixadas para trás", estão enganados.³

Parábola do semeador

*Retire todas as camadas de uma cebola, e no centro você vai
encontrar o vazio; retire todas as camadas de um ser humano,
e no centro você vai encontrar a semente de Deus.*
— Deepak Chopra: *How to Know God*

A parábola do semeador é uma história de sabedoria muito antiga e tem importância central nos relatos do Evangelho. Isso fica absolutamente claro no fato de ser encontrada em Marcos, mas também em Mateus e Lucas – e Marcos só apresenta um punhado de parábolas, em comparação com a abundância delas nos últimos dois. Além disso, ela dá ensejo a um comentário editorial do evangelista que ilumina toda a nossa compreensão da natureza e do uso desse tipo de imagens nos Evangelhos. A parábola em si é bem conhecida. Significativamente, ela também ocorre no Evangelho de Tomé, um texto de "boas-novas" sem o relato da crucificação e ressurreição, composto inteiramente de provérbios de Yeshua, ou Jesus, e escrito talvez já na metade do século I a.C. (alguns estudiosos dizem que poderia ser até anterior a Marcos). Aqui vai o texto de Marcos, a versão canônica mais antiga:

> Assim, lhes ensinava muitas coisas por parábolas, no decorrer do seu doutrinamento: Ouvi: Eis que saiu o semeador a semear. E, ao semear, uma parte caiu à beira do caminho, e vieram as aves e a comeram. Outra caiu em solo rochoso, onde a terra era pouca, e logo nasceu, visto não ser profunda a terra. Saindo, porém, o sol, a queimou; e, porque não tinha raiz, secou-se. Outra parte caiu entre os espinhos; e os espinhos cresceram e a sufocaram, e não deu fruto. Outra, enfim, caiu em boa terra e deu fruto, que vingou e cresceu, produzindo a trinta, a sessenta e a cem, por um. E acrescentou: Quem tem ouvidos para ouvir, ouça. (Marcos 4:2-9)⁴

No começo deste livro, vimos que essa parábola foi usada por Marcos como exemplo do princípio fundamental do uso de mensagens "exotéricas" (literais), como as parábolas, como introdução ao significado esotérico mais profundo do "mistério" do Reino de Deus dentro de nós e em toda parte. O texto do Evangelho de Judas, inacessível por tanto tempo e, por fim, publicado pela National Geographic Society um pouco antes da Páscoa de 2006, apresenta de maneira absolutamente clara esse saber secreto – o fato de que somos seres de luz "aprisionados" em corpos ou "roupagens" materiais. Esse era um axioma central de todo o Cristianismo gnóstico. Mas, para que o segredo não fosse profanado ou sofresse algum tipo de abuso, só era acessível aos iniciados – os que estavam prontos e ansiosos para recebê-lo. Significativamente, como a maioria dos outros grandes "avatares" e salvadores, Jesus é retratado como alguém que ensina em dois níveis – um para os verdadeiros adeptos ou iniciados, outro para os novatos ou iniciantes. O leitor deve consultar sobretudo os versículos 33-34 desse capítulo 4: ali se diz claramente que, em público, Jesus ensinava por meio de parábolas, mas em particular ele explicava aos discípulos o significado interior de tudo aquilo para a evolução da alma. Esse é o sentido oculto da advertência em outra passagem dos Evangelhos, que normalmente pareceria muito dura, sobre a importância de não jogar "pérolas aos porcos".

A explicação detalhada da parábola do semeador, que acompanha o texto e, segundo as pesquisas de um grupo de estudiosos antigos chamados "Críticos Formais" (*Form Critics*), não fazia parte das primeiras versões, ilustra de maneira poderosa o "ensinamento" fundamental do Cristo interior. A "semente" do Logos divino, ou Palavra de Deus, foi plantada no coração de todos nós. Os antigos estoicos falavam realmente num Logos espermático – um Logos que atua como "semente" em todos os seres humanos, tornando-nos irmãos e irmãs no plano mais profundo possível. O mesmo pensamento está presente nos poetas pagãos citados por S. Paulo em seu discurso sobre a Acrópole de Atenas: "Pois nele vivemos, e nos movemos, e existimos; como alguns dos vossos poetas têm dito: Porque dele também somos geração."[5]

A mensagem central dessa parábola, portanto, é que todos nós recebemos o dom ou "semente" do Cristo interior, mas há grandes diferenças na maneira com que acolhemos esse "mistério" e deixamos que ele floresça. "Os que foram semeados em boa terra são aqueles que ouvem a palavra e a recebem, frutificando a trinta, a sessenta e a cem, por um" (Marcos 4:20). Por outro lado, também é possível ignorar inteiramente o "mistério", impedindo que ele dê qualquer fruto. O Evangelho de Tomé (que, ao contrário dos três sinópticos e de João, não contém milagres, nem a morte pelos pecados da humanidade, nem a ressurreição na manhã de Páscoa) traz uma interpretação semelhante.[6]

Como vimos na história da tentação no deserto, o cultivo da "semente" interior tem de ser entendido como um processo contínuo ao longo de toda a vida. Nas palavras de Deepak Chopra: "Todos os dias, duas vozes falam em nossos pensamentos. Uma acredita na escuridão e a outra, na luz. Só uma realidade pode ser realmente real [*sic*]." A redenção, portanto, diz Chopra, "é só outra maneira de designar nossa capacidade inata de enxergar [essa luz] com os olhos da alma".[7] Esse é o tipo de linguagem espiritual que qualquer pessoa entende sem problemas.

Guardiões da luz interior

Duas parábolas do capítulo 25 de Mateus estão entre as mais conhecidas e queridas de todas as quase cinquenta parábolas do Novo Testamento. Uma delas trata das "virgens loucas" e a outra trata de um "talento (moeda da Antiguidade greco-romana) escondido na terra". O fato de serem conhecidas, porém, não significa que sejam interpretadas da melhor maneira ou que tenham relevância suficiente em nossa vida hoje. Acredito que o segredo para encontrar o significado e a relevância verdadeiros é sempre ter em mente, durante a leitura, o tema subjacente da Bíblia como um todo. Esse tema é o advento, na evolução de todo ser humano, de um grau de consciência que não é gerado automaticamente na própria ordem natural, pois resulta do florescimento e amadurecimento do potencial consciente numa "semente" da Mente Divina implantada na ordem natural a partir de cima.

Mudando a metáfora, trata-se aqui da dádiva de uma centelha ou "sol" [*sic*] da chama divina para "coroar" o plano de existência puramente animal que conhecíamos antes. No sentido metafórico, cada um de nós é um universo solar, um sistema planetário composto de muitas células ou outros sistemas, e a luz espiritual que brilha no cerne de nossa existência é o "sol" central do sistema inteiro. Muitas vezes, as parábolas mostram que, se conseguirmos aprender a controlar esse "universo" interior, um dia teremos acesso a esferas mais altas. O tema de grande parte das imagens bíblicas implica despertar para essa realidade interior e proteger sua chama precária para a glória de Deus e para uma prática maior da ajuda compassiva e cristã aos que são menos afortunados do que nós.

Parábola das virgens tolas

Na parábola das dez virgens[8] (cinco são tolas e cinco são prudentes), o azeite, como sempre, é um símbolo esotérico do fogo da inteligência e do *Christos* ou divindade interior. Portanto, a sabedoria das cinco virgens prudentes que tinham noção do valor desse dom e que levavam sua eficácia realmente a sério é louvada, enquanto as virgens tolas que não se preocuparam em proteger o dom com cuidado e prudência são fortemente censuradas. A porta do banquete de bodas se fecha para elas. As palavras finais ("Vigiai, pois, porque não sabeis o dia nem a hora em que o Filho do homem há de vir") ecoam a mesma mensagem de boa parte da sabedoria gnóstica e espiritual desse período. S. Paulo reproduz o mesmo desafio metafórico no capítulo 13 da Epístola aos Romanos, com as seguintes palavras: "E digo isto a vós outros que conheceis o tempo: já é hora de vos despertardes do sono [...]." Hoje em dia, a mesma urgência vale para nós.

Parábola do talento escondido na terra

A parábola dos talentos[9] – observe que, de acordo com a "Versão Oficial Novamente Revista" da Bíblia, um talento "valia mais do que quinze anos do salário de um servo" – também é um chamado poderoso para que cada um de nós valorize sua herança espiritual e faça uso dela de acordo com seus vários dons e oportunidades. Dois aspectos mais salientes sempre me impressionam quando leio essa parábola. Trata-se da história de um homem que, antes de partir em viagem, reparte seus bens entre seus servos. Dá cinco talentos a um deles, dois ao outro e um talento ao terceiro, "a cada um segundo a sua capacidade".

O ponto alto, é claro, é a tragédia do servo (ou escravo) que, movido pelo medo e outros tipos de pensamento distorcido que tantas vezes nos impedem de compreender nossos melhores esforços, esconde seu talento na terra. O castigo que lhe é imposto é um exagero, obviamente influenciado pela hipérbole no empenho do narrador em demonstrar seu ponto de vista da maneira mais convincente possível. Mas a mensagem, mesmo superficialmente, merece ser ouvida e entendida por todos nós. De tempos em tempos, todos nós escondemos nossos "talentos" na terra por causa do medo – medo de fracassar, medo de magoar alguém e até medo do sucesso.

Mas a tragédia é ainda maior quando exploramos o significado interior. Quando percebemos que o verdadeiro dom concedido a cada um de nós para a "troca" ou investimento na vida produtiva é o da própria presença divina interior, o que está em jogo é muito mais valioso. Despertando para o tesouro realmente espantoso do qual Deus nos tornou guardiões, uma dívida de gratidão aflora em nosso ser mais íntimo e tentamos fazer o possível para que esse dom dê resultado. O mundo não ganha muito se tentarmos salvar nossa vida – se pensarmos só na vida do ego e não investirmos tempo e energia no esforço evolutivo de construir um mundo melhor e mais compassivo. Em última análise, estamos aqui para ajudar, por todos os meios possíveis, no avanço do espírito de Cristo ou consciência de Cristo para toda a humanidade.

Da mesma maneira, em vez de uma espiritualidade mesquinha, temos de procurar uma que seja comprometida com outras pessoas e em favor delas. Essa é a única e verdadeira "vinda" futura do Messias ou Era Messiânica que nosso mundo pode conhecer. A vinda do Messias não passa de uma ilusão se as pessoas ficarem olhando para o céu, esperando por uma intervenção sobrenatural de algum tipo. Isso nunca vai acontecer. Temos uma missão, e a responsabilidade de construir o Reino dos Céus aqui na Terra cabe inteiramente a nós.

O segundo ponto alto da parábola, para mim, é a promessa enigmática do senhor dos escravos para os que negociaram seus talentos com lucro: "Sobre o pouco foste fiel, sobre muito te colocarei." Acho que isso tem um sentido escatológico. Ou seja, acredito que se trata de uma referência alegórica a um estado ou "local" futuro, ainda totalmente desconhecido e incognoscível, onde a alma glorificada terá responsabilidades muito maiores do que podemos imaginar com nossa capacidade atual. É claro que isso é especulação. Mas eu me recuso a imaginar que a eternidade seja uma dimensão onde não se faz nada. Ou, pior ainda, algo semelhante à representação tradicional de um "céu" ensinada no passado. Tentei abordar esse assunto com alguma profundidade em *Life After Death*. Entrar "no gozo do teu senhor", como diz Carl Jung – falando de uma "vida futura" –, está "muito além do que conseguimos pensar ou imaginar".

Parábola do juízo das nações

Os leitores dos Evangelhos que deixam seus sentidos se embotarem pela atitude mecânica ou piedade excessiva muitas vezes têm medo de reconhecer seus sentimentos verdadeiros e pensar com clareza quando algumas passagens são lidas na igreja, ou quando leem o Evangelho em casa. Frequentemente, um senso equivocado de "respeito" abafa ou prejudica seus processos racionais normais. A verdade é que, se na história de Jesus existe muita coisa que nos inspira, também existem detalhes que nos chocam espiritualmente, e às vezes até moralmente. Por exemplo, lendo os capítulos 23-25 de Mateus com a mente alerta, descobrimos um aspecto "sombrio", condenatório e até apocalíptico dos ensinamentos de Jesus. Em certos momentos, eles parecem em contradição direta com alguns ditos específicos de Mateus no Sermão da Montanha, por exemplo as exigências de não julgar outras pessoas e tratar com amor os inimigos ou adversários.

Embora estejam repletas de simbolismo, essas passagens, lidas literalmente junto com o Livro da Revelação (o Apocalipse), formam a base da "teologia do fim dos tempos", muito popular mas também assustadora, de vários grupos ultrafundamentalistas atuais. Um testemunho eloquente do sucesso dessa visão simplista e às vezes grosseira é o fato, entre outros, de que a série de romances *Left Behind*, dos evangelistas norte-americanos Tim LaHaye e Jerry B. Jenkins, já vendeu mais de sessenta milhões de exemplares – mais até do que *O Código Da Vinci* – e deve render uma avalanche de filmes.

Há uma ironia enorme em tudo isso. Já vimos e comentamos esse fato antes. No capítulo 24, Mateus interrompe seu relato terrível do fim dos tempos com um comentário que deveria abalar até o âmago todos os literalistas entusiasmados por um suposto Êxtase final. Nos versículos 34-35, Mateus escreve: "Em verdade vos digo que não passará esta geração sem que tudo isto aconteça. Passará o céu e a terra, mas as minhas palavras não passarão."

Pense nisso. Nada pode ser mais claro. Nenhuma leitura literal dessas palavras pode evitar a conclusão de que, naquele contexto, o autor estava e ainda está totalmente enganado. A observação de que "o céu e a terra passarão" antes que suas palavras sejam desmentidas mostra um erro monumental. Baseados em passagens como essa, vários estudiosos importantes do Novo Testamento sustentam hoje uma opinião semelhante à de Albert Schweitzer, já comentada acima. Afirmam que o Jesus histórico esperava um "fim dos tempos", mas estava enganado. Essa questão tem enorme relevância hoje em dia por causa da atitude quase histérica de alguns círculos ultraevangélicos convencidos de que o "fim dos tempos" está próximo. As várias calamidades ou perigos que nos cercam, em vez de serem vistos como problemas urgentes que temos de enfrentar e resolver – por exemplo, a crise do aquecimento global, o risco de pandemias letais ou a proliferação nuclear em países não democráticos –, são saudados com entusiasmo, como "sinais" seguros de que as profecias da Bíblia estão se cumprindo. Grupos fundamentalistas na Internet estão cheios de alegria vergonhosa pelas atuais tensões no Oriente Médio e calamidades de todos os tipos.

As primeiras duas parábolas de Mateus 25 são bastante claras, com seu apelo à vigilância constante e a ênfase no cultivo responsável dos vários dons ou talentos concedidos a cada um de nós – afinal de contas, ninguém sabe quando será seu último instante. Vivemos diariamente, cada um de nós, na incerteza das vicissitudes da vida. Mas a história final, que encerra todo o "estoque" de parábolas contidas em Mateus, sempre me atraiu mais:

> Quando vier o Filho do homem na sua majestade e todos os anjos com ele, então, se assentará no trono da sua glória; e todas as nações serão reunidas em sua presença, e ele separará uns dos outros, como o pastor aparta dos cabritos as ovelhas; e porá as ovelhas à sua direita, mas os cabritos à esquerda. Então dirá o Rei aos que estiverem à sua direita: Vinde, benditos de meu Pai! Entrai na posse do reino que vos está preparado desde a fundação do mundo. Porque tive fome, e me destes de comer; tive sede, e me destes de beber; era forasteiro, e me hospedastes; estava nu, e me vestistes; enfermo, e me visitastes; preso, e fostes ver-me. Então, perguntarão os justos: Senhor, quando foi que te vimos com fome e te demos de comer? Ou com sede, e te demos de beber? E quando te vimos forasteiro, e te hospedamos? Ou nu, e te vestimos? E quando te vimos enfermo, ou preso, e te fomos visitar? O Rei, respondendo, lhes dirá: Em verdade vos afirmo que sempre que o fizestes a um destes meus pequeninos irmãos, a mim o fizestes. Então o Rei dirá também aos que estiverem à sua esquerda: Apartai-vos de mim, malditos, para o fogo eterno, preparado para o diabo e seus anjos. Porque tive fome, e não me destes de comer; tive sede, e não me destes de beber; sendo forasteiro, não me hospedastes; estando nu, não me vestistes; achando-me enfermo e preso, não fostes ver-me. E eles lhe responderão: Senhor, quando foi que te vimos com fome, com sede, forasteiro, nu, enfermo ou preso, e não te assistimos? Então lhes responderá: Em verdade vos digo que, sempre que o deixastes de fazer a um destes mais pequeninos, a mim o deixastes de fazer. E irão estes para o castigo eterno, porém os justos para a vida eterna. (Mateus 25:31-46)[10]

Com base na metáfora poderosa dos cabritos e ovelhas, o Rei, que representa Deus, separa todos os membros da humanidade e os destina ao castigo numa era futura ou à vida numa era futura. (Observe que a tradução usada aqui – tormento eterno e "vida eterna" – é altamente ambígua. O adjetivo grego *"aionios"*, que corresponde a "eterno", é qualitativo; significa "que pertence ao tipo de vida numa era futura". Não é, graças a Deus, uma descrição de um tempo infinito, aborrecido e estéril.)

O que mais me impressionou da primeira vez em que li essa parábola quando era menino, e que ficou gravado em mim em todos os anos desde então, é o critério a ser usado no Juízo Final. Percebi claramente que ele tinha pouco a ver com as regras de salvação pregadas todo domingo na igreja evangélica que eu era obrigado a frequentar. Como nas cenas do antigo Salão do Juízo egípcio, o critério é puramente prático e ético – sem relação com uma fé ou dogma ou ritual "corretos". Aqui, não importa quantas vezes a pessoa foi à igreja ou qual foi sua formação religiosa – desde "nascer de novo" até a glossolalia (estado de exaltação religiosa em que a pessoa começa a falar línguas desconhecidas, geralmente inexistentes) ou a função de pregador e evangelista. O critério de salvação é exclusivamente o que um budista chamaria de "ação correta" (*samyak karmanta*), ou atitude compassiva – alimentar os que têm fome, dar de beber aos que têm sede, acolher e proteger os estrangeiros, vestir os nus, cuidar dos doentes e visitar os que estão presos. Isso contraria todas as falsas barreiras construídas pelos homens, todas as crenças divisórias e todos os outros tipos de discriminação ao "Cristo" universal ou divindade interior de cada homem, mulher ou criança neste planeta. Lembre-se: "você colhe o que semeia."

Para mim, o ponto alto da parábola é talvez a chave de tudo o mais, de como devemos encarar e viver nossa vida. O personagem central do drama diz: "Em verdade vos afirmo que sempre que o fizestes a um destes meus pequeninos irmãos, a mim o fizestes." Não pode haver prova mais clara nem mais absoluta da verdade do "Cristo" ou presença divina no coração e vida de todo ser humano. É a única solução para a paz e a solidariedade humana. Estou convencido de que nenhuma afirmação em todo o mundo tem potencial transformador maior do que essa. Ela poderia revolucionar da noite para o dia as relações humanas em nosso planeta: os "outros", num sentido profundo, somos nós mesmos. Que visão poderosa!

Parábola dos dois filhos

Como vimos, há uma famosa parábola sobre dois filhos no capítulo 15 de Lucas. Ela deve seu nome a um dos irmãos, o famoso Filho Pródigo. Mas, no capítulo 21 de Mateus, há outra parábola sobre dois filhos, muito menos conhecida, que apesar de sua concisão sempre me fascinou no plano pessoal. Acho que isso tem um motivo: em sua sabedoria lapidar e cortante, ela parece ressaltar da melhor maneira o problema que tem de ser encarado como central em qualquer religião – o abismo enorme entre ideal e realidade, entre as palavras e os atos; o grande intervalo que sempre parece emergir entre os princípios religiosos e a ação concreta. Todos os horrores que podem ser atribuídos à religião, mas também todos os sacrifícios e virtudes santas que podem ser lembrados em seu favor, estão resumidos nessa metáfora breve mas brilhante, uma verdadeira joia do pensamento cristão. Não devemos nos esquecer do que o pensador Ralph Waldo Emerson (1803-1882) disse tão bem: "Ponha seu credo em suas ações / E não fale com hipocrisia."[11]

A parábola é a mais simples possível. Trata-se de um homem qualquer (sem indicação de nome, tempo ou lugar, pois o que vale aqui não é a história, e sim a verdade atemporal) que tem dois filhos. Ele se dirige ao primeiro e o manda trabalhar "hoje" em seu vinhedo. De novo, não sabemos que vinhedo é esse, a quem pertence ou onde fica – pois nada disso interessa. Imediatamente, o filho responde que não quer ir. Mas depois, no mesmo dia, muda de ideia e faz a vontade do pai. Enquanto isso, o pai se dirige ao segundo filho e lhe dá a mesma ordem. No mesmo instante, o rapaz responde: "Eu vou, senhor." Mas a verdade é que ele não vai. Quase podemos ouvir o som de seus passos a caminho do trabalho. Mas ele nunca chega lá. Faz alguns dos movimentos iniciais, mas sem resultado. Jesus, então, pergunta aos sacerdotes e anciãos do povo que exigem provas de sua autoridade para ensinar e curar: "Qual dos dois fez a vontade do pai?" Eles não têm escolha a não ser responder: "O primeiro". Jesus, então, lhes diz que é por esse motivo que os coletores de impostos e as prostitutas "entram adiante de vós no reino de Deus".

A mensagem não poderia ser mais clara. Várias religiões organizadas e muitos fiéis caem constantemente nessa armadilha óbvia. Quantas e quantas vezes pessoas devotas dizem sem pensar duas vezes: "Eu vou", isto é, fazem uma profissão de discipulado ou obediência, mas acabam seguindo na direção exatamente oposta. Basta pensar não só nas crueldades horrendas e vergonhosas que os cristãos – ou muçulmanos, por exemplo – praticaram no passado, contrariando de maneira sangrenta tudo o que a religião ensina e proclama, mas também em coisas muito mais próximas de nós. Depois de anos escrevendo artigos e matérias sobre todas as religiões do Canadá e ao redor do mundo, conheci não só o lado glorioso, como também o lado sombrio e revoltante das principais religiões. Muitas vezes, quando se procura honestidade, compaixão ou mesmo tolerância verdadeiras, não se encontra nada disso em pessoas de orientação religiosa que dizem "Eu vou" mas não cumprem o que dizem. Ao contrário, justamente quando menos se espera, nos chamados "ateus" ou em pessoas que aparentemente dizem "não" ao Deus ou divindade interior, do ponto de vista intelectual e até moral, encontramos a aceitação "destes meus pequeninos irmãos" ou um coração verdadeiramente íntegro.

Nesse sentido, penso sobretudo em dois jovens canadenses que conheci certa vez, enfermeiros voluntários no "Lar dos Moribundos" de Calcutá, quando visitei, em dezembro de 1979, o hospital de Madre Teresa improvisado no pórtico do Templo de Kali, logo depois de ela ter recebido o Prêmio Nobel da Paz. Os dois jovens, que se diziam ateus, colaboravam da maneira mais humilde possível num dos lugares mais assustadores do planeta. Quando conversei com eles, descobri que não só eles não recebiam nada por isso, como também haviam pago as despesas de viagem até Calcutá, encarando como um privilégio a permissão de assistir aos pacientes pobres e moribundos daquele hospital. Nunca me esqueci de um detalhe a respeito desse encontro. A maioria das pessoas entrevistadas para uma matéria de jornal se preocupa se seus nomes foram anotados com a grafia correta e se saiu bem nas fotos, mas aqueles jovens se recusaram a fazer as duas coisas. Na verdade, só aceitaram falar de suas crenças e motivações sob a condição de não receberem nenhum tipo de publicidade pessoal. Em minha longa carreira como jornalista, não me lembro de um seguidor de qualquer outra religião ou seita que agisse dessa maneira – com exceção, talvez, de uma ou duas ocasiões em que fiz matérias de denúncia e meu entrevistado tinha algo a esconder.

Se hoje em dia eu continuasse pregando regularmente numa congregação, passaria a ter o hábito de pronunciar um sermão anual sobre essa breve parábola dos dois filhos, não só em benefício das outras pessoas, como em meu próprio benefício. Uma vez ou outra, somos todos culpados de hipocrisia. Essa parábola é uma mensagem eloquente sobre a necessidade de rezar todos os dias – e fazer com que isso aconteça de fato – para que nossas ações sejam ainda mais coerentes com tudo aquilo que dizemos sem pensar duas vezes.

9

DOMINGO DE RAMOS

A letra mata, mas o espírito vivifica.
— S. Paulo, Segunda Epístola aos Coríntios 3:6

A entrada triunfal em Jerusalém

O DOMINGO DE RAMOS, que precede a Páscoa, foi um dos marcos ou festas do ano religioso que me causaram maior impressão quando eu era criança. Por alguns anos, até eu completar 12 ou 13 anos, meu pai nos fazia frequentar uma igreja anglicana no lado leste de Toronto. Mais tarde, ele decidiu que a igreja não era rigorosa o bastante e nós mudamos para um templo evangélico nos arredores da cidade.

Essa igreja anglicana não tinha nada de "catolicizada", pois nem sequer distribuía ramos aos fiéis para o ofício de Domingo de Ramos. Meu pai (que tivera formação religiosa no Condado de Tyrone, na Irlanda do Norte, numa igreja tão "rigorosamente protestante" que, como explicou alguém com senso de humor, as pessoas só "diziam" os hinos, em vez de cantá-los) encararia a entrega dos ramos como um tipo de "papismo" ou algo que poderia levar nessa direção. Mas, como eu cantava no coro com os outros meninos, em traje completo com uma sobrepeliz engomada e o colarinho tradicional de um branco brilhante, apreciava bastante os hinos especiais do Domingo de Ramos, o clima de pompa e solenidade e a igreja lotada.

O que me fascinava especialmente era o ritual anual em que nós – as crianças da congregação, lideradas, é claro, pelas que pareciam mais especiais por causa de seus trajes e sua posição proeminente nas primeiras filas do coro – levávamos nossas caixinhas de papelão da Quaresma, em forma de pirâmide, até a capela-mor, para depositá-las num recipiente de forma semelhante, mas muito maior. As caixinhas individuais eram na verdade pequenos "cofres" onde tínhamos guardado todas as moedas de troco ao longo das semanas da Quaresma, desde a Quarta-feira de Cinzas. As pequenas pirâmides eram adornadas com fotos de crianças de pele morena e preta, e a ideia era ajudar a promover o trabalho missionário em países distantes. Cada caixa que caía na pirâmide maior fazia um tinido profundamente satisfatório que aumentava a consciência da nossa própria importância.

Foi só muitos anos depois, quando eu já fazia o treinamento para o ministério na Igreja Anglicana, que o Domingo de Ramos me causou um "estalo" mental, no sentido metafórico, ao presenciar numa igreja a leitura do relato mais antigo desse episódio, no Evangelho de Marcos. O leitor recitou a fórmula anglicana tradicional: "Aqui começa o primeiro versículo do capítulo 11 do Evangelho segundo S. Marcos", e então abri uma Bíblia colocada no banco da igreja e acompanhei a leitura em silêncio. Você tem de analisar a passagem por si mesmo para ter uma ideia de todo o seu impacto, por isso aqui está a versão mais antiga, narrada por Marcos:

> Quando se aproximaram de Jerusalém, de Betfagé e de Betânia, junto ao Monte das Oliveiras, enviou Jesus dois dos seus discípulos, e disse-lhes: Ide à aldeia que aí está diante de vós e, logo ao entrar, achareis preso um jumentinho, o qual ainda ninguém montou; despertai-o, e trazei-o. Se alguém vos perguntar: Por que fazeis isso? Respondei: O Senhor precisa dele e logo o mandará de volta para aqui. Então, foram, e acharam o jumentinho preso, junto ao portão, do lado de fora, na rua, e o despertaram. Alguns dos que ali estavam reclamaram: Que fazeis, soltando o jumentinho? Eles, porém, responderam conforme as instruções de Jesus; então, os deixaram-nos ir. Levaram o jumentinho, sobre o qual puseram as suas vestes, e Jesus o montou. E muitos estendiam as suas vestes no caminho, e outros, ramos que haviam cortados dos campos. Tanto os que

iam adiante dele, como os que vinham depois, clamavam: Hosana! Bendito o que vem em nome do Senhor! Bendito o reino que vem, o reino de Davi, nosso pai! Hosana nas alturas! (Marcos 11:1-10)

Nessa ocasião, duas coisas me saltaram aos olhos como nunca antes. A primeira foi que, ao contar sua história, Marcos a faz parecer inteiramente "ensaiada". Jesus diz aos dois discípulos onde podem encontrar o jumentinho e fornece uma espécie de "senha" para que ninguém os impeça de trazê-los. Os fãs de conspirações, por exemplo Hugh Schonfield em seu livro *Passover Plot*, tomaram isso como prova de que Jesus "encenou" de fato o desfecho posterior da história. Pessoalmente, acho que os autores e editores de Marcos tinham consciência de que o mito antigo que estavam registrando requeria um jumento como elemento importante, e a presença do animal tinha de parecer plausível de alguma maneira. O jumento não podia "surgir do nada", por assim dizer. S. Mateus dá uma versão muito mais confusa da cena, como veremos adiante.

O segundo aspecto que me impressionou nesse episódio, e que me pareceu mais importante, é a maneira como termina. A narrativa dá uma sensação nítida de intriga, excitação e tensão crescentes, para chegar a um crescendo de louvor e triunfo quando a procissão humilde se transforma num desfile alegre e vitorioso. Surge uma multidão adiante e atrás de Jesus gritando "Hosana!", mas então lemos: "E Jesus entrou em Jerusalém, no templo, e, tendo visto tudo em redor, como fosse já tarde, saiu para Betânia [uma aldeia próxima, a leste da Cidade Santa] com os doze." E assim termina de repente o Domingo de Ramos segundo S. Marcos.

Enquanto ouvia e acompanhava o texto na Bíblia impressa, senti que aquele era um dos maiores "anticlímax" de todas as histórias que conhecia. A frase final soa como uma enorme "pedra" no meio do caminho. Marcos simplesmente interrompe a narrativa neste ponto e passa a descrever o dia seguinte, em que Jesus, apesar das advertências contra juramentos e maldições no Sermão da Montanha em Mateus, amaldiçoa uma figueira que não tinha frutos, embora não fosse "tempo de figos". O simbolismo, é claro, é a única coisa que importa aqui. A "figueira" é Israel, e o "povo de Deus" deveria "dar frutos" em todas as estações do ano.

Ao refletir sobre tudo isso, ficou claro para mim que Mateus e Lucas, assim como João, acharam muito desastrada a descrição do incidente do "Domingo de Ramos" em Marcos e fizeram o possível para retocá-la. Sobretudo no caso de Mateus e Lucas, o anticlímax é evitado quando Jesus segue diretamente da procissão triunfante para a expulsão dos vendilhões no templo.[1] No Evangelho de João, a expulsão dos vendilhões acontece logo no começo do ministério de Jesus, mas no capítulo 2 o autor consegue amenizar o episódio do Domingo de Ramos com a chegada de um grupo de gregos que cerca Jesus e cria uma situação em que ele transmite alguns dos seus ensinamentos mais profundos.[2]

Apesar disso, restam alguns problemas óbvios. Nenhum dos Evangelhos consegue de fato harmonizar de maneira lógica a entrada triunfal em Jerusalém com o resto do drama. Em nenhum lugar encontramos uma explicação adequada para a transição súbita entre multidões de adoradores exultantes saudando seu deus messiânico como "bendito em nome do Senhor", dispostos até a coroá-lo como seu líder, com a plebe histérica e cruel exigindo que Jesus fosse crucificado. Os velhos clichês piedosos sobre a natureza volúvel e pecadora dos seres humanos, ensinados por meus professores de seminário, já não tinham sentido para mim. Além disso, Mateus cai num mal-entendido óbvio quando, em sua ânsia para provar que tudo aconteceu "como está escrito" pelo profeta X ou Y, apresenta Jesus cavalgando dois jumentos ao mesmo tempo!

Mateus cita o profeta Zacarias: "Alegra-te muito, ó filha de Sião; exulta, ó filha de Jerusalém; eis que o teu rei virá a ti, justo e salvo, pobre, e montado sobre um jumento, e sobre um jumentinho, filho de jumenta",[3] e então, levando isso ao pé da letra, diz: "E, indo os discípulos, e fazendo como Jesus lhes ordenara, trouxeram a jumenta e o jumentinho, e sobre *eles* puseram as suas vestes, e fizeram-no assentar em cima" (o grifo é meu). Na verdade, a profecia foi expressa simplesmente com base no paralelismo judaico: uma afirmação qualquer é enfatizada ao ser repetida de maneira ligeiramente diferente. Os Salmos estão cheios desse tipo de figura de linguagem, como "Lâmpada para os meus pés é tua palavra, e luz para o meu caminho". Mas Mateus, como acontece inevitavelmente numa interpretação literal de textos alegóricos, apresenta uma manobra grotesca: Jesus surge montado no lombo de dois jumentos.

Reencarnação?

Apesar disso, a teologia esotérica destacou a presença dos dois animais (sem insistir que Jesus os cavalgava ao mesmo tempo!) como símbolo de algo profundamente enraizado na antiga filosofia espiritualista: o conceito de que a evolução da alma em direção à divindade plena não se completa num único ciclo de vivência carnal, pois tem de atravessar uma sucessão de vidas, sempre passando da fase anterior de uma geração para a fase seguinte da geração mais jovem. Cada nova geração da vida física animal assume a tarefa de levar a alma adiante nessa progressão – e isso explica o simbolismo do jumento adulto com o jumentinho. Para muitos teólogos antigos, de Pitágoras a Platão até chegarmos aos cristãos primitivos – Orígenes, por exemplo –, esse era um símbolo da reencarnação. Há uma certa lógica convincente nesse aspecto da doutrina.

Vou discutir a reencarnação em mais detalhes na edição revista de *Life After Death*. Mas, já que mencionei o assunto aqui, como já tinha feito no capítulo 5, na discussão da cura do homem cego de nascença, e já que muita gente acredita que a reencarnação é uma resposta para o problema de como a alma realmente evolui, é importante abordar o assunto resumidamente neste livro. A ideia de que voltamos para o plano terreno várias vezes num ciclo vasto de tempo, de acordo com as leis do karma, é muito antiga e foi defendida por vários teólogos importantes da Igreja primitiva – Orígenes é o que me ocorre em primeiro lugar. A crença persistiu até que vários concílios religiosos finalmente a rejeitaram como herética, no século VI d.C. A conclusão – errada, na minha opinião – foi que ela contrariava o dogma ortodoxo sobre a ressurreição do corpo. Já que nenhum de nós é perfeito do ponto de vista espiritual, e já que há injustiças gritantes no mundo, a teoria de que precisamos "pagar" por nossas dívidas kármicas, e de que a alma precisa da vivência mais abrangente possível para alcançar a maturidade plena, atrai muitas pessoas. Para elas, a crença na imortalidade da alma pressupõe a reencarnação.

Acredito, porém, que podemos considerar outra possibilidade. Sim, todos nós temos de aprender mais, por exemplo sobre a perseverança em face do sofrimento, sobre o amor verdadeiro por nós mesmos e pelas outras pessoas, sobre aspectos amplos das possibilidades e erros humanos. Há uma variedade enorme de desigualdades na vida a serem corrigidas. Mas por que tudo isso deveria se limitar a um único planeta e à nossa existência física sobre ele? Eu gostaria de postular uma hipótese completamente diferente – que pode se estender por milhões de anos em planos absolutamente distintos e em outros planetas muito além do nosso conhecimento. Hoje em dia, os físicos falam em "universos paralelos" e os astrofísicos descrevem trilhões e trilhões de galáxias espalhadas pelo universo, além do que somos capazes de imaginar. Será que não é tempo de dar uma nova interpretação à doutrina da reencarnação? Há um versículo no Evangelho de João em que Jesus, falando na vida após a morte, diz: "Na casa de meu Pai há muitas moradas." A palavra grega significa "lugares de repouso" ou "alojamentos temporários". Acho que isso quer dizer que a morte, de fato, não nos leva ao fim de toda a nossa jornada ou à consumação milagrosa de nossa alma. Ela é só um portal de passagem para vivências desconhecidas e uma expansão posterior em outros planos espirituais, até finalmente estarmos prontos para o que S. Paulo chama de momento de "conhecer como também sou conhecido". Enquanto isso, "vemos como em espelho", mas um dia "veremos face a face".[4]

Resumindo

Seja como for, o que parece absolutamente claro sobre a história da procissão triunfal do "Domingo de Ramos" é o seguinte:

a) na verdade, trata-se de uma alegoria da vitória da alma sobre a natureza material e animal (representada pelo jumento) e sua entrada final e triunfante num lugar de "paz sagrada" – que é o sentido da palavra "Jerusalém"; e
b) o motivo pelo qual a história acaba abruptamente em Marcos e só até certo ponto se encaixa melhor na narrativa dos outros Evangelhos é que está completamente fora de contexto no lugar em que foi colocada.

Deixe-me explicar. Já que essa é uma representação mítica ou alegórica da "entrada" final e vitoriosa da alma no reino da bem-aventurança e da paz, seu lugar lógico seria não só depois da crucificação, como depois das passagens sobre a ressurreição – perto ou imediatamente antes da Transfiguração, onde finalmente se revela sua glória verdadeira e inata. A culpa da ordem errada coube a Marcos em primeiro lugar, e os outros, encontrando o relato naquele local do texto e numa tradição crescente, fizeram o melhor que podiam. Aparentemente, há poucas dúvidas de que Marcos fez vários "empréstimos" do Antigo Testamento para contextualizar sua história e, além da versão grega do Antigo Testamento (que já tinha influência da mitologia egípcia), usou citações das culturas próximas. Por exemplo, Dennis MacDonald, professor da Universidade de Yale, em seu livro polêmico *The Homeric Epics and the Gospel of Mark*, publicado no ano 2000, traça vários paralelos convincentes entre o relato de Marcos e a *Odisseia*, o livro mais conhecido (e geralmente interpretado do ponto de vista alegórico) de toda a cultura do mundo mediterrâneo no século I d.C.

Sabemos com certeza que Dionísio ou Baco, deus fortemente influenciado pelo protótipo de Hórus no Egito (e que era também, como já dissemos, um deus do vinho abundante), era carregado às vezes por um jumento. Logo no início do século I d.C. (por volta do ano 4), Higino, em seus escritos sobre astrologia (Livro II, "Câncer"), conta que Dionísio, chegando a um grande pântano que não tinha condições de atravessar, avistou dois jumentinhos e capturou um deles, "e assim foi carregado através do pântano sem tocar na água em nenhum momento".[5] Nesse contexto, para mostrar mais claramente que a história de Jesus é um mito baseado em várias referências astronômicas e zodiacais, vale lembrar que o antigo símbolo grego da constelação de Câncer, ou Caranguejo, era em geral "um asno e seu filhote".[6] O estudioso Thomas Thorburn, que tentou desacreditar todas as interpretações míticas dos Evangelhos, diz apesar disso que o astrônomo Ptolomeu chamou duas estrelas na constelação de Câncer de "os Dois Jumentos" e a mancha luminosa entre elas de "Manjedoura". Assim, quando o Sol se encontrava no meio do signo zodiacal de Câncer, os antigos astrônomos gregos diziam que ele estava "cavalgando dois asnos".

Em seu livro *The Jesus Mysteries*, os escritores britânicos Timothy Freke e Peter Gandy explicam que, quando a multidão de peregrinos em Atenas seguia pelo "caminho sagrado" em direção a Elêusis para celebrar os famosos "mistérios eleusinos", um jumento carregava um cesto com a "parafernália" que seria usada para criar a estátua de Dionísio. Conforme a procissão avançava, a multidão gritava seus louvores a Dionísio e agitava feixes de arbustos no ar. As semelhanças são realmente notáveis.

Assim, a esta altura alcançamos uma nova visão dessa história. O jumento, como vimos, tinha relação com várias divindades antigas, tanto no Egito quanto ao longo da bacia do Mediterrâneo. Nos mistérios gregos de Dionísio, o animal era um símbolo comum da natureza animal inferior em todos nós. Portanto, ele simbolizava, por exemplo, a luxúria (existe ao menos um vaso antigo com a pintura de um asno de falo ereto dançando com os devotos de Dionísio), a ganância e outros instintos primitivos. A personagem do homem-deus cavalgando um jumento numa parada vitoriosa era o símbolo por excelência da vitória final de cada um de nós sobre nosso ego inferior e animal. O escritor romano Lúcio Apuleio escreveu uma obra, hoje famosa, chamada *O Asno de Ouro*. Nela, Lúcio é transformado num asno por causa de sua própria insensatez e suas fraquezas. Mas depois ele passa por uma série de aventuras ou "estágios de iniciação" até ser levado a reconhecer quem e o que realmente era. O conto é uma alegoria que já estava implícita em todos os mistérios pagãos.

À luz de tudo o que foi dito acima, as lições e os hinos do Domingo de Ramos, o domingo antes da Páscoa, ressoam hoje com um sentido totalmente transformado. Não se trata de um momento passageiro de celebração na vida de um personagem "salvador", num passado bem distante. Trata-se da conquista final da glória para a alma de todos nós.

10

A PAIXÃO DE CRISTO

> *Se não nos tivessem ensinado a interpretar*
> *a história da Paixão, será que poderíamos dizer,*
> *só com base em seus atos, quem realmente amou*
> *Jesus Cristo: Judas, o ciumento, ou Pedro, o covarde?*
> — Graham Greene: *The End of the Affair*

Traição — A história de Judas

> *E Judas Iscariotes, um dos doze, foi ter com os principais*
> *dos sacerdotes para lhes entregar Jesus. Eles, ouvindo-o,*
> *alegraram-se, e lhe prometeram dinheiro;*
> *nesse meio-tempo, buscava ele uma boa ocasião para o entregar.*
> — Marcos 14:10-11

O TEMA DA TRAIÇÃO tem grande destaque no desfecho final da história de Jesus, justamente porque é um elemento crucial e universal no drama da própria vida humana. Nenhum mito da jornada da alma seria completo sem ele. De uma maneira ou de outra, a traição está presente em todas as principais obras literárias de todas as épocas e culturas que conhecemos. Além disso, cada um de nós já experimentou, ou provavelmente vai experimentar um dia, as dores da decepção, da amargura e até do terror ou do pânico quando nos vemos no papel do traidor ou do traído.

Numa das histórias mais amplamente conhecidas do antigo mundo mediterrâneo, a da morte de Osíris, ele é traído por seu próprio irmão Seth. Na Bíblia hebraica, a história mítica dos filhos de Israel escravizados pelo faraó egípcio começa, como todos devem se lembrar, por uma traição notória: José, o sonhador com a "túnica de várias cores", foi traído e vendido como escravo por seus próprios irmãos enciumados. O Rei Artur, que como Jesus tinha doze seguidores (os Cavaleiros da Távola Redonda), é traído pelo adultério do seu amigo íntimo sir Lancelot com a rainha Guinevere. No folclore dos índios norte-americanos, existe a lenda sioux de Corvo Negro, traído por seu velho amigo Águia Guerreira quando os dois homens se apaixonam pela mesma bela mulher. A traição é uma referência comum nos sonetos de Shakespeare, e as três palavras mais imortalizadas de suas peças são talvez as de Júlio César a Brutus – "Até tu, Brutus?" –, quando o filho adotivo do imperador junta sua espada ao ataque dos assassinos.[1] Os relatos sobre Abu Musat al-Zarqawi, líder da Al-Qaeda morto num ataque aéreo norte-americano em 8 de janeiro de 2006, afirmam que o "terrorista mais procurado" do Iraque foi traído em última análise por "informações de sua própria rede de contatos".[2]

Mas, para S. Marcos e os outros evangelistas, empenhados em apresentar sua história como conclusão lógica e coroamento da única Bíblia que eles conheciam – as Escrituras que hoje chamamos de Antigo Testamento –, um versículo contendo um modelo de traição se destacava entre todos os outros como precedente e símbolo absoluto. No Salmo 41, o salmista se queixa de que seus inimigos tramam contra ele e "contra mim imaginam o mal". Então, afirma que o golpe mais baixo vem da pessoa que lhe é mais próxima: "Até o meu amigo íntimo, em quem eu confiava, que comia do meu pão, levantou contra mim o calcanhar."[3] Não se pode ressaltar o bastante que, muitos séculos depois, essa mesma cena foi dramatizada de maneira deliberadamente alegórica por S. Marcos e os outros evangelistas, quando Jesus prediz na Santa Ceia que um daqueles que comiam com ele iria traí-lo. "Respondeu-lhes: É um dos doze, o que mete comigo a mão no prato."[4]

A traição mais dolorosa na vida real, portanto, não vem de nossos inimigos mas, por definição, de nossos amigos mais íntimos. Há uma verdade profunda, mesmo parecendo injusta ou precipitada, no provérbio: "Deus me proteja de meus amigos, pois eu mesmo cuido de meus inimigos." Lendo atentamente os relatos dos Evangelhos sobre a traição de Judas, qualquer pessoa se impressiona com a repetição dramática da frase sinistra: "Ele era um dos doze", ou seja, um amigo íntimo e familiar.

É significativo o fato de que o Evangelho mais antigo, o de S. Marcos, não dá nenhum motivo para a conspiração de Judas, além da menção a uma oferta de prata depois que a proposta já tinha sido feita; simplesmente, a traição era parte necessária do mito antigo e atemporal. Mas S. Mateus, obviamente, sentiu a necessidade de tornar os atos de Judas mais verossímeis – e mais condenáveis –, e assim, em seu Evangelho, Judas pergunta aos sacerdotes, de maneira mais explícita e com antecedência, o que eles lhe darão "se eu o entregar para vós". Os sacerdotes lhe pagam trinta moedas de prata – e esse detalhe, de novo, é muito sugestivo. Como ressalta Mateus mais adiante (depois que Judas tenta devolver o dinheiro quando vê que Jesus fora condenado), essa quantia já fazia parte de uma tradição antiga. Ele cita a Escritura para provar isso. Os chefes dos sacerdotes aceitam as moedas de volta, mas, como se trata de "preço de sangue", compram com elas "o campo de um oleiro, para sepultura dos estrangeiros" (isto é, não judeus). Nessa altura encontramos uma das fórmulas frequentes em Mateus, do tipo "então se cumpriu": "Então se realizou o que vaticinara o profeta Jeremias: Tomaram as trinta moedas de prata, preço do que foi avaliado, [...] E deram-nas pelo campo do oleiro, segundo o que o Senhor determinou."

Para muitos leitores inteligentes, é óbvio que toda a história da Paixão nos Evangelhos foi escrita e estruturada ao redor do "esqueleto" de outras passagens que já tinham séculos de tradição no judaísmo daquela época – e sofreram influência muito anterior dos escritos religiosos do Egito antigo. Os leitores de Platão vão se lembrar, é claro, de que Sócrates – que também sem ter praticado nenhum crime – foi condenado à morte pelo Estado ateniense e, antes que o mestre sofresse a execução, seus seguidores ofereceram trinta moedas de prata (*minae*) pela comutação da pena. A proposta foi recusada. A quantia de trinta moedas (ou siclos) de prata é bastante comum em outros livros do Antigo Testamento, por exemplo numa passagem bem conhecida do capítulo 11 de Zacarias ou no capítulo 21 do Êxodo. Neste último caso, é a quantia exata que deve ser paga a um senhor de escravos quando um dos escravos é escornado pelo boi de outra pessoa. Assim, as trinta moedas de prata eram elemento comum nos mitos e outros tipos de histórias antigas. Alguns estudiosos acreditam que o número surge com tanta frequência porque o mês solar tem trinta dias. Com certeza, isso explica o fato de que vários deuses solares começam sua vida adulta nessa idade.

É interessante observar que Judas tem recebido um tratamento mais favorável por alguns estudiosos recentes da Bíblia. Evitando a tendência dos Evangelhos de mostrá-lo como avarento e cheio de vários outros defeitos (S. João, por exemplo, levando a difamação ao máximo, chega a tachá-lo de ladrão comum), esses teóricos postulam uma visão mais ampla da trama. Com base na tese de que a traição não se devia à falta, e sim ao excesso de fé, eles afirmam que secretamente Judas era membro ou simpatizante da seita dos zelotes. Judas acreditava plenamente nas palavras e nos poderes de Jesus, e assim, para obrigar seu mestre a "mostrar do que era capaz", concordou em levar as autoridades até o local secreto de encontro – o "jardim" de Getsêmani – acreditando que, se a situação chegasse a um ponto crítico, Jesus tomaria medidas decisivas. Convocaria "legiões de anjos" e derrubaria os odiados opressores romanos para inaugurar o Reino de Deus na Terra. Mas, ao ver Jesus sendo levado passivamente para a execução, Judas percebe tarde demais seu enorme mal-entendido, e assim retira-se para se enforcar.

Tudo isso, é claro, não passa de especulação. O relato mais simples de Marcos afirma que a morte de Jesus foi um cumprimento inevitável e necessário da profecia – "Pois o Filho do homem vai [à morte], como está escrito a seu respeito", diz Jesus. O paradoxo é exposto corajosamente. Havia necessidade de um traidor, "mas ai daquele por intermédio de quem o Filho do homem está sendo traído! Melhor lhe fora não haver nascido".[5] Em outras palavras, ações erradas são inevitáveis em nossa condição humana. Mesmo assim, em última análise elas podem levar a um bem. Isso não impede que tenhamos de pagar um preço. Toda ação tem uma consequência kármica inexorável. S. Paulo afirma no capítulo 6 versículo 7 da Epístola aos Gálatas: "Pois aquilo que o homem semear, isso também ceifará."

Judas e o judaísmo

Quando insistimos em forçar uma interpretação literal, toda a narrativa de Judas parece distorcida por dificuldades lógicas e morais realmente insuperáveis. Ele leva a culpa por ter feito o que Deus tinha planejado com antecedência! Jesus lhe diz: "O que pretendes fazer, faze-o depressa" (João 13:27). O mais trágico em toda essa visão literalista é a enormidade das catástrofes reais que causou ao longo dos séculos. Harold Bloom, famoso crítico literário norte-americano e autor de vários livros importantes sobre temas religiosos, observa com mordacidade que o Judas dos Evangelhos é "uma ficção claramente mal-intencionada que ajudou a justificar o assassinato dos judeus por dois milênios".[6] O próprio fato de ele se chamar Judas mostra que foi usado como "bode expiatório" do judaísmo em sua rejeição a Jesus. Tornou-se um estereótipo que justificava todo tipo de desprezo e violência.

A maioria das pessoas, inclusive religiosos praticantes, não sabe que o próprio Novo Testamento contém um relato diferente e alternativo da morte de Judas, não por suicídio, como dizem os Evangelhos, mas por uma queda na qual ele "rompeu-se pelo meio e todas as suas entranhas se derramaram". Observe de novo, porém, que a ação de Judas foi considerada necessária para que o plano de Deus se cumprisse. Os Atos dos Apóstolos dizem o seguinte:

> Naqueles dias, levantou-se Pedro no meio dos irmãos (ora, compunha-se a assembleia de umas 120 pessoas) e disse: Irmãos, convinha que se cumprisse a Escritura que o Espírito Santo proferiu anteriormente pela boca de Davi, acerca de Judas, que foi o guia daqueles que prenderam a Jesus; porque ele era contado entre nós e teve parte neste ministério. Ora, este homem adquiriu um campo com o preço da iniquidade; e, precipitando-se, rompeu-se pelo meio, e todas as suas entranhas se derramaram; e isto chegou ao conhecimento de todos os habitantes de Jerusalém, de maneira que em sua própria língua esse campo era chamado Aceldama, isto é, Campo de Sangue. Porque está escrito no livro dos Salmos: Fique deserta a sua morada; e não haja quem nela habite, e Tome outro o seu encargo. (Atos 1:15-20)

Na primavera de 2006, a revista *National Geographic* publicou um manuscrito inédito, *O Evangelho de Judas*, texto gnóstico datado originalmente do século II d.C. que mostra uma imagem totalmente diferente de Judas. Foi encontrado no Egito em 1970. No novo Evangelho, Judas é aquele a quem Jesus revela o segredo do reino dos céus – o fato de que todos nós somos seres de luz aprisionados temporariamente em corpos físicos. (Em resumo, é essa a mensagem de *O Cristo dos Pagãos*.) Jesus, nesse Evangelho, passa a confiar em Judas e planeja com ele a traição no jardim de Getsêmani, para que ele, Jesus, se "desnudasse" do fardo do corpo físico e pudesse então voltar à glória dos reinos de luz. Os conservadores, como era de se prever, negaram a importância do achado, dizendo tratar-se do documento herético descrito pela primeira vez por Ireneu (o primeiro "caçador de heresias" da Igreja), bispo de Lyons, na França, entre cerca de 170 e 200 d.C. Mas é uma prova a mais, junto com cerca de outros vinte Evangelhos descobertos em Nag Hammadi, no Alto Egito, em 1945, de que no início houve muitas "cristandades perdidas", e não só uma única instituição monolítica que, a partir do século IV, se tornou a versão ortodoxa do que chamei em outros momentos de Cristianismo. Esses Evangelhos foram enterrados para escapar às fogueiras da facção vitoriosa e dominadora, depois da "conversão" do imperador Constantino ao Cristianismo e, em seguida, o Concílio de Niceia em 325 d.C. Eles revelam, em grande parte, um tipo de espiritualidade muito mais próxima da descrita neste livro do que os ensinamentos tradicionais da Igreja. As hierarquias não eram importantes. O que contava era a experiência pessoal, e as mulheres eram consideradas tão capazes quanto os homens.

Não é por acaso que foi só em épocas bem recentes que alguns cristãos se mostraram dispostos a admitir a enormidade dos crimes causados pela descrição que os Evangelhos apresentam de Judas em particular, e de Jesus em geral. Em 2004, por exemplo, Celia Lowenstein dirigiu um documentário que trazia uma visão agudamente satírica das consequências trágicas do papel de Judas no Novo Testamento – *Sorry, Judas* [*Perdão, Judas*], produzido e exibido pelo Channel 4 da televisão britânica. O documentário chocou espectadores acomodados de todo o Reino Unido, pois mostrava que todas as imagens negativas dos judeus como pessoas corruptas, feias, gananciosas, traiçoeiras, etc. se deviam a uma interpretação literal de passagens específicas dos Evangelhos, sobretudo em relação a Judas. Observe, por exemplo, de que maneira o Evangelho de João demoniza Iscariotes ainda mais, afirmando que ele se irritou com Maria, irmã de Lázaro, não por usar unguento caro para ungir os pés de Jesus (segundo Judas, o unguento deveria ser vendido e o dinheiro deveria ser dado aos pobres), mas pela intenção de roubar o dinheiro: "Isto disse ele, não porque tivesse cuidado dos pobres; mas porque era ladrão e, tendo a bolsa, tirava o que nela se lançava."[7]

O documentário de uma hora de duração ainda não foi exibido por nenhum rede de televisão dos EUA, pela falta de coragem de encarar a "cólera dos justos" em questões religiosas. Mas, na última semana da Quaresma de 2006, foi mostrado numa sessão especial da congregação da Catedral da Graça Episcopal, em San Francisco, de mentalidade muito progressista, seguido por uma discussão animada conduzida por vários religiosos. Esperamos que muitas outras congregações da América do Norte e de outras partes do mundo sigam esse exemplo.

Nosso lado sombrio

A figura do *Christos* é ao mesmo tempo um modelo ou ideal universal para a humanidade e a essência divina e simbólica do nosso próprio ser individual.

Judas, encarado alegoricamente como parte essencial do drama, é uma metáfora poderosa do aspecto sombrio da experiência espiritual de cada um de nós. Por mais que tente, ninguém consegue ignorar ou evitar totalmente esse aspecto. O mundo em que vivemos, com todas as suas glórias e alegrias, está cheio de decepções profundas e traições de todo tipo. O "Judas" de nossa vida pode assumir várias formas. Ele não se limita aos amigos ou colegas próximos em alguma empresa ou projeto comum. Muitas vezes, traímos a nós mesmos. Essa pode ser a traição mais íntima, e por isso a pior. Como diz Lorde Byron (1788-1824): "Mentimos para nós mesmos mais do que para os outros." Além disso, quando envelhecemos, nosso corpo e até nossa mente podem falhar e deixar-nos à mercê das forças escuras do caos.

Minha mulher, Susan, e eu temos conhecimento íntimo dessa última dimensão da realidade. Aos 63 anos de idade, a mãe de minha mulher, Joan, sofreu uma embolia grave durante uma cirurgia de válvula cardíaca. De repente, a mãe antes tão carinhosa, cheia de vida e de aspecto jovem foi cruelmente atingida por paralisia do lado esquerdo e perda de memória, ficando assim pelo resto da vida. As mãos dela, que ao longo de toda a sua vida estiveram sempre ocupadas no prazer de tricotar, costurar, passar a roupa e assar seu próprio pão, já não obedeciam à vontade. Ela não podia andar ou lembrar-se das coisas mais recentes que dissera ou fizera. Consciente dessas perdas, mas sem condições de remediá-las, ela aguentou por doze anos, com o máximo de alegria possível, o que para a maioria de nós poderia parecer um tipo de inferno.

Como argumenta Scott Peck em *The Road Less Traveled*, o mais importante na vida, em última análise, é "abrir mão das coisas", geralmente contra nossa vontade. No final, temos de render nossa vida inteiramente a esse plano. O corpo material nos "trai". Mas o sentido real de tudo isso é que, mesmo nas horas de traição mais cruel e desespero mais profundo, a presença do Cristo interior nunca falha e nunca nos abandona. Seja aonde for que nos leve o caminho da vida, no final de tudo há uma vitória decisiva. O significado espiritual de toda a história de Cristo mostra isso com clareza triunfante. Essa foi a fé que nos permitiu manter a esperança em relação a Joan, embora seu sofrimento causasse tanta tristeza em todos os que a amavam.

Simone Weil, a mística francesa que morreu em 1943, aos 34 anos de idade, e nunca passou um dia de sua vida adulta sem sofrer dores terríveis, escreveu palavras comoventes sobre isso. Ela disse:

As consequências exteriores da dor verdadeira são quase sempre ruins. Tentar disfarçar isso seria mentir. É na própria dor que brilha o esplendor da misericórdia divina, a partir de suas profundezas, no cerne de sua amargura inconsolável. Quando insistimos em nosso amor apesar de tudo, chegamos ao ponto em que a alma não consegue reprimir o grito: "Meu Deus, meu Deus, por que me abandonaste?" [...] mas quando seguimos [...] sem deixar de amar, acabamos alcançando algo que não é dor nem alegria, algo que não tem a ver com os sentidos, não tem a ver com alegria e sofrimento: o verdadeiro amor divino.

Em si mesma, a noção da presença de Deus, diz ela, não oferece consolo mesmo no sofrimento, mas "sabemos com absoluta certeza que o amor de Deus por nós é a própria essência dessa amargura e dessa mutilação".[8]

A crucificação e morte de Jesus

As mitologias [...] às quais nos referimos eram de deuses que morriam e ressuscitavam: Átis, Adônis, Osíris/Hórus, um após o outro. Em todos eles, a morte e a ressurreição tinham relação com a Lua, que "morre" e "ressurge" a cada mês. Ela se apaga por duas noites e três dias, assim como Jesus esteve duas noites e três dias no sepulcro.
— JOSEPH CAMPBELL: *The Power of Myth*

Com relação à referência de Joseph Campbell sobre a Lua e sua conexão com a morte e ressurreição de Jesus, é importante lembrar que, a cada ano, a Páscoa sempre cai no primeiro domingo *depois da primeira Lua cheia* que se segue ao equinócio da primavera. Assim, tanto o Sol como a Lua têm papel importante nesse ritual. São realidades e símbolos pagãos apresentados em roupagem cristã. Da mesma maneira, a Páscoa judaica também tem pontos de contato com a mitologia solar e lunar.

No livro *For Christ's Sake*, de 1986, tomei uma atitude que me pareceu ousada, depois de muito estudo, reflexão e busca espiritual. Finalmente, resolvi ter coragem de dizer claramente as conclusões a que chegara, depois de alguns anos, sobre o verdadeiro significado e natureza da crucificação, tal como é descrita no drama dos Evangelhos. Muito antes disso, aceitei e adotei por alguns anos o dogma ortodoxo segundo o qual só o sangue de Jesus "nos purifica de todo o pecado" e a crença de que Jesus morreu por mim pessoalmente (que eu realmente "estava presente quando crucificaram meu Senhor") era um passo essencial para ser "um verdadeiro cristão". Mas, estranhamente, eu sempre me sentira pouco à vontade com esse dogma, tanto em termos morais quanto intelectuais. Eu costumava me encolher de medo ao ouvir hinos evangélicos como estes:

> Queres livrar-te do fardo de teus pecados?
> Há poder neste sangue, há poder neste sangue [...]

ou:

> Lava-me no sangue do cordeiro
> E eu serei mais branco do que a neve [...]

ou:

> Há uma fonte repleta de sangue
> Que escorreu das veias de Emanuel;
> Quando os pecadores mergulham nesse jorro,
> Livram-se das nódoas de todos os pecados.

O tipo de "banho de sangue" mostrado com tantos detalhes em *A Paixão de Cristo*, filme de Mel Gibson de 2004, estava implícito em toda a concepção evangélica de minha juventude. Quase todo pregador que ouvi tinha obsessão por esse tipo de teologia. Os unitaristas, por exemplo, eram desprezados porque "não pregavam o sangue". Tudo dependia de uma expiação dos pecados graças ao papel substitutivo de Jesus como "Cordeiro de Deus", numa situação de sacrifício em que, na verdade, eu e você deveríamos estar. Com o passar dos anos, quanto mais eu refletia sobre isso, quanto mais estudava o assunto, quanto mais percebia, por exemplo, toda a barbárie e horror praticados contra os judeus enquanto povo por causa de uma visão excessivamente literal do sofrimento de Jesus e sua morte na cruz, mais me sentia inclinado a rejeitar totalmente esse modelo de exegese ou interpretação. Como expliquei longamente em *For Christ's Sake*, nada disso tinha mais sentido para mim. Por exemplo, Deus não podia ter um "filho" no sentido literal – era um antropomorfismo elementar demais para resistir a um mínimo de pensamento racional.

No entanto, supondo que Ele realmente tenha enviado ao mundo "seu único filho para salvar os pecadores", como e com que esforço da imaginação humana um estratagema assim poderia funcionar? Percebi que nunca entendera realmente como a morte de uma pessoa inocente, ainda que fosse um santo ou mesmo um ser divino, iria corrigir e anular os pecados de toda a humanidade – inclusive atrocidades como as Cruzadas, as torturas da Inquisição e o pesadelo do Holocausto de seis milhões de judeus. Ainda me abalo ao pensar que há milhões e milhões de cristãos hoje em dia que se apegam tragicamente a esse tipo de fé cega, para mim totalmente incompreensível, baseada num literalismo estrito. O que dizer de todas as guerras injustas em nome da religião? E o que dizer dos inúmeros crimes de abuso sexual de crianças praticados pelos mesmos padres que pregam essa aparente loucura?

E além disso, supondo por um instante que a carga gigantesca de pecados passados e presentes pudesse ser perdoada de alguma maneira pelo que se diz que aconteceu no Calvário, será que essa transação é realmente ética? Será que se pode explicar de maneira aceitável, em termos de uma concepção ética normal, que uma única pessoa – supondo que isso fosse possível – pague a penalidade ou o preço por erros e crimes deliberados cometidos por outros? Ou, para dar a isso uma dimensão mais cósmica: será que o crescimento ou evolução moral de toda uma raça avança um milímetro quando o peso da responsabilidade e oportunidade de progresso pela experiência é afastado dos ombros de todos os outros pelo poder de um só? Não admira que S. Paulo conclame os cristão de Filipos a "trabalhar por vossa própria salvação, pois Deus trabalha também ao vosso lado" (minha tradução).

Soma-se a isso a ideia paradoxal e absurda de um Pai amoroso que deliberadamente exige a morte do seu "Filho amado" para que as ofensas contra seu senso de probidade e justiça fossem perdoadas. Nenhum pai humano amoroso agiria dessa maneira, mas a Igreja nos pede (ou nos obriga) a acreditar que o Deus do Amor agiu assim.

Hoje em dia, essa mentalidade não pode e não deve funcionar para um número crescente de pessoas. Ela lembra muito a ideia de Deus examinada pelo dramaturgo Tennessee Williams (1911-1983) em sua peça bem conhecida de 1964, *The Night of the Iguana* [*A Noite do Iguana*]. No segundo ato, Shannon, um ex-pastor episcopal que organiza excursões turísticas na América Central para sobreviver, descreve sua perda total da fé. Diz que fora despedido por dizer à sua congregação que, na concepção cristã, Deus era um "delinquente senil" e que ele (Shannon) não podia mais celebrar cultos em louvor e glória daquele "velho rancoroso e petulante". Contou a eles que não podia mais aceitar a crueldade implícita em "pôr a culpa no mundo e punir brutalmente todos os seres que Ele criou [inclusive seu próprio Filho] pelos erros de sua própria Criação". É fácil entender por que Shannon perdeu o direito de pregar e o emprego, mas sua lógica, a meu ver, é incontestável.

Entendo agora ainda melhor por que Carl Jung desprezava essas teorias de expiação substitutiva ou vicária, relacionadas com um acontecimento distante no qual Jesus padeceu o sofrimento uma vez e para todo o sempre, para o mundo inteiro. Segundo Jung, a dor de Cristo simboliza ou exemplifica "a dor pela qual todos temos de passar no processo de amadurecimento". Além disso, minha conclusão forçada é que aceitar esse "perdão vicário" do ponto de vista literal ou histórico pode impedir ou bloquear, como acreditava Jung, o crescimento e amadurecimento de todos nós, "aliviando o sofrimento que tem de ser vivenciado por cada indivíduo no processo que leva à integridade espiritual".[9]

Por fim, já que é óbvio nos relatos do Evangelho, encarados literalmente, que a morte de Jesus foi encenada e combinada previamente – ele era o "Cordeiro morto desde a criação do mundo" –, a própria ideia de que os judeus, os romanos ou qualquer outra pessoa, inclusive você e eu, levem a culpa por isso parece totalmente injusta até do ponto de vista do literalismo. O Evangelho de João, em especial, parece ressaltar esse aspecto, já que ali Jesus não é de maneira alguma a vítima indefesa da história da Paixão, mas alguém que está no comando da situação. Ele pode abrir mão de sua vida ou preservá-la; ninguém, diz ele, pode tirá-la contra sua vontade. Por exemplo, em João 14:30-31, num dos discursos finais, Jesus revela o seguinte: "Já não falarei muito convosco, porque aí vem o príncipe do mundo [Satanás]; e ele nada tem de mim [não tem poder sobre mim]; contudo, assim procedo para que o mundo saiba que eu amo o Pai, e que faço como o Pai me ordenou."

Mas, apesar de tudo isso, relendo recentemente o capítulo "A Morte de Jesus" em *For Christ's Sake*, percebi que, desde então, minha jornada me levou mais longe ainda. Na questão do simbolismo, ainda posso me considerar satisfeito com a conclusão que escrevi ali: "[...] a morte de Jesus na cruz não se deve a uma divindade irada exigindo uma oferenda ou sacrifício perfeitos, ou uma situação em que uma das Entidades de Deus morre para apaziguar a outra; nem representa um tipo de pacto entre Deus e Satanás, como a Igreja chegou a acreditar por algum tempo. A cruz está no centro da fé cristã, agora e para todo o sempre, porque é uma janela para a essência da realidade. Ela revela a altura, a profundidade e a amplidão do amor e do perdão divinos, que são infinitos, [...] e anuncia a ressurreição que um dia caberá a todos nós [...]"¹⁰ Mas, nos mais de vinte anos que se passaram desde que escrevi isso, e sobretudo depois das pesquisas extensas que levaram a *O Cristo dos Pagãos* e ao livro que o leitor tem em mãos, todo o sentido dos Evangelhos mudou para mim.

Isso vale sobretudo para minha visão e interpretação do papel de Jesus na história como um todo e dos acontecimentos finais do drama atemporal. Não é por acaso que digo "atemporal", pois, quando se percebe a plena dimensão simbólica desses Evangelhos, fica claro que suas poucas referências históricas são simplesmente irrelevantes para o conjunto do significado interior.

Pôncio Pilatos

As referências aparentemente históricas, por outro lado, às vezes também podem ser interpretadas no sentido simbólico para enriquecer a história. Isso fica mais óbvio no caso de Pôncio Pilatos. As palavras "padeceu sob Pôncio Pilatos, foi crucificado, morto e sepultado" são a única referência a um acontecimento ou personagem histórico no Credo cristão. E não há dúvida de que Pilatos foi de fato o governador ou prefeito romano da Judeia de 26 a 36 d.C., no império de Tibério. Ele era conhecido como um homem cruel. Até a própria Roma teve que repreendê-lo por causa disso em pelo menos uma ocasião da qual temos conhecimento. No entanto, o único exemplo de evidência secular que o liga à morte de Jesus está numa breve passagem dos *Anais* do historiador romano Tácito, por volta de 115 d.C. Para uma discussão detalhada sobre a fragilidade do relato de Tácito como fonte confiável, sugiro que os leitores consultem o capítulo correspondente do meu livro *Living Waters*.¹¹

Em resumo, Tácito não se baseou em nenhum registro oficial ou pesquisas pessoais, mas em boatos que ouviu dos cristãos romanos. Ele até era ao citar o cargo oficial de Pilatos, pois chama-o de procurador da Judeia e não de *Praefectus* (prefeito). Mas um exame mais aprofundado mostra por que Pilatos foi escolhido pelos "fazedores de mitos" para desempenhar um papel importante no drama divino. O segredo está no nome "Pôncio Pilatos". Os dois termos vêm de duas palavras gregas. O adjetivo que em latim equivale a *Pontius* significa "relativo ao oceano ou à água em geral", e *Piletos*, do verbo grego *pileo* ("comprimir ou unir estreitamente"), como no caso do feltro (tecido fabricado por empastamento), carrega o sentido de "compacto" ou "denso". Já que, do ponto de vista esotérico, a água geralmente representa a matéria, o significado oculto ou simbólico do nome é "matéria densa". O princípio de *Christos*, em outras palavras, tinha de sofrer uma espécie de sufocamento ou "morte" sob o peso da imersão plena nas profundezas do reino material. Cristo padeceu sob a "matéria densa". Parece um detalhe histórico, mas funciona perfeitamente como mito sublime, o mito da alma no plano material.

Não é por acaso que a participação de Pôncio Pilatos na crucificação gerou uma avalanche de falsificações no século II d.C. Foram apresentadas "provas documentais", sobretudo cartas forjadas (por cristãos) que pareciam escritas pelos responsáveis pela execução de Jesus. Desses textos, os mais notórios são sem dúvida a falsa correspondência entre Pilatos e o imperador Tibério.[12]

Aliás, na visão ortodoxa da crucificação há uma contradição gritante que os teólogos da Igreja simplesmente ignoram ou tentam encobrir. A morte de Cristo, argumentam eles, foi um ato histórico de Deus para salvar a humanidade da punição do pecado, permitir a expiação (literalmente, "ex-pia-ção") ou reconciliação com Deus e abrir o caminho para a vida eterna. Mas o pecado original, que teria causado essa suposta alienação, aconteceu num jardim mítico, com uma serpente falante e uma série de outros elementos já bem conhecidos nas tradições suméria e babilônica de um passado mais distante.

Hoje em dia, quase toda pessoa instruída, incluindo os fundamentalistas (com exceção dos mais radicais), sabe que a história da "Queda de Adão" no Gênesis é puro mito. Mas a conclusão totalmente ilógica de que o remédio para um "pecado" mítico tinha de ser um fato histórico é aceita sem problemas e defendida nos púlpitos sem constrangimento. Os dois "polos" ou fases do drama da salvação são míticos, cheios de metáforas e símbolos, e não se baseiam absolutamente em fatos históricos. É por isso que, para S. Paulo, a morte de Cristo acontece num plano espiritual que nada tem a ver com nosso planeta. Insistir na historicidade da crucificação desvaloriza o simbolismo. É uma tentativa de tornar literal e concreto o que pertence ao reino do Espírito. O sofrimento e morte de todos os deuses simbolizam o preço do amor e da energia divinos que recai sobre todos nós.

Barrabás

Na história da crucificação, há outro detalhe muito curioso com uma aparência externa de historicidade, embora a verdade seja justamente o contrário. Refiro-me à "história dentro da história" sobre um criminoso chamado Barrabás. S. Marcos, que como os outros autores do Novo Testamento se esforça ao máximo para minimizar a responsabilidade dos romanos – nesse caso, a de Pilatos – pela morte de Jesus, conta-nos no capítulo 15 que Pilatos tinha o costume de libertar um prisioneiro "no dia da festa", isto é, na Páscoa. Observe que, nos escritores judeus ou romanos daquela época, não há o menor vestígio de evidência histórica de que essa pretensa rotina tenha realmente existido. Seja como for, S. Marcos conta que a multidão (reunida milagrosamente durante a madrugada) pede a Pilatos que respeite esse "costume" e liberte Barrabás, rebelde e assassino convicto, para crucificar Jesus em seu lugar. Marcos diz que "os principais dos sacerdotes incitavam a multidão" para conseguir o que queriam. Então, todos gritam de novo: "Crucifica-o." E assim Pilatos, "querendo satisfazer a multidão, soltou-lhe Barrabás e, depois de ter açoitado Jesus, o entregou para ser crucificado".

O obstáculo está no nome altamente simbólico do homem que os sacerdotes queriam ver libertado. As palavras que se combinam em sua composição vêm do aramaico: "*bar*" significa "filho de" e "*abba(s)*" significa "pai". Ou seja, eles pedem a libertação do filho de um pai, ou "do" pai, enquanto o Filho do Pai de todos nós – Jesus – é crucificado. Esse exemplo de ironia de duplo sentido é pura invenção de S. Marcos ou de suas fontes. Na verdade, existem manuscritos muito antigos da versão de Mateus nos quais Barrabás é chamado de "Jesus Barrabás".[13] Além da ironia dramática, e além da tentativa de disfarçar o mito com tintas falsas de historicidade, há aqui um significado mais profundo. Em momentos de crise, de provação extrema, sempre haverá "vozes" ou influências pedindo que as coisas autênticas e reais dentro de nós sejam sufocadas e substituídas pelo que é falso e até grosseiramente destrutivo. O verdadeiro "filho do Pai" é rejeitado em favor de outro "filho" popular, mas indigno.

A "morte" dos deuses

Como sabemos, há várias histórias sobre o *Christos* ou outros portadores da consciência de Cristo nas grandes mitologias do mundo, e cada uma, à sua maneira, é um apelo para nos conscientizarmos do princípio e da presença de Cristo que residem em nosso próprio coração. Como disse Carl Jung certa vez: "A ideia abstrata do Cristo Redentor pertence ao tema mundial e pré-cristão do herói e salvador [...] esta personagem heroica é um arquétipo que existiu desde tempos imemoriais."[15] Mas a grande pergunta implícita em cada uma dessas histórias é a mesma que me foi feita recentemente por uma mulher bem-informada, a qual tomou a palavra logo depois de uma palestra que apresentei num ciclo de discussões com escritores, na sede principal da Biblioteca de Referência de Toronto. Referindo-se aos diversos "avatares" ou personagens salvadores que eu mencionara antes – Jesus, Hórus, Átis, Orfeu, Adônis, Tamuz e vários outros –, ela perguntou: "Por que todos eles tinham de morrer? Se a morte na cruz não serviu para 'tirar o pecado do mundo', então serviu para quê?"

Para entender isso, é preciso analisar como a teologia antiga via a participação de Deus no drama da evolução humana. Como diziam os gregos antigos: "Os deuses distribuem divindade." Nunca se deve esquecer que, para os sábios antigos das grandes tradições religiosas do mundo, os seres humanos foram levados a dar um grande "salto" num ponto bem remoto do caminho evolutivo, em nossa longa jornada desde o lodo do oceano até as criaturas humanoides que de repente foram capazes de consciência autorreflexiva. Cada ser humano se tornou um "Deus num corpo animal" graças a um ato em que Deus se rebaixou ou se "esvaziou a si mesmo", para citar um hino antigo da epístola de S. Paulo aos filipenses. No mito da Criação, no capítulo 3 do Gênesis, o momento da história evolutiva em que nos tornamos seres autorreflexivos é simbolizado, como vimos antes, pela decisão de Adão e Eva de comerem o fruto da árvore proibida. "Então foram abertos os olhos de ambos, e conheceram que estavam nus [...]" Isso nada tem a ver com sexo, pois trata-se aqui da junção entre espírito e carne na grande aventura do animal que se converte em ser humano.

Modificando a metáfora do Deus que se "esvaziou a si mesmo", sábios antigos acreditavam que a Fonte divina (Deus) decidiu desmembrar-se, dividir-se ou distribuir-se nas vidas dos seres humanos. Essa fragmentação da unidade em muitas partes implica um esforço da eternidade em prol da Encarnação no tempo e a aceitação amorosa do sofrimento que isso acarreta. Uma analogia comum era a água derramada de um grande vaso numa altura elevada. Sabemos que, ao cair, a água encontra a resistência do ar e começa a se separar em partes cada vez menores. Se cair de uma altura suficiente, pode se parecer com a chuva. Da mesma maneira, acreditava-se que a unidade da divindade fora "despejada" e distribuída entre todos nós. A questão, porém, é que esse ato de compaixão e generosidade divinas acarretava (e ainda acarreta) um custo enorme do ponto de vista filosófico ou teológico. Daí a alegoria da mutilação de algum tipo ou da morte violenta, muitas vezes pela crucificação. O destino de Prometeu, que roubou o fogo dos deuses para dá-lo aos homens e pagou um preço por isso, é um exemplo. A cruz, portanto, só é vista em todo o seu esplendor quando a interpretamos como signo ou símbolo desse dom da encarnação. O amor "vertical" de Deus alcança e atravessa a dimensão "horizontal" da matéria – nosso corpo. Deus não pode morrer, por mais que os literalistas digam o contrário. É por isso que muitos dos gnósticos primitivos negavam a morte concreta de um Jesus histórico na cruz. Eles eram inteligentes demais para aceitar a contradição lógica implícita nessa afronta contra o próprio sentido da palavra "deus". Tudo isso foi anunciado e representado de forma simbólica em vários acontecimentos astronômicos cíclicos, como expliquei em *O Cristo dos Pagãos*. Mas, quando lemos atentamente os relatos da Paixão nos quatro Evangelhos canônicos tendo em mente essa interpretação alegórica, a história já não se "desintegra" em elementos sem sentido, mas passa a irradiar um novo significado e um novo poder. Para mim, a própria ideia da cruz se transformou totalmente quando a enxerguei com novos olhos. Ela simboliza o sofrimento implícito na evolução da vivência humana, mas também é um sinal poderoso da vitória final do nosso Eu superior.

A agonia no Getsêmani

Um dos motivos pelos quais o caráter alegórico e simbólico da narrativa da Paixão não é reconhecido instantaneamente pela maioria das pessoas – tanto os religiosos praticantes quanto os não praticantes – é que a própria familiaridade com essa história tão antiga amortece sua inteligência normal e desperta, numa espécie de estupor piedoso ou indiferente enquanto os textos da Bíblia são lidos na igreja. As palavras simplesmente "entram por um ouvido e saem pelo outro" e ninguém reflete se o que está sendo repetido (ou, pior, encenado num filme supostamente "autêntico", com os comentários usuais dos "especialistas" ultraconservadores da Bíblia) é de fato lógico ou verossímil.

Caso contrário, por exemplo, ficaria imediatamente claro que a descrição comovente da agonia de Jesus no jardim de Getsêmani, na noite de sua traição, é claramente fictícia do ponto de vista da própria narrativa. Até um estudioso não bíblico como o popular médico e escritor Deepak Chopra percebe e comenta isso. Em *How to Know God*, ele escreve: "A história de Jesus chega a um clímax pungente no jardim de Getsêmani, onde ele reza para que o cálice seja tirado de suas mãos.[16] Ele sabe que os romanos vão prendê-lo e matá-lo, e essa certeza cria uma reação terrível de dúvida. É um dos momentos mais solitários e torturantes do Novo Testamento – e é inteiramente imaginário."

Chopra explica o porquê. O próprio texto diz expressamente que Jesus se afastou de todos os outros – até de Pedro, Tiago e João – e acrescenta que eles adormeceram. Na verdade, Jesus se retira duas vezes para orar, e nas duas vezes descobre que os discípulos estavam quase dormindo. "Por isso, ninguém poderia ter ouvido o que ele dizia, sobretudo porque ele estava rezando. Acredito que se trata [...] de uma projeção criada pelos autores do Evangelho."[17] Qualquer pessoa que preste atenção chegaria à mesma conclusão. Tudo é inteiramente imaginário, mas o que está sendo imaginado é uma verdade transcendente e poderosa. Ao ler qualquer texto sagrado das culturas antigas, temos de nos lembrar constantemente que ele é sobretudo alegórico. A alegoria é a dramatização de um fenômeno que só tem existência real no mundo subjetivo, não no mundo dos acontecimentos superficiais ou da história presumida. Nesse caso, o que está sendo mostrado é o nosso próprio conflito interior, totalmente real, ao tentarmos fazer o que consideramos certo.

A mesma ideia vale para a passagem dos Evangelhos em que Jesus diz aos que gostariam de ser seus discípulos que peguem sua cruz e o sigam. Não se trata de carregar nos ombros um instrumento de tortura, literal ou metafórico, feito de madeira. Trata-se de entender e aceitar o verdadeiro preço de viver uma vida espiritual num corpo físico. É um chamado para acolhermos plenamente nossa realidade encarnada e depois seguir em frente. Os antigos, como sabemos, falavam da vida no corpo físico como um tipo de "morte" ou "sonho", uma conquista árdua de experiência depois da qual a morte física seria na verdade um alívio tremendo, a destruição final da prisão material e a transição para a vida do verdadeiro espírito.

Acho que é isso o que Mozart tinha em mente quando, em 1786, ao ouvir notícias sobre a doença final do seu pai, escreveu uma carta famosa em que descreve a morte como "o verdadeiro objetivo da nossa existência", "o amigo melhor e mais fiel da humanidade" e "a chave que abre a porta da nossa felicidade verdadeira". Maynard Solomon, biógrafo de Mozart, comenta: "Portanto, Mozart foi um daqueles para os quais a morte é uma oportunidade ontológica, uma profissão de fé e uma libertação do sofrimento."[18] Logo depois, Solomon cita Herbert Marcuse, segundo o qual, na visão de Mozart, "um fato biológico bruto, permeado de dor, horror e desespero, se transforma num privilégio existencial".[19] A morte não precisa ser acompanhada pelo medo, pelo sofrimento e pelo desespero – sobretudo se a encararmos como Mozart, ou como os antigos antes dele. Em sua existência tão breve e tão espantosamente criativa, Mozart viveu da maneira mais intensa possível, mas às vezes, como S. Paulo, ele também soube o que era sentir: "Quem me livrará do corpo desta morte?" (Romanos 7:24).

Não é à toa que o Evangelho de Judas publicado recentemente, ao qual já me referi, expõe exatamente essa concepção que acabo de descrever, da vida no corpo físico e da morte como uma "ressurreição" para a existência verdadeira. Era a visão gnóstica e era também a visão de S. Paulo; em vários sentidos, acho que se aproxima mais da essência do mito do que qualquer ortodoxia passada ou presente. Quando lemos comentários depreciativos sobre os gnósticos, tanto de críticos antigos quanto modernos, é bom lembrar que eles tiveram o azar de serem derrotados pela Igreja oficial. Mas, como observou claramente o grande historiador Edward Gibbon (1737-1794), foram cabeças as melhores e mais inteligentes do Cristianismo primitivo. Quando a mulher de um pastor anglicano numa paróquia rural me disse que eu era claramente um gnóstico, pelo que ela ouvira dizer (mas sem ter lido pessoalmente) sobre *O Cristo dos Pagãos*, agradeci pelo elogio. Ela pareceu surpresa.

O símbolo universal da cruz

Em *O Cristo dos Pagãos*, documentei cuidadosamente o uso muito difundido da cruz como símbolo poderoso na religião egípcia e em outras religiões antigas. Em seus textos, tanto Alvin Boyd Kuhn como Joseph Campbell mencionam o notável templo maia de Palenque, na floresta entre o México e a Guatemala, chamado Templo da Cruz. Ali, há um santuário que exibe uma cruz associada, na mitologia maia, a um personagem salvador chamado Kukulcan, que entre os astecas também era conhecido como Quetzalcoatl. Os textos sagrados relacionados com esse personagem contam que ele nasceu de mãe virgem, morreu e ressuscitou, e era reverenciado "como uma espécie de salvador que iria voltar num Segundo Advento".[20] Campbell diz que há um pássaro pousado no alto da cruz maia, e na base há "uma máscara curiosa, uma espécie de máscara mortuária". Ele observa também que vários quadros da crucificação do fim da Idade Média e começo do Renascimento mostram o Espírito Santo pairando acima da cruz em forma de pomba. A máscara mortuária nos lembra que a colina da crucificação era chamada de Gólgota, ou "lugar da caveira" em aramaico. Em latim, a palavra derivada de *Calvário* significa exatamente o mesmo.[21] Nas sagas da Islândia (a Edda Poética), há uma história sobre Odin, o "Pai de Todos", que pendeu por nove dias da "árvore do mundo" chamada Yggdrasil. Cristo ficou três horas na cruz. Os nove dias (3 x 3 = 9) ecoam o mesmo tema mítico.

Território antigo e sagrado

Nenhuma descrição jamais poderia esgotar todas as ramificações e nuances de significado implícitas na história da Paixão de Cristo. Estamos pisando aqui num território santificado e muito antigo. O eco de nossos passos vêm dos recessos mais profundos da alma humana. Qualquer pessoa que já tenha lido e meditado sobre as palavras tão comoventes do Salmo 22 sabe que essa história já existia vários séculos antes que os Evangelhos fossem escritos ou mesmo cogitados. Os compiladores dos Evangelhos conheciam "de cor e salteado" essas imagens arquetípicas, tanto da agonia da alma quanto da esperança eterna. Portanto, não é por mero acaso ou pura invenção que Jesus lança aquele grito assustador na cruz, citação exata do versículo 1 do Salmo 22: "Deus meu, Deus meu, por que me desamparaste?" Qualquer pessoa que já tenha passado pelo tormento da depressão, da aflição profunda ou de uma dor física insuportável reconhece interiormente esse grito de abandono e desamparo. Ele vem do cerne da condição humana. Quando continuamos a leitura do mesmo salmo, as zombarias, os sarcasmos para que Jesus descesse da cruz, a divisão das vestes e os dados jogados pela posse das mesmas – a narrativa inteira está ali. Mas observe que a luta e a dor não são o fim da história. O salmo termina num crescendo de esperança, de fé e de uma ressurreição final vitoriosa: "Hão de vir anunciar a justiça dele; ao povo que há de nascer, contarão que foi ele quem o fez."

11

CONQUISTANDO A GLÓRIA

*A prova mais convincente da imortalidade
é nossa insatisfação com qualquer outra hipótese.*
— Ralph Waldo Emerson: *Diário* (julho de 1855)

A ressurreição

HAROLD BLOOM aborda uma questão importante em seu livro *Jesus and Yahweh – The Names Divine* ao comentar o relato dos Evangelhos sobre a morte e a ressurreição de Jesus. Ele afirma de maneira categórica – e correta – que não há nada menos judaico do que a "concepção teológica artificial" de Jesus Cristo como um Deus que morre e ressuscita, pois "isso contraria totalmente a tradição [judaica] escrita e oral".[1] Bloom ressalta que, "desde o início, Jesus Cristo não era Yeshua [isto é, um judeu afirmando ser o Messias], não era um Deus humano, e sim teológico". Por isso, Bloom duvida de tudo o que foi dito ou escrito sobre a ressurreição, já que todos os detalhes realmente importantes da história "estão contidos em textos nos quais não posso confiar".[2]

Qualquer pessoa sentirá imediatamente a desconfiança de Bloom diante das passagens pascais (isto é, relativas à Páscoa) se dedicar algum tempo e esforço – coisa que os leigos fazem raramente – para pôr lado a lado e comparar os relatos da ressurreição nos quatro Evangelhos. Eles simplesmente não coincidem em nada, a não ser no fato de que havia um sepulcro vazio. S. Paulo, que escreveu muito antes, nunca menciona um "sepulcro vazio", assim como o Evangelho de Tomé, que silencia completamente sobre a ressurreição.

No Evangelho de Mateus, há um anjo no sepulcro – como em Marcos também, embora haja dois em Lucas e João – e os discípulos recebem a instrução de ir à Galileia porque "ele vai adiante de vós" (Mateus) ou "ali o vereis" (Marcos). Mas em Lucas não se diz absolutamente nada sobre a Galileia. Na verdade, no Evangelho de Lucas o próprio Senhor ressurrecto contraria expressamente os relatos de Mateus e Marcos ao dizer aos discípulos: "Ficai, porém, na cidade de Jerusalém, até que do alto sejais revestidos de poder." Segundo João, os aparecimentos depois da ressurreição também acontecem em Jerusalém. O capítulo 21 de João, que transfere a ação para a Galileia, é considerado pela maioria dos estudiosos um acréscimo posterior ou "final alternativo" do Evangelho pela mão de outro editor.[3] Há muitos outros aspectos da questão, mas só isso já dá uma ideia dos conflitos e dificuldades da ressurreição para os estudiosos.

Mas houve uma época em que acreditei numa versão específica da ressurreição no Novo Testamento, e quero começar esta discussão referindo-me a ela – só que de um ângulo diferente. Um pouco mais de vinte anos atrás, a editora Oxford University Press do Canadá publicou meu "manifesto", o livro já mencionado, *For Christ's Sake*, que naquela época (1986) foi considerado bastante radical e criou uma polêmica considerável. Sermões foram pregados condenando-o como pura heresia; alguns fundamentalistas, sobretudo da costa oeste do Canadá, tentaram forçar minha demissão do cargo de professor de Teologia e Prática dos Meios de Comunicação na Escola de Teologia de Toronto lançando uma campanha de telefonemas de protesto; e o livro foi banido da grande maioria das "livrarias cristãs" de todo o país. As ideias que defendi em *For Christ's Sake*, como a de um Jesus totalmente humano e o repúdio à concepção antiquada (já discutida acima) de que fomos "salvos pelo sangue derramado" no Calvário, parecem até moderadas do ponto de vista da teologia atual. Mas menciono o livro aqui porque nele defendi o conceito – que depois rejeitei em *O Cristo dos Pagãos* – de um Jesus histórico e, sobretudo, de uma base histórica para sua ressurreição. Escrevi então que me sentia "totalmente de acordo" com a tradição de que houve testemunhas oculares do Cristo ressuscitado. Apesar disso, rejeitei a doutrina – que me parecia insustentável – da chamada ressurreição "física" (pois para mim ela teria sido puramente espiritual), assim como qualquer ideia de que a "prova" da divindade de Jesus era que Deus o tinha ressuscitado dos mortos. Mas agarrei-me como um náufrago à tese de que a fé cristã primitiva se baseou em "aparecimentos" de um vivo-morto, de uma maneira ou de outra.

Hoje em dia, a maioria dos estudiosos "moderados", a meio caminho entre os conservadores e os que seguem ideias semelhantes às dos cerca de cem membros do Seminário de Jesus, na Califórnia, acha que tudo começou com "visões" de algum tipo na Galileia, onde muitos supõem que o movimento cristão teria começado. Alguns se referem a isso como um *big-bang* capaz de explicar tudo o que supostamente se seguiu. Mas vale a pena lembrar que as tradições religiosas, sobretudo em suas fases iniciais, quase sempre foram marcadas por sonhos e visões que funcionaram como "matéria-prima" para importantes desdobramentos futuros. As investigações de Carl Jung sobre o poder criador do inconsciente para formar arquétipos religiosos aumentou muito nossa compreensão desses fenômenos. Seja como for, para os estudiosos liberais, o que era no início uma ou várias experiências visionárias acabou se convertendo em história. Eles têm em mente, por exemplo, os supostos "encontros" descritos por S. Lucas numa passagem sobre o Cristo ressurrecto, disfarçado de estranho, que encontra dois discípulos na estrada para Emaús, ou as várias visões descritas por S. Paulo em sua famosa lista no capítulo 15 da Primeira Epístola aos Coríntios.[4] Rudolph Bultmann, por exemplo, escreveu que a ressurreição não é um acontecimento da história passada: "É simplesmente o ressurgimento da fé no Senhor ressuscitado [...]."[5]

Uma passagem que eu considerava essencial (como também pensam hoje em dia os apologistas cristãos conservadores) era o capítulo 15 da Primeira Epístola aos Coríntios, a partir do versículo 1. Ali S. Paulo, pelo menos cerca de vinte anos antes do relato de S. Marcos, seguido pelos outros Evangelhos, registra o testemunho da ressurreição mais antigo que conhecemos. É muito importante ter em mente que as cartas de S. Paulo são anteriores a qualquer outro texto do Novo Testamento. Ele escreve sua epístola para lembrar aos jovens cristãos de Corinto o conteúdo das "boas-novas" que ele anunciara ali em sua primeira visita missionária. Afirma claramente que passou a eles uma tradição oral que ele mesmo tinha recebido antes: "que Cristo morreu pelos nossos pecados, segundo as Escrituras, e que foi sepultado e ressuscitou [ou foi ressuscitado por Deus] ao terceiro dia, segundo as Escrituras."

Deve-se observar de novo que S. Paulo nunca menciona um "sepulcro vazio", nem aqui nem em qualquer outra passagem de suas epístolas, e além disso não segue o testemunho específico de Mateus, Lucas e João quando afirmam que o Senhor ressuscitado apareceu primeiro para as mulheres discípulas. Em vez disso, S. Paulo diz que Jesus "foi visto por Cefas [Pedro] e, depois, pelos doze. Depois, foi visto por mais de quinhentos irmãos, de uma só vez, dos quais a maioria sobrevive até agora; porém alguns já dormem. Depois, foi visto por Tiago, mais tarde, por todos os apóstolos". Então, em último lugar, por uma espécie de aberração – S. Paulo diz "como por um nascido fora do tempo [isto é, filho prematuro]" –, ele "foi visto também por mim". Diante disso, escrevi em *For Christ's Sake* que eu estava convencido de que a ressurreição tinha algo de histórico, já que S. Paulo aparentemente podia citar testemunhas oculares, algumas das quais supostamente ainda estavam vivas para confirmar o que ele dizia.

Obviamente, já não acho que essa passagem essencial seja uma prova plenamente convincente como me pareceu naquela época, e é muito importante esclarecer aqui por que mudei de opinião. Percebo agora, depois de pesquisar muito mais e analisar a passagem mais de perto, que seu valor como evidência sólida do ponto de vista "histórico" vem abaixo num exame minucioso. Em primeiro lugar, é impossível conciliar o relato de S. Paulo, obviamente anterior, com as versões posteriores e conflitantes dos Evangelhos. A falta de qualquer referência a Maria Madalena e às outras mulheres já mencionadas salta aos olhos. Depois, há o fato de que toda a lista das mensagens que S. Paulo "recebeu" ("porque primeiramente vos entreguei o que também recebi" – ou seja, tudo aquilo já se tornara uma espécie de fórmula repetida ou "tradição" de segunda mão) não contém nenhuma referência específica de tempo ou lugar. É uma imprecisão estranha, pois o normal seria apresentar algo sólido se, como geralmente se supõe, S. Paulo tivesse a intenção de reclamar algum tipo de "historicidade" para o que ele estava dizendo. A passagem não dá nenhuma informação básica sobre dois elementos-chave – o "onde" e o "quando". O terceiro elemento – o "quem" – também é ambíguo. O relato de S. Paulo não fornece um contexto concreto. Além disso, seria fácil dizer aos habitantes da longínqua cidade de Corinto, por meio de fórmulas convencionais, que eles podiam verificar os fatos por si mesmos, quando a probabilidade de qualquer um deles ir à Palestina e procurar as "testemunhas" supostas e anônimas, algumas reconhecidamente já mortas, era praticamente nula.

Mas isso não é tudo. Qualquer pessoa que leia o relato da Primeira Epístola aos Coríntios no original grego logo percebe que S. Paulo usa o mesmo verbo – traduzido por "ele foi visto" na versão portuguesa de João Ferreira de Almeida ou "ele apareceu" na *New Revised Standard Version* – cada vez que cita uma testemunha. Essa fórmula não varia em nenhum detalhe quando ele descreve o aparecimento de Jesus que lhe ocorreu pessoalmente (e que ele admite ter sido incomum) na estrada para Damasco, depois da Ascensão e muito depois que os aparecimentos pós-Páscoa teriam acontecido. A palavra grega usada em todos os casos é *opthe*, "ele foi visto". Com base na descrição que ele mesmo faz em outra passagem, sabemos que a experiência de S. Paulo foi claramente uma visão, e não um encontro histórico. Ele diz na Epístola aos Gálatas, possivelmente seu texto mais antigo: "Mas, quando aprouve a Deus [..] revelar seu Filho em mim." Além disso (e este, para mim, foi o argumento definitivo), a palavra *opthe* também era usada nas Religiões de Mistério daquela época, assim como em outros contextos, para descrever uma visão.

Por fim, há mais um indício de que S. Paulo estava recitando um conjunto de fórmulas convencionais, e não fazendo um relato objetivo ou independente. Ele diz que Jesus foi visto por Cefas "e depois pelos doze". Mas, por causa da morte de Judas e o fato de que, segundo os Atos dos Apóstolos, seu substituto foi escolhido muito depois dos acontecimentos que S. Paulo supostamente descreve aqui, já não havia doze apóstolos naquela ocasião, como ele afirma, mas apenas onze. Em Atos 1, do versículo 15 até o final, conta-se que Judas foi mais tarde substituído por Matias, escolhido por sorteio.

Com base em tudo isso, mais algumas sutilezas de linguagem obscuras demais para serem explicadas facilmente, minha conclusão agora, seguindo vários outros estudiosos contemporâneos, é que a narrativa de S. Paulo não fornece uma conexão sólida com um Jesus de Nazaré histórico, pois é puro misticismo do começo ao fim. A única certeza absoluta a respeito de S. Paulo é que ele foi uma pessoa profundamente mística e intuitiva, aberta a todo tipo de vivências e fenômenos paranormais. Nenhum especialista no Novo Testamento pode negar isso. Na verdade, S. Paulo dá um testemunho eloquente de suas capacidades psíquicas fora do comum num relato fascinante, em sua Segunda Epístola aos Coríntios:

> Se é necessário que me glorie, ainda que não convém, passarei às visões e revelações do Senhor. Conheço um homem em Cristo que, há catorze anos, foi arrebatado até o terceiro céu (se no corpo ou fora do corpo, não sei, Deus o sabe) e sei que o tal homem (se no corpo ou fora do corpo, não sei, Deus o sabe) foi arrebatado ao paraíso e ouviu palavras inefáveis, as quais não é lícito ao homem referir. (Segunda Epístola de S. Paulo aos Coríntios 12:1-4)

Ele nunca revela o que viu e ouviu. Outras passagens de suas epístolas mostram que toda a sua concepção de fé – como no caso de muitos gnósticos – se baseava misticamente em "revelações" pessoais e privadas. Por exemplo, na Epístola aos Gálatas ele diz claramente que as boas-novas que pregava não eram "de origem humana", pois ele não as tinha recebido de "uma fonte humana" nem por meio de ensinamentos, e sim "pela revelação de Jesus Cristo". A maneira como S. Paulo conclui o famoso capítulo 15 da Primeira Epístola aos Coríntios, pregando o caráter totalmente "espiritual" da ressurreição – tanto a de Jesus Cristo quanto a nossa –, confirma, a meu ver, a interpretação dessa passagem que apresentei acima. Ele afirma ali que há um corpo físico (ou natural) e um corpo espiritual. Só o espiritual pode alcançar a imortalidade junto com a alma.

A pesquisa moderna sobre o Novo Testamento literalmente "revirou do avesso" os relatos sobre a ressurreição nos Evangelhos de todos os ângulos e pontos de vista possíveis. O mais esforçado estudante da Bíblia teria dificuldade para digerir até uma pequena parte da quantidade crescente de livros, monografias e artigos sobre o assunto, e um leigo normal teria mais dificuldade ainda. Até um estudioso tão notável quanto o reverendíssimo Rowan Williams, arcebispo de Canterbury, concorda em que a lista de S. Paulo apresenta "problemas", como expliquei acima, e chega a dizer que os Evangelhos contêm "uma miscelânea absolutamente confusa de relatos incompatíveis". O arcebispo, que por sua função deveria ser o guardião mais importante da antiga tradição anglicana, diz que o conflito entre os relatos ainda tem de ser esclarecido satisfatoriamente e que todos eles "trazem a marca de uma editoração literária extremamente sofisticada".

Segundo o arcebispo, o que as passagens pascais apresentam ao leitor são "especulações imaginárias" em forma de histórias ou "narrativas" para explicar o que significa dizer que Jesus, que foi executado, está agora vivo ao lado de Deus e de alguma maneira "na presença de seus seguidores".[6] Ele chama o capítulo 21 do Evangelho de João de "fantasia galileia" (relativa à região da Galileia) e de "segundo final", obviamente acrescentado depois. Leia os últimos versículos do capítulo 20 e julgue por si mesmo. Devemos lembrar que a maioria ou todos os membros do Seminário de Jesus não acreditam na historicidade dos relatos da ressurreição. Num encontro recente da Snowstar (organização canadense filiada ao Seminário de Jesus) do qual tomei parte, um membro disse que, depois da crucificação, "Jesus morreu de fato". Com essa observação um pouco dura, ele mostrou sua convicção de que esse foi o fim terreno (isto é, mundano) da história.[7]

O significado

O Cristo dentro de nós não morre – ele ressuscita.
— Joseph Campbell: *The Power of Myth*

Se nenhuma das narrativas sobre Jesus como um deus que morre e ressuscita – tema tão difundido e comum no antigo Oriente Próximo, assim como nas mitologias de outras culturas em outras partes do mundo – é histórica, qual o significado desse relato para nós hoje em dia? Essa é a verdadeira pergunta que devemos fazer. De novo, posso dizer honestamente que a Sexta-feira Santa e a Páscoa nunca foram tão significativas para mim quanto agora, depois que as "escamas caíram dos meus olhos interiores" e tive uma noção mais plena do seu verdadeiro propósito espiritual. Deixe-me explicar por quê.

Certamente, o que dois milênios de história da Igreja me provaram, além de qualquer dúvida, é que restringir e enfocar toda a atenção da Igreja sobre a morte e a ressurreição supostamente históricas de um único indivíduo, muito tempo atrás, infelizmente privou todo o resto da humanidade de sua própria divindade. A morte que a Igreja considera conquistada e superada a cada Páscoa é na verdade a morte da alma – não a alma de uma única pessoa, mas a alma de todos os que já viveram ou ainda vão viver. É essa realidade universal que as histórias da Páscoa simbolizam ou tipificam. É essa a essência do mito de Jesus.

Mais ainda: se deixarmos a luz brilhar através da opacidade das narrativas literais dos Evangelhos, com todas as suas contradições e problemas, veremos claramente que a ressurreição de Cristo não teve absolutamente nada a ver com um cadáver que volta à vida e rompe a barreira de um túmulo de rocha numa colina da Judeia, numa manhã muito antiga. Em vez disso, veremos que se trata de um testemunho poderoso da ressurreição diária que pode ocorrer a cada momento em nossa própria vida, se permitirmos que o Cristo interior, o fragmento divino ou "centelha" que reside em todos os corações, nos inspire de novo para a novidade do viver. A grande pergunta que emerge da história da morte e ressurreição de Jesus Cristo não é: "O que podemos aprender com eventos que aconteceram há quase dois milênios?", e sim: "Você e eu estamos experimentando, neste exato momento, o ato de morrer para o passado e ressurgir para aquilo que o livro de orações anglicano, baseado em S. Paulo, chama de 'novidade da vida'"? É esse o paradigma de uma vida realmente espiritual, seja qual for nossa fé ou religião pessoal (ou ausência dela).

Mas há um significado ainda mais denso por trás das passagens pascais, além do que diz respeito diretamente ao aqui e agora. Não há dúvida de que os autores antigos dessas narrativas tinham mais de um nível de significação em mente. A história da Páscoa é também uma alegoria profunda, que visa mostrar a verdade da ruptura inevitável de toda alma através do "túmulo" de sua prisão em nosso corpo terreno, para que percorra seu caminho de volta até a fonte divina, na glória plena da luz celestial. Nesse momento, a "vitória do túmulo" e a maldição do "tormento da morte" são superadas.

Para os que morrem, a ressurreição e a vida na era futura são imediatas, concretas. É esse o sentido por trás das palavras de Jesus ao ladrão agonizante: "Hoje estarás comigo na Paraíso." Ou, para citar S. Paulo, estar ausente do corpo é estar eternamente na presença do Senhor. Já é mais do que tempo, acredito, de desistir da tentativa fútil e infinita de racionalizar a história da Páscoa em termos literais, para encará-la em toda a sua glória como um mito resplendente que contém uma verdade eterna do início ao fim. Se ela for mesmo verdade, como acreditavam originalmente todos os que contaram essa história – se for mesmo verdade que somos todos portadores de uma alma imortal –, então a morte física é só um portal, uma passagem ou transição para um plano diferente do ser, em que a grande aventura de nossa jornada continua e experiências inéditas de crescimento e iluminação nos esperam. A Páscoa serve para nos lembrar essa realidade gloriosa não só uma vez por ano, mas de maneira constante. É uma celebração da imortalidade da alma e do seu destino triunfante junto a Deus. Como escreveu Carl Jung certa vez: "O que ocorre após a morte é tão indizivelmente glorioso que nossa imaginação e nossos sentimentos não bastam para ter uma ideia disso, ainda que aproximada." Ou, para citar uma escritura famosa: "Nem os olhos viram, nem os ouvidos ouviram, nem jamais penetrou em coração humano o que Deus tem preparado aqueles que o amam."[8]

A Ascensão

É esse estágio futuro de consciência superior e de forma transfigurada – o novo "corpo espiritual" sobre o qual escreve S. Paulo no capítulo 15 da Primeira Epístola aos Coríntios – que está implícito nos dois relatos "autênticos" da "ascensão aos céus" de Jesus. Ambos ocorrem nos escritos atribuídos a S. Lucas.[9]

O primeiro relato da ascensão em Lucas, nos versículos finais do seu Evangelho, conta que Jesus ressuscitado levou seus discípulos à cidade de Betânia, que fica bem perto, a leste de Jerusalém, e levantou suas mãos para abençoá-los. "E aconteceu que, abençoando-os ele, se apartou deles e foi elevado ao céu." Alguns manuscritos antigos omitem as palavras "e foi elevado ao céu". Mas o sentido genérico é evidente.

No entanto, quando Lucas descreve o mesmo "momento" do drama no início dos Atos dos Apóstolos, a história já se expandiu consideravelmente. Atos 1:9-11 não diz absolutamente nada sobre a ida a Betânia, nem sobre uma bênção específica. Em vez disso, Jesus teria dito aos apóstolos que eles receberiam o Espírito Santo e seriam testemunhas disso "até os confins da Terra". Então, diante deles, Jesus "foi elevado às alturas, e uma nuvem o recebeu, ocultando-o a seus olhos". Enquanto ele subia, dois homens vestidos de branco, anjos na opinião de Lucas, perguntaram aos apóstolos por que estavam parados ali, olhando para o céu: "Esse Jesus [...] há de vir assim como para o céu o vistes ir."

Isso aconteceu, segundo Lucas, num prazo simbólico de "quarenta dias" depois da crucificação. Num documento que funde as tradições judaica e cristã – o texto de inspiração apocalíptica do século II conhecido como *Ascensão de Isaías* –, o período de quarenta dias se converte em dezoito meses, e na *Pistis Sophia* [*Sabedoria da Fé*], documento do século III que reflete o Cristianismo gnóstico egípcio, o tempo transcorrido entre a ressurreição e a ascensão teria sido de onze anos ao todo! É óbvio que, nas três versões, o número de dias, meses ou anos é meramente arbitrário e depende da teologia do autor. Por trás de todo o simbolismo do mito (como disse o Bispo Spong, os literalistas chegam a se perguntar para que local exato do céu Jesus se dirigia quando subiu em linha reta a partir de um ponto específico no Oriente Médio!), é evidente que há uma glorificação do que está sendo simbolizado.

Joseph Campbell fez uma advertência oportuna sobre o risco de encarar qualquer desses relatos como um fato histórico. Observando que a Igreja Católica Romana ensina que não só Jesus subiu ao céu, como também, algum tempo mais tarde, sua mãe Maria (a assunção da Virgem), Campbell comenta que a tendência a literalizar o sentido desses relatos "simplesmente desvaloriza o símbolo" e ignora seu sentido verdadeiro. Campbell diz que os fatos descritos no espaço exterior são uma referência indireta ao que deveria acontecer no espaço interior. "O céu ao qual esses corpos [...] supostamente subiram fisicamente é na verdade o espaço aonde descemos quando nos voltamos para dentro de nós mesmos, ou seja, o espaço [...] de onde viemos. E dentro do qual estamos. E onde nos encontramos de fato."[10]

Nosso corpo, portanto, é "veículo" da consciência ou da alma, e a ascensão de Jesus simboliza a verdade de que em última análise, quando morremos, o atual corpo físico se desintegra, mas nosso Eu verdadeiro segue adiante em direção a uma glória mais alta. Campbell resume os relatos sobre a ressurreição e ascensão de Jesus da seguinte maneira:

> Jesus morre, ressuscita e ascende ao Céu. Essa metáfora exprime uma espécie de mistério religioso. Jesus não poderia ter ascendido literalmente ao Céu, pois não há um lugar geográfico aonde ele pudesse ir. Elias subiu ao céu numa "carruagem de fogo" segundo a Bíblia, mas não podemos encarar isso como descrição de uma jornada literal. São acontecimentos espirituais descritos por meio de metáforas.[11]

Concordo plenamente.

12

ALCANÇANDO A TRANSCENDÊNCIA

> *Uma coisa que o mito revela é que a voz da salvação se faz ouvir no fundo do abismo. É no momento mais terrível que a verdadeira mensagem de transformação se manifesta. É na escuridão mais profunda que surge um raio de luz.*
> — Joseph Campbell: *The Power of Myth*

Alegoria e literalismo

EM TEMPOS RECENTES, ninguém, em minha opinião, fez mais para encorajar as pessoas a procurar, pela compreensão do papel central do mito e da metáfora, o sentido dos textos sagrados – a glória da transcendência para a qual fomos feitos – do que o falecido Joseph Campbell. Seu pequeno livro póstumo intitulado *Thou Art That* é um prodígio de percepção espiritual e inspiração. É um clássico no gênero. No entanto, é triste constatar que alguns dos seus colegas intelectuais começaram uma campanha, depois de sua morte em 1987, para diminuir o brilho do seu dom de iluminação. Isso me faz lembrar as palavras contundentes de Robert Funk, fundador e porta-voz do Seminário de Jesus até sua morte súbita em 2005. Funk escreveu certa vez: "O pior inimigo de todos os estudiosos da Bíblia – todos, sem exceção – é o elitismo. No mundo acadêmico, as penalidades são severas para um autor que escreve um livro que vende bem, ou para patrocinadores de um pensamento lúcido, ou para professores que sabem ensinar, mas não publicam seus ensinamentos." Os acadêmicos enquanto grupo, disse ele, veem o sucesso com desconfiança e argumentam que, quando uma obra atinge um público amplo, quando uma frase é inteligível, quando os alunos aprendem com prazer, "o conteúdo acadêmico do trabalho não pode ser muito profundo".[1]

Devo dizer, no momento em que estamos chegando ao fim desta investigação, que a obra de Campbell, sobretudo suas entrevistas para a rede de televisão PBS e *Thou Art That*, tiveram profundo impacto em minha nova maneira de interpretar as escrituras antigas. Ninguém entendeu melhor do que ele a necessidade de enfatizar a diferença entre alegoria e história, metáfora e literalismo. Como ele, eu gostaria que todos nós pudéssemos chegar a uma compreensão mais profunda do mistério do nosso próprio ser, e desse modo saber um pouco mais sobre Deus.

Não existe uma única maneira correta, que se pudesse *impor* a qualquer pessoa, de ler a Bíblia como um todo ou os quatro Evangelhos em particular. No fim das contas, cada um tem de seguir seu próprio caminho e, no momento certo, o espírito divino lhe dá um dom especial para isso. Minha própria leitura da Bíblia e um estudo prolongado através dos anos me levaram inexoravelmente à interpretação mitológica e alegórica que acabo de apresentar. Acredito firmemente que é dessa maneira que a Bíblia foi escrita e é dessa maneira que seus autores esperavam que fosse lida e interpretada. Essa convicção se fortalece ainda mais em minha mente pela leitura das obras de acadêmicos respeitados como o dr. Carl Jung, o prof. Northrop Frye, Joseph Campbell e dr. Alvin Boyd Kuhn, para citar alguns.

De uma coisa, porém, tenho certeza absoluta: existe uma boa maneira de *não* ler as escrituras sagradas – o literalismo e o historicismo inflexíveis. Esse caminho invalida as camadas mais ricas de significado por trás do texto. Ele segue o que S. Paulo chamava de "letra morta" do texto e ignora o Espírito, o único capaz de "vivificar". Sam Harris, em seu livro de 2005, *End of Faith*, tem razão ao dizer que, se algum dia (Deus queira que nunca aconteça) a Terra se transformar num planeta incinerado, será por causa de algumas palavras inscritas nas escrituras "sagradas" dos literalistas.

Mesmo pondo de lado riscos bem reais e angustiantes como esse, o fato é que a Bíblia, encarada de maneira excessivamente literal, pode parecer uma farsa, por exemplo as peregrinações dos filhos de Israel pelo deserto por quarenta anos. É preciso lembrar de novo que o número 40 assinala o caráter mitológico do que está sendo descrito. Mas imagine seiscentas mil ou setecentas mil pessoas numa expedição dentro de um território que afinal de contas é bastante limitado, por quarenta anos, tentando encontrar a Terra Prometida. (Certa vez, um fotógrafo do *Toronto Star* e eu levamos cinco dias para percorrer a pé os 165 quilômetros de Nazaré, no norte da Galileia, até Belém, passando por Jericó e Jerusalém.) Com certeza, algum rapaz mais esperto teria exclamado em algum momento: "Ei, Moisés, acho que já passamos por esta mesma pilha de ossos brancos na semana passada!" O "deserto" não é uma dimensão literal. Ele representa este mundo em que perambulamos como espíritos encarnados. Ele expressa nossa alienação ao nosso verdadeiro lar. A "Terra Prometida" não é um pedaço de território que tem de ser conquistado pelo saque e pelo assassinato em massa. É uma região especial do coração onde Deus reside.[2]

Fato ou ficção?

Existem dezenas de relatos bíblicos bem conhecidos que obviamente não devem ser levados ao pé da letra. Na verdade, eles são bastante incríveis. Pense na história da Arca de Noé, ou na divisão das águas do mar Vermelho para os israelitas, ou na travessia do rio Jordão para Josué. Nenhum desses incidentes aconteceu historicamente – são metáfora e simbolismo. A água, como vimos, sempre simboliza as profundezas do nosso inconsciente ou, na maioria das vezes, a própria matéria. Todos esses "rituais de passagem" através da água na Bíblia, inclusive Noé e o Dilúvio, são testemunhas eloquentes da dualidade humana entre espírito e animal. Temos de "atravessar as águas" da vida física até um dia nos reunirmos à nossa fonte primitiva. Como mostra a história da Arca, Deus zela por nossa segurança ao longo desse processo.

Pense na história do Antigo Testamento sobre Davi e Golias. Num nível de interpretação, é um conto interessante e heroico. Eu gostava de ler esse relato quando era menino, do ponto de vista de um menino. Mas, encarado apropriadamente em sua dimensão mítica, o gigante representa todas as forças e paixões ingovernáveis que o Deus interior tem de educar e controlar. Observe que a funda de Davi lança a pedra, não contra a barriga ou o peito de Golias, mas diretamente contra sua testa. A mensagem é clara: a melhor maneira de lidar com as paixões animais primitivas é por meio do dom divino da mente, do intelecto e da razão. Isso é parte do Cristo em nós. Embora não tenha havido espaço aqui para falar de todas as outras maravilhosas histórias simbólicas da Bíblia hebraica – o machado de ferro que Eliseu fez flutuar, Daniel na cova dos leões, o Sol que Deus fez parar no céu para Josué, Jonas e a baleia e dezenas de outras –, todas elas, cada uma à sua maneira, tratam da mesma verdade da encarnação.

Outro exemplo de um resultado risível a partir de uma interpretação meramente literal, dessa vez do Novo Testamento, é a passagem em que se diz que dois discípulos de João Batista perguntaram a Jesus se ele era mesmo o Messias. Jesus responde: "Ide, e anunciai a João o que estais ouvindo e vendo: os cegos veem, os coxos andam, os leprosos são purificados, os surdos ouvem, os mortos são ressuscitados, e aos pobres está sendo pregado o evangelho."[3] Um belo consolo para os pobres! Numa leitura simplesmente literal, o destino deles parece ser o de ouvir eternamente os sermões e arengas dos pregadores. Na verdade, nessa e em outras passagens, os "pobres" são os que ainda não reconheceram o tesouro interior, ou a "pérola de grande valor". Claramente, pessoas nesse estado precisam ouvir as boas-novas sobre quem realmente são. Há uma passagem no Evangelho de Tomé que confirma essa interpretação para mim. Na sentença 3, Yeshua (Jesus) explica: "Quando conseguis conhecer a vós mesmos [quem realmente sois], logo sois conhecidos e compreendeis que sois filhos do Pai vivo. Mas, se não vos conhecerdes, vivereis na pobreza e sereis essa pobreza."[4]

A leitura literal da Bíblia levou algumas vezes à catástrofe

Há uma passagem na Epístola aos Hebreus onde se diz que Deus "sujeitou" ou colocou todas as coisas "debaixo dos pés" dos seres humanos. As palavras ecoam deliberadamente o Gênesis, onde a criação mítica do *Homo sapiens* é descrita pela primeira vez. (No capítulo 2 do Gênesis, há uma segunda versão do mesmo acontecimento baseada numa fonte diferente.) O que a história conta é de grande importância, sobretudo quando se pensa nos efeitos deletérios que a ênfase numa interpretação literal da passagem causou em nosso relacionamento com o mundo natural – o meio ambiente – e com todos os outros organismos vivos na face da Terra. Aqui vai a passagem:

> E disse Deus: Produza a terra alma vivente conforme a sua espécie; gado, e répteis e feras da terra conforme a sua espécie; e assim foi [...] e viu Deus que era bom. E disse Deus: Façamos o homem à nossa imagem, conforme a nossa semelhança; *e domine sobre os peixes do mar, e sobre as aves dos céus, e sobre o gado, e sobre toda a terra, e sobre todo o réptil que se move sobre a terra* [o grifo é meu]. (Gênesis 1:24-26)

Alguns versículos depois, os humanos são incitados a "encher a Terra e sujeitá-la" (!), e o mandamento de dominar os peixes, as aves e qualquer outro ser vivo "que se move sobre a Terra" é repetido e salientado. A interpretação obtusa e literal disso teve um papel devastador na formação de atitudes fundamentais ao longo do desenvolvimento da cultura ocidental. Ela levou, entre outras coisas, à visão de que a natureza está aí simplesmente para nós a violentarmos e pilharmos, além de ter inspirado uma concepção das espécies segundo a qual todas as outras formas de vida são materiais brutos que podemos usar legitimamente para nosso uso e prazer. Hoje em dia, a oposição direta à preocupação com o meio ambiente e às iniciativas para preservá-lo, por parte de *lobbies* ultraconservadores dos EUA, é consequência imediata desse tipo de leitura dos textos bíblicos citados acima.

A interpretação literal, reforçada ao máximo, leva a um antropocentrismo total – o ser humano está acima de tudo. Isso significa que podemos estabelecer nosso controle sobre todos os seres vivos, dos elefantes e baleias aos escorpiões, lagartos e pulgas. Mas o verdadeiro sentido deve ser procurado não na literalidade, e sim na alegoria do nosso destino interior apresentada aqui. O mito em questão não diz respeito ao mundo exterior, usando-o para um único objetivo: a transmissão de sabedoria para nossa missão evolutiva. A natureza animal que temos de controlar e subjugar é a metade inferior de nossa própria constituição. O tigre, o escorpião, o borrachudo ou mesmo toda a matéria do próprio planeta simbolizam nossa natureza animal. É por isso que Noé recebeu o mandamento de levar todos os animais para a arca. Nossa missão é dominar e subjugar o animal em nós mesmos. Não mais, e certamente não menos do que isso.

O dom da compaixão

Há um dom que todos nós temos de aprender com os Evangelhos ou qualquer outra escritura, ou com qualquer religião digna desse nome. É o dom da compaixão. Filósofos e teólogos, e na verdade todas as pessoas comuns de bom-senso, sabem no próprio coração que a essência de toda religião verdadeira tem de ser procurada na compaixão. Todas as grandes correntes religiosas concordam com isso. Cada uma tem sua própria versão desse princípio básico, assim como as muitas filosofias seculares. No entanto, como bem sabemos, nenhum mal foi tão violento ou demolidor ou cruel quanto a religião ao longo da história. Entre os mais de 150 conflitos sérios que atormentam o mundo hoje em dia, a grande maioria tem raízes ou pelo menos alguma motivação num componente religioso. É importante, portanto, antes de concluir esta discussão, examinar esse dom crucial e tentar entender como pode ser cultivado de maneira mais plena. Precisamos urgentemente de uma ética universal que sirva de fundamento a uma paz global. Para nos ajudar nessa tarefa, vamos agora examinar finalmente a parábola que talvez seja a mais grandiosa dos Evangelhos.

O bom samaritano

A parábola do homem assaltado e abandonado pelos ladrões para morrer na estrada solitária de Jericó é com certeza conhecida de todos nós, talvez (de novo) até demais, coisa que diminui seu vigor e impacto. Mas geralmente nos lembramos pelo menos do outro ator principal do drama, o samaritano. As demais pessoas – um sacerdote e um levita, que deveriam ser mais instruídos – só sentiram desprezo por aquele estranho espancado e ensanguentado na estrada, e passaram por ele do outro lado. O samaritano, por sua vez, homem odiado pelo público ao qual essa história se dirige (pois os judeus não se relacionavam com samaritanos por causa de disputas religiosas amargas e antigas), parou, deu-lhe os primeiros socorros, levou o homem em sua própria montaria até uma estalagem e até deixou dinheiro para despesas futuras. Qualquer pessoa pode ver que o samaritano agiu como um "próximo" e os outros, não. Aliás, Simone Weil, escrevendo sobre amor ao próximo em seu poderoso livrinho *Waiting Upon God*, diz que ser um "próximo" nada tem a ver com motivações sentimentais, mas com "prestar atenção" verdadeiramente à outra pessoa. Portanto, qual era o segredo da compaixão do samaritano?

Isso me lembra uma questão abordada pelo grande filósofo Schopenhauer em seu ensaio *Sobre o fundamento da moral*:

> Como é possível que um sofrimento que não é o meu próprio nem diz respeito a mim me afete imediatamente como se fosse meu, e com tanta força a ponto de me levar à ação? [...] Isso é algo realmente misterioso, algo para o qual a Razão não pode fornecer explicação e para o qual não se pode encontrar uma base na experiência prática. Não é incomum mesmo nas pessoas mais enpedernidas e mais egoístas. Surgem exemplos todos os dias [...] de reações imediatas desse tipo, irrefletidas, uma pessoa ajudando a outra, prestando-lhe ajuda, às vezes pondo sua própria vida claramente em risco por alguém que ela viu pela primeira vez, sem outra

coisa em mente a não ser o fato de que o outro precisa de ajuda ou corre risco de vida.[5]

A resposta de Schopenhauer foi que a reação imediata de ajuda representa a irrupção de uma percepção espiritual ou metafísica que pode ser descrita da melhor maneira (no contexto da religião hinduísta) como "tu és Aquele". O filósofo alemão escreveu que a reação de ajuda é uma transposição da barreira interpessoal, de modo que o "outro" já não é visto como um estranho indiferente, e sim como uma pessoa "na qual sofro apesar do fato de que sua pele não recobre meus nervos". Ele conclui que o que se revela num ato assim é que nosso verdadeiro ser interior existe na verdade em toda criatura viva. É esse o verdadeiro fundamento da compaixão, sobre a qual repousam todas as virtudes não egoístas, diz ele. Se prestarmos a máxima atenção, essa verdade pode mudar nossa visão de mundo.

Quando você percebe a verdade sobre a divindade dentro de todos nós, descobre que está nos outros e os outros estão em você. É o que Jesus queria dizer quando afirma, segundo o capítulo 25, versículo 40 do Evangelho de Mateus: "Em verdade vos afirmo que, sempre que o fizestes a um destes meus pequeninos irmãos, a mim o fizestes." Nunca teremos uma compaixão autêntica nas religiões do mundo até reconhecermos este elo comum – a divindade, o Atman ou Cristo que reside em todos os seres vivos. Precisamos expandir nossa compreensão dessa verdade até enxergarmos a divindade em outras espécies, assim como em toda a natureza. Esse é o fundamento espiritual ou metafísico que pode sustentar um dia uma harmonia abrangente e global. Quando isso acontecer, o "Messias" terá chegado realmente.

Seguindo em frente

Eu mesmo sinto aqui uma compaixão profunda e uma preocupação pastoral, ao chegarmos ao fim de nossa "exploração em direção a Deus", pelos milhares de pessoas anônimas que, neste exato momento, querem exprimir as novas maneiras de vivenciar Deus hoje em dia. Elas querem ser capazes de venerar e reunir-se numa preocupação comum pelo bem-estar dos outros, numa comunidade onde se respeita a razão, onde elas não são forçadas e recitar credos antiquados ou cantar hinos teologicamente afrontosos, e onde ninguém precisa se sentir excluído. Muitos nem sequer se sentem mais à vontade numa igreja – exceto, talvez, para um evento musical ou uma meditação quando a igreja está silenciosa e vazia. Inúmeros leitores já me perguntaram: "Aonde posso ir para me juntar a outras pessoas que acreditam e pensam como você e eu neste momento?"

Aquilo de que precisamos, acredito, já não é a "renovação". Resta realmente pouco tempo ou nenhum para isso e, seja como for, falando por experiência própria, a "renovação" da Igreja, em outras palavras, significa simplesmente, para usar uma expressão relativa aos sinos, "tocar os carrilhões de todas as maneiras possíveis" só para voltar à situação antiga. Chegou o momento de um renascimento radical da Igreja. (Sugeri uma abordagem disso baseada nos sete pontos que apresentei na conclusão de *O Cristo dos Pagãos*.) Mas nascimentos ou renascimentos podem ser extremamente difíceis e dolorosos. Existem muitas pessoas com direitos adquiridos que têm coisas demais a perder para sequer levar em consideração o que está dito nestas páginas. Como disse Carl Jung: "Para muitos, as vantagens do apego à infantilidade espiritual em nome de uma revelação final são grandes demais para serem abandonadas. A segurança da certeza, da posse da verdade última como membro de um grupo de 'escolhidos', de um grupo à parte, simplesmente supera a dor da desorientação que invariavelmente acompanha o risco do crescimento."[6]

Para os leitores que ainda mantêm relações frouxas com uma religião ou pensam em deixá-la, eu aconselharia o seguinte: procure junto com outras pessoas, ou se preciso sozinho, os sacerdotes de sua paróquia ou congregação e explique o que você está pensando e como se sente. Veja se eles estariam dispostos pelo menos a criar um grupo de estudos para examinar as possibilidades de uma mudança genuína e radical. Uma das primeiras coisas que eu mesmo faria hoje em dia, se voltasse a ser líder de uma paróquia, seria formar uma "congregação" paralela que manteria sessões separadas abertas a todas as pessoas, nas quais as que buscam e se interessam mais pela jornada de investigação do que por respostas prontas se sentiriam à vontade para questionar, testar experiências em matéria de culto e encontrar maneiras novas de expressão que lhes permitissem incluir, ajudar e compartilhar sua jornada.

Se você se sentir repelido ou rejeitado, ou se seus pedidos forem adiados indefinidamente de maneira gentil, procure duas ou três outras pessoas que leram o que você leu, ou que também anseiam pelas "águas vivas" que a igreja ou templo ou mesquita locais não parecem ter condições de oferecer, e reúna-se com eles na casa de alguém. Pesquisas recentes mostraram que mais da metade de todos os canadenses adultos satisfazem suas necessidades espirituais com devoções privadas, ou pela meditação, ou (e esse é de longe o grupo maior) juntando-se em pequenos grupos para estudar os livros dos escritores teológicos que tratam de explorar novas ideias e novos caminhos. Como os primeiros cristãos no começo de tudo, eles se reúnem na sala de estar ou no salão de lazer de um dos membros e, embora muitos prefiram não usar essa expressão, formam uma "igreja doméstica". Nesse contexto, é importante lembrar dois pontos:

1) Na história humana, nenhuma mudança decisiva para melhor foi realizada pela maioria. É sempre o trabalho de poucos, pelo menos no início. Um trabalho que exige coragem e grande determinação. Esse é o verdadeiro sentido dos Evangelhos quando dizem que somos o "sal da Terra" ou o "fermento" ou a "luz do mundo".

2) Se é possível haver um renascimento do Cristianismo em nosso tempo, ele não virá do alto para chegar aos bancos das igrejas. Admito que os líderes das Igrejas cristãs e de outras religiões podem nos surpreender às vezes. Todos nós podemos citar como exemplo o Papa João XXIII, que em 1962 convocou inesperadamente o Concílio Vaticano II. Mas, mesmo para ele, a sobrecarga institucional e a entropia eclesiástica se mostraram no final muito mais poderosas do que qualquer outro indivíduo. As reformas prometidas pelo Vaticano II, que o Papa João julgava capazes de abrir uma janela para o mundo – o *aggiornamento* –, foram depois em grande parte esquecidas ou ignoradas. O resultado é que houve um imenso declínio da moral em muitos aspectos do mundo católico-romano. Não resta dúvida de que a mudança só pode acontecer a partir de baixo. Minha prece é que este livro possa cumprir algum papel ajudando você a colaborar para que a mudança seja possível. Dê o primeiro passo. O Espírito vai ajudá-lo a encontrar um caminho.

Deixe-me lembrar aqui um momento decisivo na carreira do maior pensador da Igreja primitiva, Santo Agostinho. Agostinho tinha pouco mais de 30 anos de idade e era um retórico e professor brilhante, atormentado por problemas tanto intelectuais quanto éticos diante da opção de se tornar um cristão. O maior obstáculo antes de sua conversão foi superado por causa de uma experiência única que ele teve na Itália. Um amigo o convidou para ouvir o grande teólogo e pregador Ambrósio, que pregava em Milão. Entusiasmado com a experiência, o jovem voltou várias vezes para ouvir o bispo. Em suas *Confissões*, escritas mais tarde, ele conta que "com alegria ouvi Ambrósio, em seus sermões às pessoas, recomendar muitas vezes e com a máxima diligência este princípio básico, 'A letra mata, mas o Espírito vivifica'; e assim ele apartava o véu místico, revelando espiritualmente o que, segundo a letra, parecia ensinar uma falsidade [...]".[7] É isso o que este livro tentou fazer: "apartar o véu místico" para revelar a verdade espiritual dentro de todos nós.

Transformação

Chegamos, por fim, a este tópico. A questão básica, hoje, não é a que Igreja ou religião você pertence, quais são suas crenças doutrinárias ou que líderes religiosos você segue. Em vez disso, a questão premente é: o que acontece dentro de você exatamente agora? Em outras palavras, a vida espiritual da época atual – estar desperto e consciente no eterno agora – não tem relação com acontecimentos de muito tempo atrás, nem com a doutrina construída em torno deles, mas com sua própria experiência, neste exato momento, da dimensão conhecida como o "numinoso" (experiência do sagrado) – o lugar em que nos tornamos plenamente conscientes e abertos para o mistério assombroso e radiante que brilha por trás e dentro e através da vida como um todo. Penso aqui na presença inefável, misteriosa e indefinível que chamamos Deus. Mas não o Deus de um sistema, uma teoria ou um credo específicos. Penso em Deus como a metáfora definitiva do dinamismo, da glória e do mistério da própria vida ou existência. Quando as palavras tentam definir essa realidade última de maneira explícita demais, o que resta é só um ídolo ou um tipo de "buraco negro" cósmico. Sei que falar num Deus pessoal não é algo comum hoje em dia. Mas, embora eu não acredite que Deus seja uma "pessoa", um grande ser "lá fora", minha experiência de Deus tem um caráter muito pessoal, por meio de sua presença em minha vida e na vida de todos ao meu redor, na natureza, na arte, na literatura e na música – na beleza assim como no sofrimento em toda parte. O Deus dentro de nós não é uma "coisa", mas, num plano profundo e às vezes desconcertantemente misterioso, é sempre um *Tu*, no sentido que Martin Buber (1878-1965) atribuía a essa palavra, alguém para quem e com quem podemos "orar sem cessar". Somos inteiramente responsáveis por nossa própria vida e nosso próprio destino, mas há uma instância ou Espírito interior com o qual sempre podemos contar para haurir novas forças e nova coragem em nossa jornada. É isso o que chamo de Cristo interior.

A principal ânsia humana, portanto, é a da transcendência, uma experiência que nos leve além do plano meramente animal ou meramente materialista ou meramente egoísta – um senso profundo de unidade com o cerne do nosso ser autêntico e com a totalidade do cosmos. Bem lá no fundo, temos uma intuição de que conhecer essa transcendência cada vez melhor vai transformar nossa vida, não de uma só vez, mas, como diz S. Paulo, "de glória em glória". Joseph Campbell, certa vez, formulou isso da seguinte maneira: todos nós temos uma grande ânsia por algo que jamais foi visto neste mundo. "O que pode haver neste mundo que jamais foi visto?", pergunta ele. A resposta pode mudar nossa vida: "O que nunca foi visto é o preenchimento sem precedentes da nossa existência. Nossa vida é aquilo que ainda tem de encontrar expressão."[8] Essa é a verdadeira "jornada do herói". E percorrê-la só cabe a você e a mim.

Nos meus anos de juventude, como jovem seminarista e mais tarde como pastor de paróquia – e mesmo depois, como professor de Novo Testamento e de grego na Escola de Teologia de Toronto –, acreditei no que a Igreja vinha ensinando desde o século IV, isto é, que só existiu e só existe um único Deus verdadeiro e homem verdadeiro, Jesus Cristo. Esse dogma, tragicamente, me bloqueou por muito tempo o caminho que levou à descoberta da divindade que reside em todos nós. Senti um grande alívio e uma alegria indizível ao descobrir, por intermédio de muito estudo e graças a viagens a outras regiões do mundo que não aquelas dominadas pela Igreja, que no mundo antigo do Egito e da Grécia, nas comunidades gnósticas e não gnósticas dos cristãos primitivos – as chamadas "cristandades perdidas" – e por todo o Oriente, o que valia era uma verdade muito diferente. Ali, cada pessoa era chamada e desafiada a reconhecer a realidade da encarnação em sua própria vida. Encarnações concretas como Hórus, Krishna, Rama, Buda ou o Jesus dos Evangelhos eram e ainda são simples modelos por meio dos quais cada um de nós deve procurar o mistério da encarnação em si mesmo. O místico S. Paulo formulou isso de maneira eloquente: "Este é o mistério; Cristo em ti, a esperança de glória."

Duas breves parábolas do Evangelho de Mateus esclarecem a mensagem de toda a nossa exploração melhor do que qualquer outro texto. Ambas estão no capítulo 13, a partir do versículo 44. A primeira diz que o reino dos céus – a presença divina em nosso coração e vida e em tudo ao nosso redor – é como um "tesouro escondido num campo". Alguém encontra o tesouro por acaso, esconde-o e então vende todas as suas posses para comprar aquele campo e possuí-lo por inteiro. A segunda parábola compara o reino dos céus a um mercador que busca "boas pérolas". Ele encontra uma de raro valor e vende tudo o que tem para comprá-la. Nada poderia ser expresso com tanta beleza. Nada poderia ser mais claro. A descoberta do Divino dentro de você é um tesouro ímpar oferecido nos Evangelhos; é aquela extraordinária "pérola de grande valor".

Formulo aqui minha esperança e minha prece de que todos os leitores conheçam a alegria e a recompensa disso – nossa herança e nosso direito de nascença concedidos por Deus.

Uma visão

Para concluir, além da esperança e da prece mencionadas acima, eu gostaria de compartilhar uma visão de futuro concebida pela primeira vez por um grande canadense, ainda não suficientemente conhecido – pelo menos do grande público –, o dr. Richard Maurice Bucke. Essa visão de futuro está na introdução de sua obra inovadora *Cosmic Consciousness*, publicada pela primeira vez em 1901 e, espantosamente, nunca relançada. *Cosmic Consciousness* é um ensaio sobre pessoas iluminadas que, ao longo da história, experimentaram um momento visionário ou um estado de consciência capazes de levar a um senso especial de unidade com a totalidade do cosmos e com Deus. Bucke, amigo de Walt Whitman, não poderia saber que sua visão – como descobri por mim mesmo praticamente por acaso – seria reproduzida literalmente pelo filósofo russo P. D. Ouspensky (1878-1947) em seu livro muito elogiado *Tertium Organum*. O texto plagiado ficou conhecido como a "joia" do *Tertium Organum*, publicado em russo em 1912 e em inglês em 1920.[9]

Esta, portanto, é a "joia" de Bucke:

- Em contato com o fluxo de consciência cósmica, todas as religiões conhecidas e nomeadas hoje em dia se fundirão numa só.
- A alma humana passará por uma revolução.
- A religião dominará absolutamente a raça humana.
- Ela não dependerá da tradição.
- Ela não será objeto de crença ou descrença.
- Não será uma parte da vida pertencente a certos horários, dias do ano ou ocasiões.
- Não estará nos livros sagrados, nem nas palavras dos sacerdotes.
- Não residirá em igrejas e agrupamentos e formalidades e dias.
- Sua vida não estará em preces, hinos ou discursos.
- Ela não dependerá de revelações especiais, das palavras de deuses que vieram ao mundo para ensinar, e tampouco de uma bíblia ou bíblias.

- Não terá a missão de salvar os homens de seus pecados ou garantir-lhes a entrada no céu.
- Não ensinará uma imortalidade futura, nem glórias futuras, pois a imortalidade e a glória existirão no aqui e no agora. As provas da imortalidade viverão em todos os corações, como a visão vive em todos os olhos.
- Duvidar de Deus e da vida eterna será tão impossível quanto duvidar atualmente da existência; as provas das duas coisas serão as mesmas.
- A religião governará cada minuto de cada dia de nossa vida.
- Igrejas, sacerdotes, formalidades, credos, orações, todos os agentes, todos os intermediários entre o homem individual e Deus serão substituídos permanentemente pelo intercâmbio direto e inequívoco.
- Não haverá mais pecado, e ninguém desejará a salvação.
- As pessoas não mais se importarão com a morte ou o futuro, com o reino dos céus, com o que possa acontecer durante e depois da cessação da vida no corpo atual.
- Cada alma sentirá e saberá que é imortal, sentirá e saberá que todo o universo, com toda a sua riqueza e beleza, existe para ela e lhe pertence para sempre.
- O mundo povoado por homens [seres humanos] possuidores de consciência cósmica será tão diferente do mundo atual, quanto este difere do mundo tal como era antes do advento da autoconsciência.

– Dr. Richard Maurice Burke (1837-1902)

Essa "joia", concebida há mais de um século, ainda espera por seu preenchimento universal. Mas tenho confiança de que um vasto movimento em direção a isso já está se formando em nosso tempo. A mudança radical da consciência já começou, apesar das "guerras e rumores de guerras". A percepção crescente de uma divindade imanente, a centelha divina ou "Cristo" no interior de todo ser humano deste planeta, tem importância central nesse deslocamento sísmico. O mesmo vale para a noção renovada de que o literalismo religioso mata, enquanto o Espírito vivifica.

Conforme nossa exploração chega ao fim, algumas palavras famosas de Phillips Brooks, bispo episcopal do Estado norte-americano de Massachusetts (1891), que pregou um sermão no funeral de Abraham Lincoln e compôs o tão querido cântico natalino *O Little Town of Bethlehem,* ressoam em meu pensamento. Brooks disse que as escrituras sagradas, a Bíblia, são como um telescópio. Se você olhar *através* do telescópio, verá mundos distantes. Mas, se olhar apenas *para* o telescópio, não verá nada além disso. A Bíblia, disse ele – e isso se aplica especialmente aos Evangelhos –, é "uma coisa por meio da qual devemos olhar para enxergar com mais clareza o que está além". O mundo, hoje, clama mais do que nunca pelo que está além, sem perceber que este "além" já existe aqui em nosso meio, esperando para ser reivindicado.

APÊNDICE A

*Diferenças entre
o Evangelho de João e os
Evangelhos sinópticos*

Aqui, em resumo, estão algumas das principais diferenças entre o relato de S. João, de um lado, e o dos Evangelhos sinópticos, de outro.

- Enquanto S. Mateus e S. Lucas descrevem uma concepção imaculada, o Jesus de S. João tem, por assim dizer, uma concepção cósmica. Com palavras que (deliberadamente) lembram o primeiro versículo do Gênesis, o prólogo do autor diz: "No princípio era o Verbo [...]." Observe que a menção ao Verbo ou Logos provavelmente teve origem independente num "Hino ao Logos" – Fílon de Alexandria, que já mencionamos neste livro, escreveu extensamente sobre o Logos –, mais tarde adaptado como introdução desse Evangelho. Estudiosos observaram que, depois de usar o tema do Logos dessa maneira, o autor ou editores de S. João nunca mais se referem a ele ao longo do resto do relato. Mas o mais importante para nossa investigação é que o verdadeiro sentido do Verbo tornado carne é a referência ao Cristo ou presença divina en-

carnada na vida e no coração de todos nós. A enorme incapacidade da Igreja, ao longo dos séculos, de entender essa verdade importante, substituindo-a em vez disso por uma interpretação literal que a restringe a um indivíduo em particular – Jesus Cristo –, privou, nesse processo, todo o resto da humanidade da consciência de sua divindade.
- Esse Evangelho, muitas vezes chamado simplesmente de "Quarto Evangelho" por vários estudiosos, não tem parábolas.
- Não há transfiguração ou ascensão de Jesus.
- Não há exorcismos de demônios ou espíritos malignos – ao contrário, por exemplo, de S. Marcos, onde são inúmeros.
- Não há referência à Geena, ao Hades ou ao "inferno".
- O estilo dos ensinamentos e pronunciamentos de Jesus é absolutamente distinto da tradição sinóptica. Os leitores têm de escolher alguns capítulos de S. Lucas, S. Mateus ou S. Marcos e então ler João, para perceber por si mesmos o pleno sentido desse contraste. Nos primeiros, Jesus se apresenta falando em grande parte por meio de aforismas curtos e vigorosos, sem contar as parábolas. Isso se parece de perto com o estilo de uma obra muito anterior, o Evangelho de Tomé, ou a hipotética fonte de provérbios chamada "Q" (se é que realmente existiu). Em S. João, porém, Jesus pronuncia discursos longos e tortuosos, no estilo dos oradores helenísticos contemporâneos. Para falar com toda a franqueza, mesmo nos meus tempos de estudante de seminário sempre achei que muitos deles são pretensiosos e pesados, às vezes claramente repetitivos e até monótonos. Pense nisso por um instante. Qualquer pessoa que fizesse solilóquios tão retóricos e intermináveis hoje em dia seria totalmente ignorada, ou correria o risco de virar alvo de ridículo e escárnio.
- Há milagres em S. João, mas eles são apresentados de maneira muito precisa, organizada e esquemática. O autor ou redator os chama de "sinais" (*semeia* em grego, a mesma raiz que deu origem à palavra "semântica"), pois eles "sinalizam" o poder e a glória do *Christos* interior. São sete ao todo, começando com a transformação da água em vinho e concluindo com a ressurreição de Lázaro de entre os mortos.[1] Já se sugeriu que S. João escolheu o número 7 para reforçar a noção trazida à baila nas palavras iniciais do seu Evangelho – "No princípio [...]" – de um segundo Gênesis ou recapitulação da ação divina; os sete "sinais" seriam portanto um eco dos sete dias da Criação. Seja como for, uma

coisa é certa: o número 7 era um número sagrado absolutamente essencial em toda a construção do universo. Na antiga teologia astronômica, havia sete estrelas para cada uma das várias principais constelações (Órion, o Grande Urso ou Ursa Maior e muitas outras); havia sete notas na escala musical, sete cores no espectro visível e assim por diante. Na iconografia do Cristianismo primitivo, Jesus é retratado nos braços da Virgem ou em seu colo, rodeado por sete pombas que simbolizam o Espírito Santo. Os sábios antigos pareciam encarar como uma lei a ideia de que o Espírito Santo, ou a eficácia divina e atuante do espírito na matéria, sempre estava sujeito a uma segmentação em sete partes, como ocorre inevitavelmente com a energia quando atravessa a matéria. O número 7, em resumo, simbolizava uma perfeição dinâmica. Cada um dos "sinais" de S. João, como já vimos nos capítulos sobre milagres e curas, falam em linguagem alegórica e eloquente do poder do Cristo interior de ativar o fermento divino da alma, transformar a água da vida em vinho, curar nossas doenças, ao eliminar nossos "aleijões" interiores para podermos caminhar de novo, alimentar-nos com o "pão" da presença divina e abrir nossos olhos para enxergarmos plenamente o esplendor e a beleza de nossa natureza verdadeira, o caminho que leva ao alto e as carências de todos ao nosso redor. Por fim, esse poder sempre nos eleva de nossa "morte" espiritual para a novidade da vida (a história de Lázaro), e um dia nos elevará na ressurreição para a vida de uma era futura.

- A cronologia dos fatos é bastante diferente. Como já vimos, S. João relata um ministério público de Jesus que teria durado três anos, ao contrário do período de cerca de um ano nos Evangelhos sinópticos. Além disso, apresenta a expulsão dos vendilhões do templo logo no início do ministério, e não imediatamente antes da traição e da crucificação, isto é, no final. Por fim, S. João dá uma sequência temporal totalmente diferente para a traição, o julgamento e a crucificação. Transfere esses episódios para o dia seguinte, provavelmente com a intenção simbólica de sincronizar o sacrifício dos cordeiros para a Páscoa com a noite da prisão de Jesus.

- Finalmente, embora haja mais diferenças, basta acrescentar aqui que, curiosamente, S. João omite inteiramente a instituição da Santa Ceia. Leonardo da Vinci não tirou a inspiração do seu famoso afresco do estilete ou da pluma de S. João. Em vez disso, na noite final, S. João insere algo singular em sua narrativa, a história de Jesus lavando os pés dos discípulos. O simbolismo dessa passagem tão comovente não precisa de muitos comentários aqui. É uma parábola de como devemos nos comportar uns em relação aos outros no amor cristão. Como disse Albert Einstein certa vez, em última análise estamos aqui para servir um ao outro e trabalhar pelo bem comum.

Para mais detalhes sobre as características únicas do Evangelho de João, e sobretudo suas semelhanças com os Evangelhos gnósticos encontrados em Nag Hammadi em 1945, ver "O Evangelho de João" em *The Gnostic Bible*, de Barnstone e Meyer.

APÊNDICE B

Paralelos místicos entre os Evangelhos e as Escrituras védicas

Em outros textos, tentei traçar os paralelos estreitos entre Osíris/Hórus do Egito e a história mítica de Jesus. Mas é de suma importância estabelecer uma base ainda mais ampla para esse tipo de compreensão religiosa, examinando algumas ideias semelhantes do próprio Oriente antigo.

Upanishads – "O Sopro da Eternidade"

Muitos anos atrás, quando eu estudava em Oxford, deparei com um exemplar dos Upanishads, conhecidos na Índia por séculos incontáveis como *O Sopro da Eternidade*. Esses relatos ficcionais antigos de revelações místicas, ocorridas aos antigos Rishis dos Himalaias, deixaram uma impressão indelével em mim pela profundidade de sua visão espiritual e pela semelhança espantosa com tantos aspectos do Cristianismo que eu estava estudando como preparação para o sacerdócio anglicano. Eles falam de maneira comovente de um Deus supremo,

Brahman* (e não Brahma), definido como "o ser antigo e fulgurante, o Espírito interior, que reside no mais fundo do lótus do coração [...]".¹

Também falam do Eu verdadeiro dentro de nós exatamente como Aquele, como dizem os Atos dos Apóstolos, "em quem vivemos, e nos movemos, e existimos". Por várias vezes, enquanto eu lia os Upanishads, versos como os citados a seguir literalmente me saltavam aos olhos, pois descreviam de maneira impressionante a mesma realidade que eu encontrava no Novo Testamento. Por exemplo: "O saber supremo, o saber de Brahman, é tal que, se beberes dele, nunca mais sentirás sede[...]" formam um paralelo muito próximo com as palavras de Jesus no capítulo 4 do Evangelho de João, segundo as quais "aquele que beber da água que eu lhe der nunca mais terá sede".² Jesus, que nos Evangelhos representa o Cristo dentro de todos nós, diz: "Eu sou a luz do mundo." Na abertura ou prólogo do Evangelho de João, ele é chamado de "a luz verdadeira, que ilumina a todo o homem que vem ao mundo". Leia, portanto, o que os Upanishads dizem sobre Brahman, que reside em todos os corações sob a forma de Atman ou Eu verdadeiro (que equivale ao Cristo interior):

> Somente tu existes, tu, a Luz
> Imperecível, adorável;
> Grande glória é teu nome.
> Ninguém se compara a ti,
> Ninguém é igual a ti.³

E leia estes Sutras ou provérbios:

- "O segredo da imortalidade deve ser procurado na purificação do coração, na meditação, na percepção da identidade entre o Eu interior e o Brahman exterior. Pois a imortalidade é a união com Deus."⁴ Jesus diz no Evangelho de João: "Eu e o Pai somos um."
- "Menor do que os menores, maior do que os maiores, este Eu reside para sempre nos corações de todos [...]. O Eu interior não é conhecido pelo estudo das Escrituras, nem pela sutileza do intelecto, nem mediante muito aprendizado; mas aquele [ou aquela] que anseia por ele há de encontrá-lo. Verdadeiramente dentro dele [ou dela] o Eu revela sua existência verdadeira [...]. Saiba que o Eu é o cavaleiro, e o corpo, a

---

* Brahman, princípio divino e neutro do Hinduísmo, não deve ser confundido com Brahma, que juntamente com Vishnu e Shiva formam a trindade clássica hindu. (N. do T.)

carruagem; que o intelecto é o auriga, e a mente, as rédeas [...]. Como o fio cortante de uma lâmina, diz o sábio, é o caminho. Estreito é ele e difícil de trilhar!"[5] No Sermão da Montanha em S. Mateus, Jesus diz: "E porque estreita é a porta, e apertado o caminho que leva à vida [...]."

- S. Paulo diz: "Porque o que semeia na sua carne [vive a vida do eu animal], da carne ceifará a corrupção; mas o que semeia no Espírito, do Espírito ceifará a vida eterna."[6] Compare isso com o seguinte provérbio dos Upanishads: "Os tolos seguem os desejos da carne e caem na armadilha da morte que tudo abrange; mas os sábios, sabendo que o Eu é eterno, não buscam as coisas que perecem."[7]

- O Novo Testamento diz que "no amor não há temor, antes o perfeito amor lança fora o temor". Aqui vai a versão védica ou hinduísta disso: "Aquele que sabe que a alma individual [...] é o Eu – eternamente presente no interior, senhor do tempo, do passado e do futuro – afasta todo o temor. Pois este Eu é o Eu imortal."[8]

- Num dito que é quase uma réplica idêntica de uma sentença do Evangelho de Tomé, o antigo sábio védico diz: "O que está dentro de nós também está fora. O que está fora também está dentro." E, referindo-se ao Eu: "Ele é o senhor do tempo, do passado e do futuro, o mesmo hoje e amanhã."[9] A Epístola aos Hebreus do Novo Testamento diz: "Jesus Cristo é o mesmo, ontem, e hoje, e eternamente."

- Nos Evangelhos, Jesus diz: "Pedi, e vos será dado." Os Upanishads dizem: "Mas ele conhece os que anseiam por ele. Verdadeiramente, é para ele que o Eu [o Deus interior] revela sua verdadeira existência."[10]

- Nos Evangelhos, Jesus diz: "No mundo tereis aflições, mas tende bom ânimo, eu venci o mundo." Nos Upanishads, o Eu divino diz: "Sou a vida imortal! Venci o mundo [...]. Os que me conhecem conquistam a Realidade."[11]

Bhagavad-Gita – "A Canção de Deus"

Inspirado e emocionado pela leitura desse corpo de escritura revelada, que eu desconhecia até então, descobri que uma surpresa e um tesouro de alimento espiritual ainda maiores esperavam por mim. Um dia, muitos anos mais tarde, ao tomar parte num sínodo de bispos em Roma como correspondente do *Toronto Star*, entrei numa livraria do Corso e encontrei um volume estreito, em brochura, intitulado *The Song of God, The Bhagavad-Gita*. Publicado pela Sociedade Vedanta do Sul da Califórnia em 1948, o livro incluía uma introdução fascinante de um dos meus romancistas favoritos na época, Aldous Huxley. Só esse ensaio introdutório sobre a Filosofia Perene já valia mais do que o preço do livro.

A Filosofia Perene

A visão de mundo ou filosofia ali descritas por Huxley se tornaram desde então uma de minhas convicções mais profundas, depois de uma vida dedicada ao estudo e à comunicação de verdades e valores espirituais e religiosos. Assim como há um "monomito" por trás de todas as mitologias, há uma "filosofia perene" por trás de todas as principais religiões. A compreensão disso é, acredito, de grande importância para a harmonia em nosso planeta. Segundo Huxley, essa "filosofia perene" repousa sobre quatro doutrinas fundamentais:

Primeira: O mundo fenomenal da matéria e da consciência individual – o mundo das coisas, animais, pessoas etc. – é a manifestação de "um Fundamento Divino ou essência dentro da qual todas as realidades parciais encontram sua existência, e fora da qual elas não existiriam". Todas as coisas emanam ou fluem dessa Fonte única do ser.

Segunda: "Os seres humanos são capazes não apenas de saber *sobre* esse Fundamento Divino por inferência, pois também podem apreender sua existência pela intuição direta, que é superior ao raciocínio discursivo ou comum. Esse saber imediato une aquele que sabe à coisa sabida." É sobre esse tipo de conhecimento que os gnósticos primitivos falavam e escreviam.

Terceira: Os seres humanos têm uma natureza dupla que consiste num ego fenomenal e num Eu eterno, que vem a ser a pessoa interior, o Espírito, "a centelha da divindade dentro da alma". Qualquer pessoa, se desejar, pode "identificar a si mesmo com o espírito interior, e portanto com o Fundamento Divino, cuja natureza é semelhante ou igual à do Espírito". Em meu livro *Finding the Still Point*, expliquei técnicas para aprender a fazer isso.

Quarta: A vida humana na Terra "só tem um fim e um objetivo: identificar o eu individual ao Eu eterno [em termos cristãos, o Cristo interior] e assim chegar ao saber unitivo do Fundamento Divino".

Como ressalta Huxley mais adiante, essas ideias e outras semelhantes são plenamente compatíveis com o Cristianismo, e de fato foram usadas pela maioria dos místicos das Igrejas católica romana, ortodoxa e protestante, quando descreveram ou delinearam uma teologia que abarcasse os fatos observados pela percepção intuitiva suprarracional ou não racional. Ele cita como exemplos notáveis os místicos cristãos Mestre Eckhart (1260-1327) e Jan van Ruysbroeck (1293-1381). Ambos sustentavam a existência de um "Abismo de Divindade" ou, como costumo chamá-lo, o "Deus além de Deus" que subjaz à Trindade cristã, assim como Bhahman subjaz à trindade hinduísta de Brahma, Vishnu e Shiva.

Parte de mim é o Deus dentro de todas as criaturas.
— Sri Krishna, *Bhagavad-Gita*

Depois de ler sobre a Filosofia Perene, li também o breve ensaio no final de *The Song of God* [*A Canção de Deus*], escrito por Louis Fischer, sobre o impacto do *Bhagavad-Gita* na vida e na obra do Mahatma Gandhi, que o comparava de várias maneiras ao Sermão da Montanha e outros ditos dos Evangelhos. Eu me senti maravilhado, em estado de transe. Gandhi só leu o *Bhagavad-Gita* em 1888-89, em seu segundo ano como estudante de Direito em Londres. O texto teve enorme impacto sobre ele, e esse impacto repercutiu ao longo de toda a sua vida. Muito mais tarde, em sua revista semanal *Young India*, no dia 6 de agosto de 1925, Gandhi escreveu o seguinte: "Quando as dúvidas me atormentam, quando as decepções me abalam e não enxergo um raio de esperança no horizonte, apelo para o *Bhagavad-Gita* e procuro ali um versículo que me sirva de conforto; e imediatamente começo a sorrir no meio da tristeza mais opressiva." Seu secretário por muitos anos, Mahadev Desai, testemunhou que todos os momentos da vida de Gandhi foram esforços conscientes para viver a mensagem do *Bhagavad-Gita*. Ele o chamava de "seu livro de referência espiritual".[12] Gandhi também lia diariamente trechos do Sermão da Montanha.

O *Bhagavad-Gita* é um poema de cerca de setecentas estrofes, escrito originalmente em sânscrito. Acredito que deve ser lido por todas as pessoas seriamente interessadas em levar uma vida espiritual. Todo futuro pregador ou sacerdote deveria lê-lo como condição básica em sua preparação para uma vida devotada ao que antigamente se chamava de "cura [ou acompanhamento] das almas".

O poema assume a forma de um diálogo entre o eminente guerreiro Arjuna e seu auriga Sri [Lorde] Krishna, o "Cristo hindu", que conversam num planalto entre dois exércitos inimigos na véspera da batalha. Mas Gandhi (e vários outros depois dele, inclusive eu mesmo) o encarava como uma alegoria. O "campo de batalha" é a própria vida, e o conflito se dá entre os impulsos inferiores de nossa natureza animal, junto com as forças externas que prejudicam nosso desenvolvimento pleno, e Krishna (ou Espírito do Cristo dentro de nós), que constitui o Eu verdadeiro e divino. Não é preciso acreditar na reencarnação para se sentir iluminado e desafiado pelo *Bhagavad-Gita*, mas devo dizer que essa doutrina tem um papel central no livro, pois a maior recompensa de um discípulo indiano que segue esses ensinamentos é unir-se a Deus depois da morte de maneira absolutamente estreita, para nunca mais ter de voltar ao ciclo das reencarnações. O próprio Gandhi exprimiu, mais de uma vez, sua esperança de não precisar nascer de novo. Significativamente, no Budismo existe a crença de que algumas pessoas podem se tornar "santos" realmente iluminados, ou Bodhisattvas, que decidem renascer de maneira voluntária para voltar à Terra e ajudar outros a também atingirem a libertação.

Jesus e Krishna

Considero importante que, nessa altura, você mesmo perceba os paralelos realmente notáveis entre Krishna e Jesus Cristo.[13] As correspondências podem ser encontradas nos ditos dos quatro Evangelhos, mas as mais poderosas do ponto de vista cristão estão no Quarto Evangelho, o de S. João.

São bem conhecidas as palavras de Jesus no capítulo 14 de S. João: "Eu sou o caminho, a verdade e a vida", mas relativamente poucos cristãos já leram o que Krishna diz a Arjuna:

> Pois eu sou Brahman
> Dentro deste corpo,
> Vida Imortal
> Que não perece:
> Sou a Verdade
> E a Alegria eternas.[14]

As pessoas que costumam ir à igreja já ouviram muitas vezes a lição da Bíblia onde Jesus diz: "Sou o mesmo ontem, hoje e sempre", e também: "Sou o alfa e o ômega, o princípio e o fim" (do alfabeto). Mas a maioria nunca ouviu as seguintes palavras do *Bhagavad-Gita*: "No alfabeto, sou o A; entre compostos, sou o copulativo; sou o tempo infinito; sou o mantenedor: meu rosto está em toda parte."[15]

Os cristãos conservadores gostam de citar as afirmações solenes de Jesus no Evangelho de João, começadas por "Eu sou", como "provas" de que ele era o filho único de Deus – ditos como "Eu sou o caminho, a verdade e a vida", ao qual já nos referimos, "Eu sou a porta" (para o rebanho dos fiéis), "Eu sou a luz do mundo", "Eu sou o pão da vida", "Eu sou a videira, vós as varas", e "Eu e o Pai somos um". No entanto, a alegação de muitos apologistas cristãos de que outras figuras religiosas nunca ousaram falar assim é abundantemente refutada pelos fatos. Em vários lugares ao longo da bacia do Mediterrâneo, encontraram-se inscrições nas quais a deusa egípcia Ísis faz uma série de afirmações do tipo "Eu sou", semelhantes às de seu filho Hórus. Mas, no *Bhagavad-Gita*, as afirmações "Eu sou" de Krishna são ainda mais numerosas e de alcance ainda mais longo do que as atribuídas ao próprio Jesus. Aqui estão algumas delas:

- "Sou o Atman [presença divina] que reside no coração de toda criatura mortal: sou o começo, o percurso de vida e o fim de tudo."[16]
- "Sou Vishnu [segunda pessoa da Trindade hindu, constituída por Brahma, Vishnu e Shiva]; sou o sol radiante entre as fontes de luz."[17]
- "Sou Indra, rei do céu; dos órgãos do sentido, sou a mente; sou a consciência de entre os seres vivos."[18]
- "Sou Shiva; sou Senhor de todas as riquezas; sou o Espírito de fogo."[19]
- "Sou o conhecimento das coisas espirituais; sou a lógica daqueles que debatem."[20]
- "Ó Arjuna, sou a semente divina de todas as vidas. Neste mundo, nada de animado ou inanimado existe sem mim. Não há limite para minhas manifestações, que são inumeráveis [...]."[21]

Aqui, no capítulo 11 do *Bhagavad-Gita*, quando Krishna revela plenamente a verdadeira glória de seu ser, ou seja, é transfigurado, como Jesus, para a instrução de seus discípulos, o texto diz claramente que ele é a essência divina que deu origem ao cosmos e graças à qual o cosmos vive e se mantém coeso. Isso nos lembra imediatamente o que o autor da Epístola de S. Paulo aos Colossenses diz logo no primeiro capítulo, referindo-se ao sublime princípio ou energia de Cristo: "Ele é imagem do Deus invisível, o primogênito de toda a criação; pois nele foram criadas todas as coisas [...]. Tudo foi criado por meio dele e para ele. Ele é antes de todas as coisas. Nele tudo subsiste."[22]

Isso também nos lembra a seguinte sentença do Evangelho de Tomé, citada com frequência: Jesus diz:

Eu sou a luz sobre todas as coisas.
Eu sou o todo.
De mim surgiu o todo
e de mim o todo se estendeu.
Rachai um pedaço de madeira,
e lá estou.
Levantai a pedra
e me encontrareis ali.[23]

Conclusão

Finalmente, para encerrar esse pequeno apanhado dos paralelos íntimos entre a antiga sabedoria védica ou hinduísta e os textos cristãos, podemos citar uma escritura antiga conhecida como Rig Veda: "No princípio era Brahman, com quem estava o Verbo; e o Verbo era verdadeiramente o supremo Brahman." Parece uma tradução quase literal do primeiro versículo do Evangelho de João. Com efeito, alguns estudiosos acreditam que a filosofia por trás do conceito de Logos, ou Verbo, pode ser retraçada, através de várias formas e modificações, desde as antigas escrituras hindus, passando pelos ensinamentos de Platão e dos estoicos, até Fílon de Alexandria, no Egito, e ao autor do prólogo do Evangelho de João.[24] Não estou tentando argumentar aqui que o pensamento grego depende inteiramente da tradição védica, pois também há uma teologia do "Verbo divino" no pensamento do Egito antigo. A verdade é que se trata de ideias profundas, universais e arquetípicas comuns a várias culturas e períodos. Aparentemente, estamos "conectados" a elas através da Fonte divina de tudo o que existe.

APÊNDICE C

*As raízes egípcias
teológicas e filosóficas
do Cristianismo*

Esta seção se destina especificamente aos leitores com inclinações acadêmicas que sentiram o desejo de saber mais sobre o Egito depois de lerem *O Cristo dos Pagãos*.

O legado do Egito

Num ensaio intitulado "Mystery, Myth, and Magic", A. A. Barb afirma que, na teologia egípcia, há "trindades de deuses que são unos e ao mesmo tempo são três pessoas distintas".[1] Isso, observa ele corretamente, é "um conceito que pela lógica do Cristianismo ocidental ainda é inacessível, embora seja aceito". Ao mesmo tempo, diz ele, encontramos na religião egípcia várias manifestações que definitivamente parecem "monoteístas".

Barb cita então o historiador romano Amiano Marcelino (aprox. 325-391 d.C.) como referência dos estudos sobre o Egito antigo enquanto "berço" da religião antiga.[2] Esse escritor do século IV afirma que Pitágoras, Anaxágoras,

Sólon e Platão visitaram o Egito e assimilaram boa parte do seu saber dos sacerdotes que conheceram ali. Heródoto, é claro, confirmou muito antes esse testemunho. Barb acrescenta: "O culto de Ísis e seus mistérios esotéricos conquistaram bem depressa o antigo mundo greco-romano."

Sobre Jesus e Hórus, ele afirma o seguinte: "É difícil pôr em dúvida o fato de que as inúmeras representações de Ísis entronizada, amamentando seu filho Hórus, prepararam o caminho para [...] as imagens posteriores da Virgem Maria, assim como, vez por outra, encontramos em monumentos do Cristianismo primitivo a figura de Hórus, jovem deus-sol e conquistador do mal, como um equivalente de Cristo."[3]

Ao discutir o culto de Serápis, muito difundido no século I d.C., Barb explica: "Serápis é basicamente Osíris/Hórus [...] e serviu como expressão de tendências monoteístas: [Só há] um deus, Serápis", como está inscrito em vários monumentos da Grécia.[4]

Barb diz: "Existem no Egito grande número de [...] estelas [pilares de pedra com representações pictóricas e inscrições] de Hórus, relevos que mostram o jovem deus-sol brandindo serpentes, escorpiões, leões [...] e esmagando dois crocodilos sob seus pés."[5] Definitivamente, trata-se da figura de um "salvador" claramente relacionado ao Cristianismo.

No Renascimento, houve grande interesse por Osíris (e portanto também por Ísis e Hórus), diz Barb. "O relato de Plutarco (aprox. 45-125 d.C.) sobre o deus sofredor, injustamente assassinado, sobre sua ressurreição como 'rei dos mortos' e 'salvador' e seu relacionamento com a esposa amorosa Ísis e o filho Hórus continham uma profusão de elementos que, mais tarde, foram considerados antecipações míticas da Paixão de Cristo."[6]

Barb acrescenta que o relato de Diodoro Sículo (século I a.C.) sobre tudo isso inspirou as cenas da vida de Osíris pintadas por Pinturicchio (1454-1513) como decoração do teto dos Apartamentos Borgia no Palácio do Vaticano, onde visitantes privilegiados ainda podem vê-las hoje em dia. Certa vez, elas foram mostradas a mim por um bispo cuja função principal no Vaticano era a conservação de relíquias sagradas, fragmentos das quais eram enviados a toda nova igreja do mundo católico-romano para serem guardados num compartimento do altar.

A "Madona Negra"

Em 11 de junho de 1979, a revista *Time* publicou uma reportagem sobre a visita do Papa João Paulo II ao santuário mais importante da Polônia, que abriga a imagem da "Madona Negra" de Czestochowa. Ele repetiu a visita várias vezes durante seu longo pontificado. A Igreja Católica polonesa encoraja seus membros a rezarem pela "Madona Negra" todas as manhãs, antes do nascer do sol.

O que importa aqui é que estátuas e pinturas da deusa egípcia Ísis, com seu filho Hórus nos braços, foram protótipos da Madona com o Menino Jesus. Muitas vezes, foram "rebatizadas" de Maria e Jesus depois da cristianização forçada da Europa. Como já vimos, o culto de Ísis e Hórus foi muito popular na Roma antiga, e as legiões romanas levaram essa imagem da Madona para todas as partes da Europa, onde santuários foram construídos para elas. Esses santuários eram considerados tão sagrados e veneráveis que as imagens da Ísis negra com seu filho negro nos braços se tornaram as "madonas negras" que ainda podem ser vistas hoje em dia nos centros mais importantes do culto mariano. Existem dezenas de "madonas negras" na Rússia (ver *Russian Icons* [*Ícones russos*] de Vladimir Ivanov), na Alemanha, na Polônia, na Itália, na Espanha, na Bélgica, em Portugal e na França.

Em alguns casos, iconoclastas empenhados em destruir os vestígios da *Theotokas* original, ou Mãe de Deus, modificaram os traços africanos para que parecessem mais europeus. As figuras negras foram muitas vezes substituídas por outras brancas, mas não foram destruídas, e sim escondidas em criptas de igrejas e outros lugares. No caso da "Madona Negra" de Czestochowa, a explicação oficial da Igreja para a negritude dela e de seu filho são os séculos de fuligem das velas votivas dos fiéis.

O teólogo Karl W. Luckert

Uma fonte importante em favor da tese de que o Cristianismo deve muito de sua essência à antiga teologia egípcia – bem distinta das conclusões de Gerald Massey e Alvin Boyd Kuhn, apresentadas em *O Cristo dos Pagãos* – é o livro de 1991 de Karl W. Luckert, apresentado como tese de doutorado na Universidade de Chicago, *Egyptian Light and Hebrew Fire*.[7] Luckert, especialista em história das religiões, é professor emérito da Universidade do Estado de Missouri. As citações seguintes foram tiradas do seu livro de 367 páginas. (Pode ser útil fornecer desde já a explicação de três termos: *emanacionalismo* é a emanação do Divino a partir de uma única fonte original; *ontologia* é o ramo da Metafísica que trata do ser ou realidade última; e *soteriologia* é a doutrina da salvação.)

- O Capítulo 19, intitulado "O legado da religião original", começa com uma referência ao versículo do livro de Oseias, também citado em *O Cristo dos Pagãos*: "Do Egito chamei o meu filho." Observando que esta frase de Oseias 11:1 foi citada em Mateus 2:13-15 para sustentar a história da fuga da Sagrada Família para o Egito, Luckert pergunta: "Será que esse pequeno adendo à tradição da natividade de Cristo Jesus foi uma espécie de alusão à natividade mais ampla da teologia cristã no Egito? Será que alguns dos primeiros cristãos [...] perceberam que sua teologia tendia a movimentar-se em direção ao Egito?" Ele afirma em seguida que um momento decisivo, um "êxodo ao contrário, da Palestina para o Egito", está implícito até no significado superficial da história. "Posteriormente, ali, no Egito, [...] Ísis como madona egípcia divina, com seu filho Hórus como representante da Enéade (conjunto de nove deuses da mesma linhagem que formavam a cosmogonia de Heliópolis, incluindo Tefnut, Nut e Ísis), transferiu seu manto para a insuspeita mãe de Jesus."[8]
- Luckert menciona o fato bem conhecido de que, com poucas exceções, S. Paulo evita qualquer menção em suas epístolas à teologia do Reino dos Céus, preferindo em vez disso uma espécie de "misticismo". Luckert afirma que isso deu aos cristãos uma oportunidade de participar mais intimamente na morte e na ressurreição de Cristo, e "*na soteriologia egípcia cristianizada. O querigma [núcleo central da mensagem cristã] de um Deus que procria um Filho, e do Filho que nasce, morre, ressurge e ascende ao Pai, tem uma semelhança animadora com o espectro amplo da antiga ontologia egípcia*" (o grifo é meu).[9] Luckert argumenta de várias maneiras a favor da inspiração egípcia do Cristianismo paulino.[10] Sua teologia, diz ele, é uma "derivação da teologia egípcia". Esse especialista em história das religiões vai ainda mais longe ao dizer que "não há melhor resumo da antiga teologia ortodoxa egípcia do que o prólogo do Evangelho de João: 'No princípio era o Verbo [...]'". De novo, ele diz que "todas as características da atividade divina" – a criação divina por meio do Logos, o Deus que gera um Filho e sua apresentação da vida eterna a uma humanidade inconstante – "são inteiramente calcadas na soteriologia egípcia".[11]
- Além disso, na opinião desse acadêmico, com a evolução posterior do Sagrado Império Romano, a dependência do Cristianismo de estruturas teológicas já consagradas no Egito antigo ficou ainda mais óbvia. "A

herança teológica egípcia, que permeia a filosofia neoplatônica, forneceu à organização emergente da Igreja cristã e ao Sagrado Império Romano uma estrutura doutrinária e um fundamento ontológico que lhes faltavam". Seguindo as pegadas de teólogos alexandrinos mais antigos (Orígenes, Clemente de Alexandria e São Dionísio, o Grande), Agostinho de Hipona (354-430 d.C., mais conhecido como Santo Agostinho), diz ele, introduziu a ontologia egípcia na soteriologia cristã "até um ponto em que sua presença passa a ser evidente".[12] Com efeito, segundo Luckert, todos os esforços para construir uma teologia cristã abrangente nos primeiros cinco séculos, "em matéria de cristologia, mariologia e numerologia, demonstram sem exceção a penetração do antigo emanacionalismo egípcio junto aos povos mediterrâneos [...]".[13] Resumindo, ele conclui que o Egito forneceu "a religião original do Cristianismo". Para o Egito, Cristo viera ao mundo para ser o salvador, "o novo Hórus-Osíris, expressamente para todas as pessoas" e não somente para a elite dominante.[14]

- Sobre o gnosticismo: aqui, devemos nos lembrar da observação de Elaine Pagels, segundo a qual só nos resta o que os vencedores daqueles conflitos antigos têm a dizer sobre os acontecimentos e as crenças. Luckert escreve que já não é mais necessário definir o gnosticismo de maneira imprecisa, como um ambiente filosófico genérico ou "sincrético" que, de alguma maneira, vindo do nada, permeou a mescla greco-romana da cultura helenística. Ele diz que as noções básicas do gnosticismo revelam que essa corrente pertenceu a uma família maior de religiões do Oriente Próximo, e mostram também que, "*como sabemos agora, a antiga religião egípcia foi a matriarca dessa família*" (grifo meu). Seja dito de passagem que estudiosos como Kurt Rudolph listaram uma série de correntes tributárias e sincretismos múltiplos por trás do gnosticismo, como já havia feito o pioneiro Gottfried Arnold, em 1669, em seu livro *Unparteiische Ketzer und Kirchen-historie* – vestígios de monoteísmo judaico, Apocalipse judaico, os manuscritos de Qumran, os ensinamentos da Sabedoria judaica, ceticismo judaico, ideias zoroastristas iranianas, iluminismo filosófico grego, hermetismo, Religiões de Mistério helenísticas, orfismo, sincretismo greco-romano, individualismo e esoterismo, espiritualização, condições econômicas, a difusão dos cultos orientais (Cibele, Ísis, o deus-sol invencível, Mitras etc.). No entanto, comenta Luckert, "parece estranho que a corrente básica – a antiga ortodoxia egípcia – ainda não tenha sido reconhecida como um desses tributários. *Na verdade, essa corrente é tão vasta que pode ser confundida com o próprio oceano*" (o grifo é meu).[15]

- Luckert, numa seção intitulada "Cristianismo egípcio", cita Helmut Koester em *History and Literature of Early Christianity*, observando que os escritos cristãos primitivos do Egito foram destruídos porque a facção ortodoxa crescente os considerava "heréticos". Luckert acrescenta que, felizmente para os historiadores, cópias de alguns desses documentos primitivos dos "heréticos" egípcios foram encontradas depois. "A chamada 'Biblioteca de Nag Hammadi' (descoberta em 1945 no Alto Egito) contém vários deles [...]. A nova e oblíqua 'luz egípcia' emanada dessas direções também serviu para iluminar boa parte da teologia cristã tradicional", acredita ele. "Nesse processo, as distâncias entre o Egito antigo, a Cristandade e as doutrinas gnósticas diminuíram."[16] Significativamente, o dr. Luckert argumenta que os Evangelhos de Nag Hammadi e todos os outros escritos semelhantes têm de ser agora reexaminados à luz de "possíveis antecedentes egípcios". Ele escreve: "Além de alguns textos específicos de Nag Hammadi que aludem *diretamente* ao Egito – por exemplo, *Sobre a origem do mundo*, *A exegese da alma*, *Evangelho dos Egípcios*, *O trovão, mente perfeita*, *Asclépio* e *Discurso sobre o oitavo e o nono* –, ao menos cerca de outros doze tratados contidos nessa biblioteca 'gnóstica' *têm parentescos claros com a antiga teologia egípcia*" (o grifo é meu).[17]

- Mesmo mostrando apreço pelo livro *The Gnostic Religion*, de Hans Jonas (Boston, 1963), Luckert critica a insistência desse autor de que o gnosticismo teria sido marcado por um "dualismo radical". Especificamente, Luckert cita o famoso dito de Valentim (ou Valentino), gnóstico cristão – mais tarde considerado herético – que afirmou: "O que nos liberta é o conhecimento de quem fomos, quem nos tornamos; onde estávamos, aonde fomos jogados; para onde corremos, o que nos redime; o que é o nascer e o renascer."[18] Luckert, a meu ver corretamente, argumenta que esse tipo de "aconselhamento" gnóstico não revela preocupações realmente "dualísticas". "Essa pessoa só tinha em mente a transição de um lugar para o outro dentro de uma dimensão da realidade racionalmente coerente."[19] Isso, deve-se acrescentar, era uma maneira especificamente egípcia de pensar na encarnação do espírito ou do Divino em todos os seres humanos.

Um detalhe importante é que Luckert sustenta que a antiga soteriologia – teologia da salvação – egípcia era genuinamente monística e foi expressa da melhor maneira na definição sintética de Kurt Rudolph, em seu livro *Gnosis*, do mito central do gnosticismo: "a ideia da presença no ser humano de uma 'centelha' divina [...], que teve origem no mundo divino e caiu no mundo do destino, nascimento e morte, e que precisa ser despertada de novo por seu complemento divino para voltar finalmente à forma original."[20] Com essas palavras, na opinião de Luckert, Rudolph resumiu com perfeição "a unidade emanacional básica da antiga religião de Heliópolis [culto do deus-sol egípcio] nos ensinamentos gnósticos".[21]

- Luckert, a seguir, trata do mito de Ísis. Afirma inequivocamente que Ísis, mãe de Hórus e membro da Enéade de Heliópolis (as nove grandes divindades), "representava como nenhuma outra a condição feminina entre os deuses do Egito". Era a deusa mais próxima da humanidade e, segundo algumas tradições, tinha até concebido e gerado Hórus de maneira autossuficiente.[22] Com relação ao fato de que os gnósticos em geral, inclusive os gnósticos cristãos, reservavam suas objeções mais enérgicas à ortodoxia emergente para a proclamação literal da morte de Cristo e não de sua Ressurreição, Luckert diz o seguinte: "A ressurreição de um Deus encarnado não colocava problemas para mentes que já pensavam no contexto da teologia ortodoxa egípcia. Esse tipo de ressurreição (isto é, concebida como acontecimento espiritual) era algo evidente – uma questão de senso comum."
Finalmente, para ter uma ideia ampla da penetração do culto de Ísis/Osíris/Hórus em todo o antigo mundo mediterrâneo – inclusive na Palestina e em Séforis, cidade romana a cerca de cinco quilômetros de Nazaré, onde se celebravam cultos diários às divindades egípcias –, ver *Jesus the Egyptian*, de Richard A. Gabriel.

Embora o dr. Luckert confirme intensamente que a teologia egípcia teve uma profunda influência sobre as crenças dos cristãos primitivos e rituais, nem ele nem eu discordamos da historicidade de Jesus. Ele mantém uma visão mais tradicional.

O egiptólogo Erik Hornung

Antes que alguém imagine que o dr. Luckert foi uma voz solitária, transcrevo aqui algumas observações relevantes de um dos mais importantes egiptólogos atuais, o pesquisador alemão Erik Hornung, em seu último livro *The Secret Lore of Egypt and Its Impact on the West*.

- Sobre o gnosticismo: "Com suas origens, ao menos em parte, no solo egípcio – supõe-se que Simão Mago, um dos seus fundadores, adquiriu seus conhecimentos no Egito – e com Alexandria como um de seus centros mais importantes, essa corrente mística também incorporava conceitos do Egito faraônico."[23]
- "Especialmente bem conhecido e citado por vários escritores, inclusive Santo Agostinho, é o trecho do *Asclépio* em que o Egito é louvado como 'templo do mundo' [...]."[24]
- "Segundo a gnose cristã, Jesus veio ao mundo na condição de mensageiro e salvador a partir do mundo da luz", isto é, o Sol.[25]
- "Havia uma analogia óbvia entre Hórus menino e Jesus menino, e o cuidado que ambos receberam de suas mães sagradas; muito antes do Cristianismo, Ísis [mãe de Hórus] recebeu o epíteto de 'Mãe de Deus'."[26]
- "Apesar de sua rejeição superficial de tudo o que fosse pagão, o Cristianismo primitivo devia muito ao Egito antigo. Foi sobretudo a descrição impressionante da vida após a morte, segundo a religião egípcia, que deixou traços nos textos cristãos [...]. A descida (ao Hades ou ao inferno) de Jesus, que *não tinha nenhuma importância na Igreja primitiva*, foi incorporada ao Credo oficial depois de 359 d.C., graças às lendas apócrifas que de novo envolviam o Egito. Cristo se tornou o Sol no reino dos mortos, pois sua descida ao inferno tinha seu precedente mais ilustre na viagem noturna de Rá, o antigo deus-sol egípcio [...]."[27]
"O mito cristão da morte do dragão tem seu modelo no triunfo de Hórus sobre Seth, e há uma transição direta entre a imagem de Ísis amamentando seu filho, a *Isis lactans*, para a de *Maria lactans*. O nascimento milagroso de Jesus pode ser encarado como análogo ao de Hórus, que Ísis concebeu postumamente de Osíris, e Maria tinha relação estreita com Ísis graças a muitas outras características em comum."[28]

GLOSSÁRIO

Alegoria

Palavra baseada em dois termos gregos, que significa "dizer uma coisa por meio de outra".

Metáfora

Figura de linguagem formada por dois termos gregos que significam "além" e "transportar". Uma metáfora transporta o leitor ou ouvinte para além do sentido comum, sugerindo novas conotações.

Mito

Relato sagrado que é fictício com relação à História, mas eterno no significado que contém.

Parábola

Relato ficcional no qual uma situação é comparada a outra. Vem de dois termos gregos que significam "ao longo de" e "jogar" ou "colocar". Geralmente, parábolas exprimem uma única verdade ou "moral", enquanto as alegorias podem sugerir várias.

NOTAS

OBSERVAÇÃO IMPORTANTE: Na tradução brasileira deste livro, todas as citações da Bíblia reproduzem a tradução de João Ferreira de Almeida (1628-1691), considerada versão clássica do Protestantismo português. Esse fato é importante porque o autor do livro, Tom Harpur, foi pastor anglicano e teve formação essencialmente protestante. A Bíblia de João Ferreira de Almeida foi citada na edição corrigida e revisada da Trinitarian Bible Society (Londres, Inglaterra), disponível no endereço www.bibliasagrada.web.pt.

Os títulos dos Evangelhos são citados em versão simplificada, comum entre protestantes, como "Evangelho de Mateus" e "Evangelho de Lucas", em vez de "Evangelho segundo S. Mateus".

Todas as sentenças do Evangelho de Tomé são tiradas de The Gnostic Bible [A Bíblia Gnóstica].

1: NOSSA JORNADA COMEÇA

1. Carl G. Jung: *The Undiscovered Self* (Princeton, NJ: Princeton University Press, 1990), p. 119.
2. Harold Bloom: *Jesus and Yahweh – The Names Divine* (Nova York: Riverhead Books, 2005), p. 19.
3. *Ibid.*, p. 22.
4. *Ibid.*, p. 19.
5. Ver Robert M. Price: *Deconstructing Jesus* (Nova York: Prometheus Books, 2000).

2: O MITO E VOCÊ

1. Egito (aprox. 150-215), *Stromateis* 6.15.126.

2. Ver Bart Ehrman: *Lost Christianities* (San Francisco: HarperCollins, 2005).
3. Eusébio viveu em aprox. 260-340 d.C.; *Ecclesiastical History* 2:17.
4. *Anacalypsis* 1:747. Ver também Timothy Freke e Peter Gandy: *The Jesus Mysteries: Was the "Original Jesus" a Pagan God?* (Nova York: Random House, 1999), pp. 184-88.
5. O reverendo dr. Giles, em *Hebrew and Christian Records*, vol. 2, p. 86 (Londres 1877), diz que o imperador Adriano, que reinou de 117 a 138 d.C., declarou não ver diferença entre os cristãos e os idólatras, também chamados *Therapeutae*, do antigo deus egípcio Serápis. Numa carta ao cônsul Serviano, Adriano teria escrito: "Existem cristãos [no Egito] que cultuam Serápis, e os devotos de Serápis são os que se autointitulam 'Bispos de Cristo'". Não consegui, porém, confirmar a autenticidade dessa carta por conta própria. Mas é certo que a palavra "*Christos*" é uma tradução do termo hebraico que significa "Messias" ou "Ungido", e "*Iesous*" é tradução do hebraico "Josué" na Septuaginta, mais de dezentos anos antes do século I d.C.
6. Tom Harpur: *Living Waters* (Toronto: Thomas Allen, 2006), pp. 86-8.
7. Ver Tom Harpur: *The Pagan Christ* (Toronto: Thomas Allen, 2004, capítulo 9. [*O Cristo dos Pagãos*, publicado pela Editora Pensamento, São Paulo, 2008.]
8. Para uma coletânea e tradução modernas de todos os outros Evangelhos gnósticos e textos semelhantes, ver Willis Barnstone e Marvin Meyer (orgs.): *The Gnostic Bible: Gnostic Texts of Mystical Wisdom* (Boston: Shambhala Publications, 2003).
9. A crítica de Goulder foi publicada pela primeira vez em *The Journal of Biblical Literature*, nº 115 (1996). Existe versão para *download* na Internet.
10. Ver www.sacredtexts.com./cla/pr/prc10/html.
11. Ver G. A. Wells: *Did Jesus Exist?* (Londres: Pemberton, 1986), pp. 29ss.; e, para uma análise mais aprofundada do trecho sobre a ressurreição em 1 Coríntios 15, ver Wells, pp. 32-4. Essa passagem simplesmente não condiz com os relatos dos Evangelhos.
12. Rm 1:3.
13. Rm 9:5 e 15:12.
14. Rm 12:3.
15. Rm 8:26.
16. Co 1:22.
17. Mt 28:19 e 1 Co 1:17.
18. Co 7
19. Co 2:8.
20. Ge 1:19 e Co 9:5.
21. Ver Epístola de S. Paulo aos Efésios 1:9, onde o escritor, provavelmente um discípulo de S. Paulo, fala no "mistério da sua vontade" como algo que Jesus revelou à comunidade cristã. Em Efésios 3:10, lemos que há certas coisas nos "lugares celes-

tiais" – "principados e potestades" – que têm de ser reconciliadas. Ver Epístola de S. Paulo aos Colossenses 1:25-26.

22. ***Palavras do Senhor citadas por S. Paulo:*** a Primeira Epístola aos Coríntios 11:23-25 descreve a instituição da Santa Ceia. Já que isso aconteceu depois da morte e ressurreição de Jesus, parece óbvio que S. Paulo se refere a uma revelação recebida diretamente "do Senhor" – isto é, uma experiência sobrenatural ou visionária. Mas várias palavras desses versículos não são típicas de S. Paulo. Daí alguns estudiosos sugerirem que se trata aqui de uma tradição já existente na comunidade cristã, transmitida a S. Paulo como uma "lenda de culto". O ato de beber sangue teria sido um anátema para os judeus ortodoxos, e parece ter uma origem inteiramente pagã. Freke e Gandy, em *The Jesus Mysteries*, argumentam que essa passagem é na verdade uma fórmula das Religiões de Mistério. Observe também que a frase "fazei isto em memória de mim", segundo registrou S. Paulo, nunca é mencionada nos relatos dos Evangelhos. "Sugerir que um ritual de tamanha importância foi instituído por Jesus, mas esquecido pelos evangelistas, equivale a abandonar toda a confiança nos Evangelhos", conclui Wells. Um contexto relevante da Eucaristia, ou Ceia do Senhor, está presente em várias das Religiões de Mistério, sobretudo as celebrações do culto de Mitras.

O "mandamento" do Senhor aos pregadores para que "vivam do Evangelho": Primeira Epístola de S. Paulo aos Coríntios 9:14. Como ressaltou Bultmann com relação às regras sobre casamento e finanças ministeriais, tratava-se de costumes que já se tornavam comuns na comunidade primitiva, e a maneira mais fácil de consolidá-los era associá-los ao nome do Senhor. Wells comenta: "Foi o Jesus ressuscitado (não o terreno) que proclamou essas regras para a comunidade." Sabemos que houve vários profetas cristãos que usaram o nome de Cristo, até mesmo na primeira pessoa, para "encorajar, admoestar e censurar" os cristãos primitivos. Assim, os textos apresentam um Jesus terreno dizendo coisas que só seriam possíveis para o Cristo ressuscitado. Ver, por exemplo, Mateus 18:20: "Porque, onde estiverem dois ou três reunidos em meu nome, ali estou no meio deles." Isso pressupõe um Jesus não limitado pelo tempo ou espaço, isto é, pela história. Trata-se de um ser inteiramente espiritual.

3: A IMACULADA CONCEIÇÃO E A INFÂNCIA DE JESUS

1. John Hick (org.): *The Myth of God Incarnate* (Londres: SCM Press, 1977), p. 89.
2. Mt 1.1ss.
3. Lc 3:23-38.
4. Essa tradição se baseia em duas referências dos Evangelhos, a primeira em Marcos 6:3 e a segunda em Mateus 13:55.
5. Na *Versão do Rei Tiago* e também na *New Revised Standard Version*.

6. Para uma discussão sobre as variantes textuais de Marcos 6:3, ver Bart Ehrman: *Misquoting Jesus* (San Francisco: HarperCollins 2005), p. 203.
7. Joseph Campbell: *Thou Art That* (Novato, CA: New World Library, 2001), p. 63.
8. *Sermons and Collations* XCVIII.
9. Campbell: *Thou Art That*, p. 29.
10. Lc 2:47.
11. Ver o capítulo "Transformação".
12. 2Co 3:18.

4: ESTÁGIOS TRANSFORMADORES NA HISTÓRIA DE JESUS

1. Excertos de *Teódoto* 78.2 citados por Karl W. Luckert: *Egyptian Light and Hebrew Fire* (Albany: State University of New York Press, 1991).
2. Mc 1:14-15.
3. Lc 1:36.
4. Gn 18:12.
5. Jo 3:30.
6. Ver a discussão aprofundada sobre o assunto em meu livro *Finding the Still Point*.
7. Barnstone e Meyer: *The Gnostic Bible*, Evangelho de Tomé, Sentença 10, p. 47.
8. *Ibid.*, Sentença 82, p. 64.
9. Wells, *Did Jesus Exist?*, pp. 146ss.
10. Nos Atos dos Apóstolos, alguns judeus raivosos chamam S. Paulo de "principal defensor da seita dos nazoreanos", isto é, dos cristãos. (A *Versão do Rei Tiago*, assim como a tradução de João Ferreira de Almeida, usam o termo "nazarenos".) Com efeito, existem algumas provas da existência de um grupo pré-cristão de sectários judeus, provavelmente essênios, chamados por esse nome. A palavra provavelmente deriva da sigla hebraica "NZR", que significa "ramificação consagrada" ou "separada", isto é, por meio de votos e um estilo de vida específicos. Por exemplo, no Livro de Juízes 13:7, um anjo diz à futura mãe de Sansão que seu filho será consagrado ou "nazireu de Deus, desde o ventre até o dia de sua morte". O versículo 5 diz: "Darás à luz um filho sobre cuja cabeça não passará navalha; porquanto o menino será nazireu consagrado a Deus desde o ventre de sua mãe." O termo "nazoreano", já usado por Epifânio, denotava de início uma seita judaica pré-cristã semelhante à dos essênios, e depois, por algum tempo, foi usado para descrever os judeus cristãos. Por exemplo, ver Atos dos Apóstolos 24:5.
11. Lawrence H. Schiffman: *The Encyclopedia of the Dead Sea Scrolls* (Nova York: Oxford University Press, 2000), 2:605.
12. Harold Leidner: *The Fabrication of the Christ Myth* (Tampa, FL: Survey Books, 1999), pp. 184-85.

13. Ver os artigos correspondentes a "nazareno" e "Nazaré" em *The Anchor Bible Dictionary* (Nova York: Doubleday, 1992).
14. Ver Harpur: *Living Waters*, Capítulo 5.
15. Carl G. Jung: *Man and His Symbols* (Nova York: Dell Publishing, 1968), p. 75.
16. Lord Raglan: *The Hero: A Study in Tradition, Myth and Drama* (Mineola, NY: Dover, 2003), p. 215.
17. *Ibid.*, p. 111.
18. Ver Dt 8:3.
19. Ver Sl 91:11-12.
20. Dt 6:16.
21. Comparar Mt 4:18-22 e Lc 5:11.
22. Não estou dizendo que não houvesse um líder do movimento de Jesus em Jerusalém chamado Pedro. No Novo Testamento, porém, ele é parte de um mito mais amplo. Na Epístola aos Gálatas, S. Paulo escreve que certa vez esteve duas semanas com ele em Jerusalém, mas em nenhum momento relata o que Pedro lhe contou sobre Jesus, seus ensinamentos, seus milagres, sua morte ou ressurreição.
23. Um tipo de oráculo. Ver Lv 8:8 e Êx 25:30.
24. Barnstone e Meyer: *The Gnostic Bible*, p. 5.
25. Para comparar essas várias passagens, ver Mt 21:1-22, Lc 19:28-38 e Jo 2:13-17.
26. Para exemplos disso, ver www.apologeticspress.org.
27. Megillah (Livro de Ester) 29a-b.
28. Os nomes Mateus, Marcos, Lucas e João não foram atribuídos originalmente aos Evangelhos canônicos, que só mais tarde passaram a ser chamados dessa maneira. A verdade é que não sabemos com certeza quem escreveu os Evangelhos em sua forma atual.
29. Campbell: *Thou Art That*, pp. 36-7.
30. Ver minha discussão sobre Inferno e Purgatório em *Life After Death*.
31. Campbell: *Thou Art That*, p. XX.
32. Freke e Gandy: *The Jesus Mysteries*, p. 52.
33. O Prof. Geering é autor de vários livros, inclusive *Christian Faith at the Crossroads* (2001). Em 1966, ele publicou um artigo muito polêmico sobre "A Ressurreição de Jesus", e em 1967 outro sobre "A imortalidade da alma", que inflamou um longo debate teológico, o qual culminou em acusações de heresia e "perturbação da paz da Igreja" por parte da Igreja Presbiteriana da Nova Zelândia e num julgamento transmitido pela televisão. Depois de dois dias ouvindo provas da acusação e a defesa de Geering, a corte da Assembleia decidiu que não se havia provado "nenhum erro doutrinário". Ver também seu artigo de 1998, "How Did Jesus Become God and Why?" em *The Fourth Hour*, publicação do Seminário de Jesus (edição de setembro-outubro).

5: MILAGRES DA TOTALIDADE

1. Orígenes: *Contra Celsum* 2:48.
2. Sarah Iles Johnson: *Religions of the Ancient World* (Cambridge, MA: Harvard University Press, 2004), p. 460.
3. Ver "lepra" no *website* Medline Plus, da Biblioteca Nacional de Medicina dos EUA.
4. Mt 8:28.
5. Uma breve recapitulação da história: para parecer importante, um moleiro mentiu ao rei, dizendo que sua filha sabia fiar palha para transformá-la em ouro. O rei chamou a garota, fechou-a num quarto da torre com palha e uma roda de fiar e exigiu que, até a manhã seguinte, ela fabricasse ouro. Se falhasse, seria condenada à morte. Ela já tinha perdido a esperança quando surgiu um anão, que fiou a palha e a transformou em ouro em troca do seu colar. A mesma coisa se repetiu na noite seguinte, em troca do seu anel; mas, na terceira noite, o anão fabricou ouro em troca da promessa de que o filho primogênito da garota seria seu. O rei ficou tão impressionado que se casou com a filha do moleiro. Porém, quando o primeiro filho dela nasceu, o anão voltou para exigir seu pagamento. A rainha lhe ofereceu todas as riquezas que possuía se pudesse manter a criança. O anão recusou, mas finalmente concordou em abrir mão do pagamento se a rainha conseguisse adivinhar seu nome em três dias. Ela falhou nas primeiras tentativas mas, antes da segunda noite, seu mensageiro ouviu secretamente o anão saltando ao redor de sua fogueira e cantando:

> Hoje eu frito! Amanhã eu cozinho!
> E então será meu o filho da rainha!
> Pois nem sequer sonha a dama real
> Que Rumpelstichen é meu nome, afinal!

Quando o anão procura a rainha no terceiro dia e ela revela seu nome, Rumpelstichen perde a aposta. Na versão dos Irmãos Grimm, ele então rasga seu corpo em dois num acesso de fúria.

6. Ver Freke e Gandy: *The Jesus Mysteries*, p. 41, e as referências citadas ali, especialmente W. Buckert: *Ancient Mystery Cults* (Cambridge, MA: Harvard University Press, 1987).
7. Em Mt 12:24ss. e Lc 11:14ss.
8. Jo 9:1-34.
9. Mc 5:21ss.
10. 2Co 4:6.
11. Irineu: *Adversus Haereses* [*Contra as Heresias*], Livro I, Capítulo 7.

6: MILAGRES DA NATUREZA

1. Joseph Campbell e Fraser Boa: *This Business of the Gods* (Caledon East, ON: Windrose Films, 1989), p. 39.
2. Mt 14:22-33.
3. Jo 6:33.
4. Mt 17:27.
5. Mc 9:2.
6. Na tradução do famoso escritor e cineasta grego Michael Cacoyannis (Nova York: Penguin Books, 1982).

7: O SERMÃO DA MONTANHA

1. Qualquer pessoa com tempo livre pode encontrar contradições de vários graus de importância em todos os livros da Bíblia. Uma vez que hoje em dia ainda existem por toda parte literalistas radicais e defensores da "infalibilidade" da Bíblia, pode ser útil apontar alguns poucos problemas referentes ao Sermão da Montanha. Essa lista é só uma amostra e não segue uma ordem específica de ocorrências. O Evangelho de Mateus 5:5 louva a "mansidão" de caráter, mas há ocasiões nos Evangelhos em que Jesus não se mostra nem um pouco "manso". Exemplo disso é a expulsão dos vendilhões do templo, mas há várias passagens no Evangelho de João em que Jesus reivindica seus direitos com muita agressividade, por exemplo João 10:30-33, e outras em que ele denuncia vários grupos na linguagem mais dura possível. Por exemplo, Mateus 5:21-22 ensina firmemente que é errado encolerizar-se contra um irmão, e chamá-lo de "louco" pode ser castigado com o "fogo do inferno", mas em Mateus 23:17 Jesus chama os fariseus de "insensatos e cegos", e no capítulo inteiro usa alguns dos insultos mais duros jamais pronunciados contra outra seita religiosa. Em 23:33, lemos: "Serpentes, raça de víboras! Como escapareis da condenação do inferno?" Isso basta, portanto, com relação à frase "Bem-aventurados os misericordiosos, porque eles alcançarão misericórdia". Em Lucas 24:25, o Senhor ressuscitado chama os dois discípulos na estrada para Emaús de *anoetoi* em grego, que significa "tolos" ou "néscios". A tradução de João Ferreira de Almeida diz: "Ó néscios, e tardos de coração para crer tudo o que os profetas disseram!" Em Mateus 11:20-24, cidades inteiras são condenadas ao Hades, ou inferno na *Versão do Rei Tiago*, porque não reagiram aos milagres e à pregação de Jesus nem se arrependeram. Em Mateus 5:9, os pacificadores são incluídos entre os "bem-aventurados", mas em 10:34 Jesus diz: "Não penseis que vim trazer paz à terra; não vim trazer paz, mas espada."

   A associação Focus on the Family, com sede nos EUA, assim como outros grupos religiosos norte-americanos que promovem o bem-estar da vida familiar parecem ignorar totalmente que essa referência à espada é seguida por alguns dos sentimentos mais claramente antifamiliares já expressos por uma pessoa conhecida: "Pois vim causar divisão entre o homem e seu pai; entre a filha e sua mãe, e entre a nora e sua sogra. Assim os inimigos do homem serão os da sua própria casa." Mateus 5:17-18 diz que "nem um i ou um til" jamais passará da lei "até que tudo se cumpra". No entanto, Jesus ignora claramente a lei judaica em várias ocasiões (ver João 8:1-11, Marcos 7:18-19), e em Marcos 2:27-28 desafia até a lei que diz respeito ao sábado, dizendo que "o sábado foi feito por causa do homem, e não o homem por causa do sábado". Em Mateus 21:19, ele amaldiçoa uma figueira por não dar frutos, embora aquela não fosse a estação dos figos. Isso contradiz diretamente a passagem do Deuteronômio 20:19-20, que proíbe agredir qualquer árvore que dê frutos. E há muitas, muitas outras contradições.

2. Celso: "On the True Doctrine" em *A Discourse Against the Christians*, VII:I. Ver *Celsus on the True Doctrine*, trad. de R. J. Hoffman (Nova York: Oxford University Press, 1987), p. 94.

3. Há muitos anos os estudiosos têm argumentado que existe uma fonte de provérbios por trás do material que S. Mateus e S. Lucas têm em comum, mas que não se encontra em S. Marcos. Carreiras inteiras foram construídas e muitos doutorados foram decididos com base nessa hipótese. No entanto, as pesquisas mais recentes tendem a demolir tudo isso. Ver sobretudo o artigo de Michael D. Goulder, da Universidade de Birmingham: "Is Q a Juggernaut?", *Journal of Biblical Literature* nº 115 (1996), pp. 667-81. O artigo pode ser lido *online* em www.markgoodacre.org/Q/goulder.htm. Goulder afirma que "quase ninguém ainda defende a fonte 'Q' na Universidade de Oxford".

4. Ver o verbete da *Wikipédia* sobre o "Sermão da Montanha", no endereço pt.wikipedia.org/wiki/Serm%C3%A3o_da_Montanha. Existem literalmente centenas de livros e artigos acadêmicos sobre o assunto. Recomendo *Sermon on the Mount*, de Hans Dieter Betz, Minneapolis: Fortress Press, 1995 e *The Setting of the Sermon on the Mount*, de W. D. Davies, Cambridge University Press, 1976.

5. *Didaquê* [*Ensinamento*], aprox. 100 d.C., 1:3.

6. Mt 5:29ss.

7. www.earlychristianwritings.com/didache.html.

8. Hans Kung, em seu livro de 1984 *On Being a Christian* (Doubleday, Nova York), observa que o ensinamento católico tradicional defendeu uma "ética de duas categorias". Havia uma virtude baseada nos Dez Mandamentos para os leigos, e uma "virtude mais alta" ou "perfeição" para alguns eleitos (pp. 244-47).

9. Como diz o *Harper's Bible Commentary* (San Francisco: Harper & Row, 1988): "Quando a Igreja e o Estado se uniram [com a conversão do imperador Constantino], criou-se uma ética de dois níveis. Só as comunidades monásticas praticavam a

ética absoluta do Sermão da Montanha. Dos cristãos do mundo esperava-se que vivessem apenas de acordo com o Decálogo [os Dez Mandamentos]" (p. 961).
10. Mt 5:48.

8: AS PARÁBOLAS

1. Os estudiosos do Novo Testamento gostam de ressaltar a diferença entre parábola e alegoria, pois a primeira transmite uma única mensagem ou verdade em forma de relato, enquanto na alegoria todos os detalhes têm uma referência simbólica. É uma distinção válida, mas nem sempre funciona. Algumas parábolas têm várias "camadas" de significado, pois não tratam de um tema único.
2. Harpur: *O Cristo dos Pagãos*, p. 135.
3. Para um exame detalhado de todas as provas bíblicas e outras do universalismo – crença de que Deus, mais cedo ou mais tarde, leva todas as pessoas ao "céu" ou salvação plena –, ver o livro de Ken Vincent: *The Golden Thread, God's Promise of Universal Salvation*.
4. O relato de S. Mateus pode ser lido em 13:1-9 e o de S. Lucas em 8:4-8.
5. Segundo os Atos dos Apóstolos 17:28.
6. Barnstone e Meyer: *The Gnostic Bible*.
7. Chopra: *How to Know God*, p. 24.
8. Mt 25:1-13.
9. Mt 25:14-30.
10. Sem dúvida, essa cena de julgamento se baseia firmemente nas histórias e cenas do Juízo Final (muito familiares às pessoas cultas de todo o antigo mundo mediterrâneo) originárias do Egito antigo e representadas em paredes tumulares e em várias cópias do *Livros dos Mortos*.
11. Ralph Waldo Emerson: "Ode" (1857).

9: DOMINGO DE RAMOS

1. Mt 21:12ss., Lc 19:45ss.
2. Jo 12:20ss.
3. Zc 9:9.
4. 1Co 13:12.
5. T. J. Thorburn: *The Mythical Interpretation of the Gospels* (Nova York: Scribners, 1916), p. 167.
6. *Ibid*.
7. Ver Freke e Gandy: *The Jesus Mysteries*, pp. 53-4.

10: A PAIXÃO DE CRISTO

1. William Shakespeare: *Júlio César*, III.1.77.
2. *Toronto Star*, 9 de junho de 2006.
3. Sl 41:9.
4. Mc 14:20.
5. Mc 14:21.
6. Bloom: *Jesus and Yahweh*, p. 24.
7. Jo 12:6.
8. Simone Weil: *Waiting Upon God* (Nova York: G. P. Putnam, 1951), p. 89.
9. John P. Dourley: *The Illness That We Are: A Jungian Critique of Christianity* (Toronto: Inner City Books, 1984), p. 53.
10. Tom Harpur: *For Christ's Sake* (Toronto: McClelland and Stewart, 1993), p. 79.
11. Harpur: *Living Waters*, pp. 62-4.
12. *Celsus on the True Doctrine*, trad. de R. Joseph Hoffman (Nova York: Oxford University Press, 1987), 143 nº 205.
13. Mt 27:16.
14. Para um conjunto detalhado e fascinante de interpretações alternativas, ver Price: *Deconstructing Jesus*.
15. Carl G. Jung: *Man and His Symbols* (Londres: Aldus Books, 1961), p. 61.
16. Mc 14:36.
17. Chopra: *How to Know God*, p. 170.
18. Maynard Solomon: *Mozart: A Life* (Nova York: HarperCollins, 2005).
19. Herbert Marcuse: *The Meaning of Death* (Nova York: H. Feifel, 1959).
20. Campbell: *Thou Art That*, p. 78.
21. *Ibid*.

11: CONQUISTANDO A GLÓRIA

1. Bloom: *Jesus and Yahweh*, p. 5.
2. *Ibid.*, p. 1. Ver também G. A. Wells: *Can We Trust the New Testament?* (Chicago: Open Court, 2004), p. 190, em que o autor acusa os acadêmicos cristãos de "perversidade" por continuar descartando "um incidente após o outro" dos Evangelhos como "não históricos", ao mesmo tempo em que os aceitam como provas da existência histórica de Jesus!
3. Ehrman: *Misquoting Jesus*.
4. Lc 24:13-53.
5. H. W. Bortsch (org.): *New Testament and Mythology, Kerygma and Dogma* (Londres: SPCK, 1960), p. 41.
6. Wells: *Can We Trust the New Testament?*, p. 192.

7. Para uma defesa extensa e detalhada da antiga visão evangélica conservadora da ressurreição como acontecimento literal e físico, ver bispo N. T. Wright: *The Resurrection of the Son of God* (Minneapolis: Fortress Press, 2003). Para uma desconstrução devastadora da tese de Wright, ver www.robertprice.mindvendor.com/rev_ntwrong.htm.
8. 1Co 2:9.
9. Deve-se observar aqui de passagem que o relato de S. Marcos, segundo o qual Jesus "foi recebido no céu, e assentou-se à direita de Deus", é uma falsificação posterior. O final desse Evangelho (o mais antigo) se perdeu, e todas as traduções modernas e confiáveis indicam que o texto verdadeiro termina abruptamente no versículo 8: "[...] e nada diziam a ninguém porque temiam." Isso significa, entre outras coisas, que estranhos cultos praticados em regiões remotas, que incluem pegar em serpentes venenosas para testar a "Palavra de Deus" e exibir assim a profundidade de sua própria fé, equivalem a "apoiar-se num bordão de cana esmagada" ("Confias no Egito, esse bordão de cana esmagada, o qual, se alguém apoiar-se, lhe entrará pela mão e a traspassará", Segundo Livro de Reis 18:21). A passagem que eles citam nunca fez parte do Evangelho original. Em outras palavras, é uma fraude. Bart Ehrman, em *Misquoting Jesus*, discute esse final em detalhes para os que queiram explorar o assunto mais profundamente.
10. Campbell: *Thou Art That*, p. 20.
11. *Ibid.*, p. 48.

12: ALCANÇANDO A TRANSCENDÊNCIA

1. Robert Funk: *Honest to Jesus* (San Francisco: HarperSanFrancisco, 1996), p. 56.
2. Para mais informações sobre a não historicidade da Bíblia, ver *O Cristo dos Pagãos*, Capítulo 7 e, na Internet, sobretudo o artigo de Ze'ev Herzog: "Deconstructing the Walls of Jericho", 29 de outubro de 1999, no endereço www.Haaretz.com.
3. Mt 11:4-5.
4. Barnstone e Meyer: *The Gnostic Bible*, p. 45.
5. Arthur Schopenhauer: "On the Foundations of Morality" em *Sämtliche Werke* [*Obras Completas*] (Verlag der Catta'schen Buchhandlung, 1895-98), p. 293, tal como foi citado no prefácio de Campbell: *Thou Art That*.
6. Dourley: *The Illness That We Are*, p. 69.
7. *The Confessions of St. Augustine*, Harvard Classics (Nova York: P. F. Collier & Son, 1937), p. 83.
8. Campbell: *Thou Art That*, p. 31.
9. Um exame mais atento mostra que essa passagem difere da de Bucke somente pelo fato de que Ouspensky substituiu "consciência plena de um Deus imanente (inte-

rior)" pela expressão de Bucke "consciência cósmica" numa ocasião, e mudou duas ou três outras palavras para tornar o texto mais neutro em matéria de gênero, por exemplo "seres humanos" em vez de "pessoas".

APÊNDICE A

1. Ver os paralelos com o Egito antigo em *O Cristo dos Pagãos*.

APÊNDICE B

1. *The Upanishads: Breath of the Eternal*, trad. de Swami Prabhavananda e Frederick Manchester (Hollywood, CA: Vedanta Press, 1946), p. 17.
2. *Ibid.*, p. 65.
3. *Ibid.*, p. 126.
4. *Ibid.*, p. 13.
5. *Ibid.*, p. 20.
6. Ge 6:8.
7. *The Upanishads*, p. 20.
8. *Ibid.*, p. 21.
9. *Ibid.*
10. *Ibid.*, p. 48.
11. *Ibid.*, p. 59.
12. *Bhagavad-Gita: The Song of God*, trad. de Swami Prabhavananda e Christopher Isherwood (Hollywood, CA: Vedanta Press, 1972), p. 141.
13. Muitos escritores encaram Krishna como uma figura mitológica e questionam se o personagem histórico realmente existiu; ou então, dizem que foi um herói humano divinizado mais tarde. Controvérsia semelhante ocorre agora sobre o Jesus histórico em oposição ao "Cristo" mítico. É o que diz Andrew Harvey na versão do *Bhagavad-Gita* por Shri Purohit Swami (Woodstock, VT: Skylight Paths, 2001). Harvey acrescenta que, nos dois casos, é impossível estabelecer os fatos usando qualquer metodologia moderna. Mas, como afirma Aldous Huxley na edição da Vedanta Society, a questão histórica é na verdade irrelevante.
14. *Bhagavad-Gita*, p. 29.
15. *Ibid.*, p. 90.
16. *Ibid.*, p. 88.
17. *Ibid.*, p. 89.
18. *Ibid.*
19. *Ibid.*
20. *Ibid.*

21. *Ibid.*, p. 90.
22. Epístola de S. Paulo aos Colossenses 1:15-17.
23. Barnstone e Meyer: *The Gnostic Bible*, Evangelho de Tomé, Sentença 77, p. 63.
24. Ver Patanjali: *How to Know God*, aforisma nº 51.

APÊNDICE C

1. A. A. Barb: "*Mystery, Myth, and Magic*" em *The Legacy of Egypt*, org. de J. R. Harris, 2ª ed. (Oxford: Clarendon Press, 1971), p. 139.
2. *Ibid.*, p. 140.
3. *Ibid.*, p. 154.
4. Cf. A. A. Barb em *The Conflict between Paganism and Christianity in the Fourth Century* (Oxford, 1963).
5. Barb: "*Mystery, Myth, and Magic*", p. 157.
6. *Ibid.*, p. 183.
7. Karl W. Luckert: *Egyptian Light and Hebrew Fire*, Coleção SUNY de Estudos Religiosos (Nova York: State University of New York Press, 1991).
8. *Ibid.*, p. 319.
9. *Ibid.*, pp. 319-20.
10. *Ibid.*, sobretudo pp. 320-21.
11. *Ibid.*, p. 322.
12. *Ibid.*, p. 323.
13. *Ibid.*, p. 324.
14. *Ibid.*, pp. 324, 327.
15. *Ibid.*, p. 293.
16. *Ibid.*, pp. 294, 295.
17. *Ibid.*, p. 295.
18. Excertos de *Teódoto* 78.2.
19. Luckert: *Egyptian Light*, p. 297.
20. *Ibid.*, p. 57.
21. *Ibid.*, p. 299.
22. *Ibid.*, p. 302.
23. Erik Hornung: *The Secret Lore of Egypt and Its Impact on the West* (Ithaca, NY: Cornell University Press, 2001), p. 43.
24. *Ibid.*, p. 44.
25. *Ibid.*, p. 45.
26. *Ibid.*, p. 60.
27. *Ibid.*, p. 73.
28. *Ibid.*, p. 75.

BIBLIOGRAFIA

Adams, James Rowe: *From Literal to Literary: The Essential Reference Book for Biblical Metaphors*. Bend, OR: Rising Star Press, 2005.
Allen, Charlotte: *The Human Christ*. Oxford: Lion Publishing, 1998.
Barnstone, Willis e Meyer, Marvin (orgs.): *The Gnostic Bible* (Boston: Shambhala, 2003).
Betz, Hans Dieter: *Essays on the Sermon on the Mount*. Filadéfia: Fortress Press, 1985.
Bloom, Harold: *Jesus and Yahweh – The Names Divine*. Nova York: Penguin Books, 2005.
Borg, Marcus: *Jesus and Buddha: The Parallel Sayings*. Berkeley, CA: Ulysses Press, 2005.
Brown, Raymond E.: *An Introduction to the Gospel of John*, 2 vols. Anchor Bible Commentary Series. Nova York: Doubleday, 1966, 1970.
Brown, R. E., Fitzmyer, J. A. e Murphy, R.E. (orgs.): *The Gospel of Luke*. New Jerome Biblical Commentary, 2000.
—— (orgs.): *The Gospel of Mark*. New Jerome Biblical Commentary, 1989.
—— (orgs.): *Matthew, A Commentary*. New Jerome Biblical Commentary, 1990.
Bultmann, Rudolph: *The Gospel of John: A Commentary*. Filadélfia: Westminster Press, 1971.
——: *Jesus Christ and Mythology*. Nova York: Charles Scribner's Sons, 1958.
Campbell, Joseph: *The Hero with a Thousand Faces*. Princeton, NJ: Princeton University Press, 1972. [*O Herói de Mil Faces*, publicado pela Editora Pensamento, São Paulo, 1989.]
——: *Thou Art That*. Novato, CA: New World Library, 2001.
Childs, Hal: *The Myth of the Historical Jesus and the Evolution of Consciousness*. Atlanta: Society of Biblical Literature, 2000.
Chopra, Deepak: *How to Know God*. Nova York, Three Rivers Press, 2000.
Cutner, Herbert: *Jesus – God, Man or Myth: An Examination of the Evidence*. Book Tree Online Catalogue, 2000.

Dodd, C. H.: *The Interpretation of the Fourth Gospel*. Cambridge: Cambridge University Press, 1968.

Dourley, John P.: *The Illness That We Are: A Jungian Critique of Christianity*. Toronto: Inner City Books, 1984.

Ehrman, Bart D.: *Lost Christianities*. San Francisco: HarperCollins, 2005.

———: *Lost Scriptures – Books That Did Not Make It into the New Testament*. Nova York: Oxford University Press, 2003.

———: *Misquoting Jesus*. San Francisco: HarperCollins, 2005.

Harpur, Tom: *Living Waters: Selected Writings on Spirituality*. Toronto: Thomas Allen, 2006.

———: *The Pagan Christ: Recovering the Lost Light*. Toronto: Thomas Allen, 2004. [*O Cristo dos Pagãos: A Sabedoria Antiga e o Significado Espiritual da Bíblia e da História de Jesus*, publicado pela Editora Pensamento, São Paulo, 2008.]

Hoffman, R. J. (trad.): *Celsus on the True Doctrine*. Nova York: Oxford University Press, 1987.

Johnson, Sarah Iles: *Religions of the Ancient World*. Cambridge, MA: Harvard University Press, 2004.

Jung, Carl G.: *Man and His Symbols*. Nova York: Dell Publishing, 1968.

——— *Symbols of Transformation*, trad. de R. F. Hull, 2 vols. Nova York: Harper Torchbooks / Bollingen Library, 1956.

Keber, Werner H. (org.): *The Passion in Mark*. Filadéfia: Fortress Press, 1976.

Kissinger, W. S.: *The Sermon on the Mount: A History of Interpretation and Bibliography*. Metuchen, NJ: Scarecrow Press, 1975.

Koester, Craig R.: *Symbolism in the Fourth Gospel: Meaning, Mystery, Community*. Minneapolis: Fortress Press, 1975.

Luckert, Karl W. *Egyptian Light and Hebrew Fire*. Coleção SUNY de Estudos Religiosos. Nova York: State University of New York Press, 1991.

Ludemann, Gerd: *The Resurrection of Christ: A Historical Inquiry*. Buffalo: Prometheus Books, 2004.

Mack, Burton: *The Christian Myth: Origin, Logic, and Legacy*. Londres: Continuum, 2001.

———: *A Myth of Innocence: Mark and Christian Origins*. Filadélfia: Fortress Press, 1988.

———: *Who Wrote the New Testament? The Making of the Christian Myth*. San Francisco: HarperSanFrancisco, 1995.

Meyer, Marvin W.: *The Ancient Mysteries: A Sourcebook of Sacred Texts*. Filadélfia: University of Pennsylvania Press, 1987.

Patanjali: *How to Know God: The Yoga Aphorisms of Patanjali*, trad. de Swami Prabhavananda e Christopher Isherwood. Hollywood, CA: Vedanta Press, 1983.

Prabhavandan, Swami e Manchester, Frederick (trads.). *The Upanishads: Breath of the Eternal*. Hollywood, CA: Vedanta Press, 1946.

Price, Robert M.: *Deconstructing Jesus*. Nova York: Prometheus Books, 2000.

————: *The Incredible Shrinking Son of God: How Reliable is the Gospel Tradition*. Nova York: Prometheus Books, 2003.

Raglan, Lorde: *The Hero: A Study in Tradition, Myth and Drama*. Mineola, NY: Dover, 2003. Publicado pela primeira vez em 1956 por Vintage Books.

Thompson, Thomas L.: *The Messiah Myth: The Near Eastern Roots of Jesus and David*. Nova York: Basic Books, 2005.

Wells, G. A.: *Can We Trust the New Testament?*. Chicago: Open Court, 2004.

————: *Did Jesus Exist?*. Londres: Pemberton, 1986.

————: *The Historical Evidence for Jesus*. Nova York: Prometheus Books, 1988.

————: *The Jesus Legend*. Chicago: Open Court, 1996.

————: *The Jesus Myth*. Chicago: Open Court, 1999.

Wilson, Ian: *Jesus the Evidence*. San Francisco: Harper & Row, 1985.

www.earlychristianwritings.com/theories.html. Lista e sumário das opiniões de acadêmicos contemporâneos do Novo Testamento que escrevem sobre as teorias do Jesus histórico.